Chinese for Living in China 3

真实生活汉语 3

吴德安　（De-an Wu Swihart）
梁新欣　（Hsin-hsin Liang）　编著
魏久安　（Julian K. Wheatley）
李金玉　（Jinyu Li）

配有录音光盘

北京大学出版社
PEKING UNIVERSITY PRESS

图书在版编目(CIP)数据

真实生活汉语. 3/吴德安等编著. —北京：北京大学出版社，2017.4
ISBN 978-7-301-28190-1

Ⅰ.①真… Ⅱ.①吴… Ⅲ.①汉语—对外汉语教学—教材 Ⅳ.①H195.4

中国版本图书馆CIP数据核字（2017）第052569号

封面图片由 http://www.123rf.com 提供
Copyright: <a href='http://www.123rf.com/profile_boggy22'>boggy22 / 123RF Stock Photo</a> = 25155450 TIFF
书中照片由吴德安（De-an Wu Swihart）拍摄

书　　　名	真实生活汉语3 ZHENSHI SHENGHUO HANYU 3
著作责任者	吴德安（De-an Wu Swihart）　梁新欣(Hsin-hsin Liang)　魏久安（Julian K. Wheatley） 李金玉（Jinyu Li）编著
责任编辑	王禾雨　邓晓霞
标准书号	ISBN 978-7-301-28190-1
出版发行	北京大学出版社
地　　　址	北京市海淀区成府路205号　100871
网　　　址	http://www.pup.cn　新浪微博：@北京大学出版社
电子信箱	zpup@pup.cn
电　　　话	邮购部 62752015　发行部 62750672　编辑部 62753027
印 刷 者	北京大学印刷厂
经 销 者	新华书店
	889毫米×1194毫米　16开本　15.75印张　353千字 2017年4月第1版　2017年4月第1次印刷
定　　　价	115.00元（含mp3光盘一张）

未经许可，不得以任何方式复制或抄袭本书之部分或全部内容。
版权所有，侵权必究
举报电话：010-62752024　电子信箱：fd@pup.pku.edu.cn
图书如有印装质量问题，请与出版部联系，电话：010-62756370

Contents 目录

Preface
前 言
Qiányán ... i

Abbreviations
缩略语
Suōlüèyǔ ... viii

Lesson Twenty-one   Missing Your Flight
第二十一课   误 机   1
Dì-èrshíyī Kè   Wù jī

In this lesson you will learn how to do the following
- Ask what you should do if you miss your flight
- Convince an airline agent to get you re-booked as soon as possible
- Talk to an agent about changing your flight

Grammar
- More auxiliary verbs: "得 děi" (must, need), "应该 yīnggāi" (should, ought to) and "必须 bìxū" (must, have to)
- The pattern "要 yào + V(O) + 了 le" (imminent action)
- Reduplication of verbs
- "那 nà" used as a conjunction (then, in that case)

Culture Notes
- Major airlines in China
- Airline ticketing
- Seating
- The peak travel seasons

Lesson Twenty-two   Looking for Your Luggage
第二十二课   找行李   23
Dì-èrshí'èr Kè   Zhǎo xíngli

In this lesson you will learn how to do the following
- Ask where to go for lost luggage
- Ask how you can locate lost luggage
- Describe your lost luggage
- Make arrangements to have your bags delivered to you

Grammar
- Antonyms forming words for dimensions: "大小 dàxiǎo" (size)
- "像 xiàng," a verb that expresses resemblance or similarity
- The adverb "这样 zhèyàng" (in this way, like this, so)
- The phrase "根据 gēnjù…… 规定 guīdìng" (according to…'s regulations)
- The preposition "按 àn" (per, according to)

Culture Notes
- Baggage requirements on Chinese airlines

Lesson Twenty-three   Fixing things
第二十三课   修东西   45
Dì-èrshísān Kè   Xiū dōngxi

In this lesson you will learn how to do the following
- Call the building manager to describe a problem you're having
- Describe things that are broken in your apartment
- Make arrangements for someone to come and fix things for you

Grammar
- Existential sentences
- The resultative complements "住 zhù", "到 dào" and "开 kāi"
- The pivotal construction (followed by verbs in series)
- The suffixed phrase "…… 的时候 de shíhou" (when…, during…, while…)
- The interrogative phrase "怎么样 zěnmeyàng" (how, how about)

Culture notes
- The foreign student dorm
- Some important rules for foreign students living in China
- International student Visas and visitor's Visas
- Residence over the summer vacation

Lesson Twenty-four   Looking for the Doorman
第二十四课   找保安   66
Dì-èrshísì Kè   Zhǎo bǎo'ān

In this lesson you will learn how to do the following
- Explain to the doorman that you forgot your key and can't get into your room
- Explain that you locked yourself out without any identification
- Convince someone to open the door for you after-hours

Grammar
- "要是 yàoshì……, 就 jiù……" (if…, [then]…)
- The conjunction "再说 zàishuō" (furthermore, besides)
- Expressing disbelief with "怎么没 zěnme méi + V + 过 guò"
- "不 bù……的话 dehuà,…… 可以 kěyǐ……" (if [you] don't…, [you] can…)
- "以为 yǐwéi," a verb meaning "have the impression that, think (erroneously)"

Culture notes
- Security at Chinese schools
- Dorm key deposit
- School dormitory management
- Residence permits

i

真实生活汉语
Chinese for Living in China 3

Lesson Twenty-five House Hunting
第二十五课 找房子 87
Dì-èrshíwǔ Kè Zhǎo fángzi

In this lesson you will learn how to do the following
- Find out if there's an apartment or room for rent
- Find out if utilities are included in the rent
- Find out if bedding is provided
- Convince the landlord to let you move in before classes begin

Grammar
- "越来越 yuè lái yuè……" (more and more…)
- "中 zhòng" used as a verb complement
- "其中 qízhōng" (one of, among [them])
- "不如 bùrú" (not as [good] as)
- Paired indefinite pronouns "谁 shuí……谁 shuí……" (anyone who…, who[m]ever…)

Culture notes
- The Rental Agreement
- The rental deposit
- Using an intermediary

Lesson Twenty-six Looking for a Roommate
第二十六课 找室友 110
Dì-èrshíliù Kè Zhǎo shìyǒu

In this lesson you will learn how to do the following
- Describe an apartment to a potential roommate
- Make arrangements to see an apartment

Grammar
- "的 de" functioning as a nominalizer: one who…, ones that…, etc.
- The compound directional complement "出来 chūlai"
- "一半 yíbàn……一半 yíbàn……" (half [of them, etc.]… and half [of them]…)
- "……左右 zuǒyòu" (approximately) after expressions of quantity
- "哪儿 nǎr + 都 dōu……" (anywhere [at all], nowhere [at all])

Culture Notes
- How to find a roommate in China
- Things you need to know when looking for a roommate
- Lease
- Rental agents

Lesson Twenty-seven At the Bank
第二十七课 在银行 131
Dì-èrshíqī Kè Zài yínháng

In this lesson you will learn how to do the following
- Ask about opening a bank account
- Find out what the difference is between a debit card and a credit card
- Make arrangements to wire or transfer money between China and the U.S.

Grammar
- "多 duō" (more than, over) in number expressions
- Verb phrases in series
- The construction "既 jì……也 yě……" (both… and…, either… or…)
- Adverbial phrases formed with "从 cóng……中 zhōng" (from, out of [an amount, fund, etc.])

Culture Notes
- Personal checks
- Traveler's checks in foreign currency

Lesson Twenty-eight Express Mail
第二十八课 快 递 152
Dì-èrshíbā Kè Kuàidì

In this lesson you will learn how to do the following
- Find out how the post office differs from express companies
- Describe the items in the international express package that you're sending

Grammar
- The preposition "向 xiàng" (to, towards)
- The construction "连 lián……都 dōu/也 yě……", used to express emphatic inclusion or exclusion
- The particle "……的话 dehuà" (if, say that…)
- Adverbial adjunction "在 zài……上 shàng"
- The construction "以 yǐ……为 wéi……" (to take to be, to regard as)

Culture Notes
- International express companies in China
- Three ways to send parcels abroad

Lesson Twenty-nine   An Invitation
第二十九课　做　客　　173
Dì-èrshíjiǔ Kè   Zuò kè

In this lesson you will learn how to do the following
- Find out what to wear and what to bring when you visit a Chinese family
- Make arrangements with people to go to a party

Grammar
- The conjunction "由于 yóuyú" (owing to, due to, because of)
- The conjunction "尽管 jǐnguǎn" (even though, despite)
- The construction "不只 bùzhǐ……还 hái……" (not just ... but also...)
- Enumerations closed with "什么的 shénme de" (and so on, etc.)
- The conjunction "因此 yīncǐ" (therefore, for this reason, consequently)

Culture Notes
- Gifts
- Occasions for giving gifts

Lesson Thirty   Taking the Subway
第三十课　坐地铁　　194
Dì-sānshí Kè   Zuò dìtiě

In this lesson you will learn how to do the following
- Ask how you can get to a place by subway
- Describe how to arrange to meet someone at a subway station

Grammar
- The adverb "反而 fǎn'ér" (on the contrary, instead)
- "V+得了 de liǎo" "V+不了 bu liǎo"(can V / can't V)
- "享受 xiǎngshòu……优惠 yōuhuì" (to enjoy a [percent] discount)
- "只有 zhǐyǒu……才 cái……" (only if ... can ...) expressing restrictive conditions

Culture Notes
- Cities with subway systems in China
- Subway lines
- Subway ticket prices

Vocabulary
词汇表　　215
Cíhuì Biǎo

Listening Scripts
录音文本　　229
Lùyīn Wénběn

前 言 Qiányán

《真实生活汉语》全套共4册，每册10课，是适合欧美学生使用的初级到中级汉语教材。本套教材也适用于准备去中国学习、工作、旅行，希望尽快掌握一些生活必备中文的外国人，或已经在中国生活，需要开始或进一步学习生活所需中文的外国人。

一、本书缘起

这套《真实生活汉语》系列教材是在《外国人实用生活汉语》（上、下）（北京大学出版社，2004年）的基础上重新编写的。《外国人实用生活汉语》是为参加CTLC（组织英语国家大学毕业生去中国教英语的美国教育组织）与北京大学外国语学院合作的暑期外教强化培训（1997年开始）的外教编写的。这些外教在培训后去深圳的公立中小学担任英语老师，在中国至少工作一年。他们是英语为母语的外国人，有的学过中文，有的没有学过。《外国人实用生活汉语》的编写反映了他们的需要，是一套直接与他们在中国的日常生活紧密相关的汉语课本，所以很受他们的欢迎。至今为止，已有1000多名学生使用过那套教材。另外，《外国人实用生活汉语》也适合在中国留学或在中国工作居住一年以上的外国人使用。

经过10年的积累，这套全新的《真实生活汉语》把原教材扩充至4册，课文内容增加了一倍，并根据当前的生活用语重新编写，可供两年使用。一般的汉语教材在第二年时会从对话课文过渡到阅读课文，更强调汉字读写，本书则继续以对话交流为主。这套新教材已经在北京大学暑期强化中文课和深圳大学对外汉语课上试用了3年，反映良好。

基于上千学生的使用经验，我们希望《真实生活汉语》系列将为在中国生活的外国人继续提供有益的帮助。

二、编写理念

1. 口语交流——培养学生听和说的能力

外国人在中国生活的关键是能与中国人进行口头交流，本书在设计上首要注重的是外国人在中国生活的会话需要，也就是注重培养学生听和说的实践能力。要培养这一能力，就需要精选生活在中国的外国人会遇到的典型情景会话。在中国的外国人都希望在课堂学到的汉语可以马上用到现实生活中去，这套书可以说满足了他们的需要。书中每课都与他们的现实生活有直接关系：换钱，买东西，理发，上饭馆，打的，看病，住宾馆，在学校上课或教书，在公司上班，租房，坐火车、飞机、地铁，安排在中国的旅游，文化参观等等。本书作者根据多年对外国人在中国生活的调查，按照来华外国人的需要进行了精心选择，把他们最迫切需要的话题及用语都收入此书。因此《真实生活汉语》不但对话内容具有很强的真实性和实用性，而且对话语言简洁、生动、自然，非常适合学习者到中国后的生活需求。这些特点能极大地提高学生学习汉语的兴趣，增强他们的学习动力，使他们学得更快更好。教学实践表明，本教材受到了已经在中国或准备到中国去学习汉语的外国人的喜爱。

2. 汉字学习——培养学生读和写的能力

怎样解决英语为母语的外国人学习汉字困难的问题？本书采取了一些教学策略。

首先，为了不让汉语学习变成"老牛拉着汽车走"，要想办法不让缓慢的汉字读写进度拖住他们汉语会话飞速进步的步伐。《真实生活汉语》是为英语为母语，而且没有汉语学习经验的人设计的。所以最开始是拼音会话，比如第一册中每课的语音中大量运用拼音练习词汇发音和对话；再逐渐进入到汉字加拼音，让他们先学会说话；最后逐渐进入汉字学习。对于母语为拼音文字的人来说，有这样一个从拼音到汉字的渐进过程会比较容易接受，而且可以帮助他们准确发音。本系列四册课本都是拼音与汉字同时出现，就是为了减轻英语为母语的学生在学汉语时读写汉字的负担。学生需要较长时间才能把汉字的形状和声音联系起来并记住；按他们母语的习惯，记住了每个汉字的声音才能帮助他们阅读中文。我们认为这个过程大约需要两年的时间。

其次，汉字的读写不是要学生死记硬背，而是强调让他们学会如何在生活实践中使用这些学过的汉字。本书所有汉字下面都附有拼音，学生可以把拼音用作拐杖。比如学习对话时，老师可以让学生盖住课文的拼音部分，利用已经熟悉了的对话内容，只看汉字来试着复述课文内容。当然，老师应该为学生分析每个汉字的结构和细节，这样可以帮助他们认出和记住一些相同偏旁部首的字，也可以要求学生手写汉字帮助记忆。老师应尽量将已经学过的汉字搭配成新词组，以帮助学生加深对汉字的理解并扩大词汇量。

本书采用的是标准简化字，但是在每课的词汇表中，如果简化字同时有繁体字写法，就把繁体字并列在旁边。学生可了解哪些汉字是有繁简两种字体的，并能辨认两种字形，因为在香港、台湾和海外的中国城都还使用繁体字。每课词汇表以外的其他部分则仅使用简化字。本书没有采用全书繁简字体对照是因为：其一是两种字体并用占用的空间太大，影响阅读；其二，也是最主要的原因，本书的主要目的是训练学生适应在中国大陆的生活，而中国大陆较少使用繁体字。由于本书强调培养学生的阅读能力，已经学过繁体字的学生，应能迅速适应简化字阅读，并逐渐学会简化字写作。

三、教材结构形式

1. 课文：本书每课的课文都是对话。比如：在饭馆里顾客和服务员之间的交谈，学校里外教和中国老师之间的交谈，在超市向服务员询问并付款，在中国医院和大夫谈病情，在机场寻找丢失的行李或购买火车票、飞机票，等等。

2. 生词：每课的新词在词汇表中列出，包括汉字、拼音、词性以及英文翻译，并提供繁体字以便对照。

3. 用译文复述课文：每课的课文后面有英文译文，但那不是单纯地给课文提供翻译，而是希望学生借助英文暗示的会话情景，用中文复述本课的对话内容。

4. 语法点：每课都详细讲解本课对话中出现的重要语法点，以便学生充分理解中文的句子结构。同时为学生设计句型练习，帮助他们利用句型自己生成新句子。

5. 练习：每课设计了丰富的练习和课堂活动帮助学生进一步掌握本课所学内容。练习包括：句式操练、发音训练、听力训练、交际活动、角色扮演，以及各种复习等。

6. 中国日常生活文化：每课介绍三四个与课文内容相关的，在中国生活必须了解的中国文化常识，比如：怎样在医院挂号，如何寻找丢失的行李，如何存取款等。

7. 拼音卡片（只在第一册有）：第1册书后附有拼音卡片，由石安妮（Anne Swihart）设计。每张卡片正面是拼音字母，背面讲如何发音——用英文的近似音进行说明，并带有插图提示。比如解释"b"的发音用"similar to boh in boy"，插图提示是一个男孩（boy），这样就更容易被学生接受。学生们可以把所有卡片剪切下来使用。

对老师来说，把每课的内容材料转化为课堂活动的过程是一个挑战。课堂活动的重点应放在与口语交流相关的练习活动上，以提高学生在实际生活中与中国人交流的能力，满足学生的需要。

四、作者简介

吴德安（De-an Wu Swihart）博士：毕业于北京大学中文系，在普林斯顿大学获得博士学位。在美国和加拿大教授汉语、中国文学和文化20多年，任教明德学院和麦吉尔大学暑期学校、罗德学院、孟菲斯大学等。曾任CTLC与北京大学外国语学院合作的暑期外教强化培训项目主任15年。现任美国大学中国教学中心主任。出版过意大利文和德文两本中文教材，还是其他两套汉语系列课本的主要作者，另出版过3本中英文诗歌小说。主要负责《真实生活汉语》系列教材的总体设计及初稿编写。

刘宪民（Xianmin Liu）博士：美国明尼苏达大学汉语语言学博士。在美执教20余年。目前任教于美国范德堡大学，是该校汉语语言教学项目主任及范德堡大学在中国的暑期项目主任。在此之前，曾任教于明尼苏达大学、俄勒冈大学、俄亥俄大学及哈佛大学。曾多次担任美国CET留华暑期项目教学主任。主要研究方向为汉语句法、语义、语用学及汉语教学语法。曾合著其他对外汉语教材。是《真实生活汉语》第1册第三作者和第2册第二作者。

魏久安（Julian K. Wheatley）博士：曾在康奈尔大学任教11年，在麻省理工大学任教9年，还曾在美国杜兰大学、新加坡南洋理工大学国立教育学院和香港教育学院任教。目前是美国大学中国教学中心的负责人之一。专门研究东南亚及中国的语言和语言学（特别是缅甸语和汉语）。是《真实生活汉语》1-4册的作者之一。

梁新欣（Hsin-hsin Liang）博士：美国密歇根大学语言学博士。曾任教于美国威斯康辛大学、密歇根大学、康奈尔大学、明德学院中文暑校，及美国各大学联合汉语中心（ACC）。现任美国弗吉尼亚大学东亚语言文学及文化系副教授、现代中国语言项目主任，同时也是"弗大在上海"暑期中文项目主任。是《真实生活汉语》系列教材第3、4册的第二作者，以及第1、2册作者之一。

李金玉（Jinyu Li）：毕业于南京大学和澳大利亚国立大学，在美国莱斯大学获得硕士学位。在美国从事大学汉语教学20多年，在任教于哈佛大学的十几年间曾任多门中文课主任教师。现为塔夫茨大学中文部高级讲师。主要研究方向为中英文句法特点的比较、文化与语言、词汇教学。是《真实生活汉语》第2、3、4册的作者之一。

胡龙华（Lung-Hua Hu）：美国哥伦比亚大学英语教学硕士，曾任教于美国国务院外交学院台北华语学校、明德暑校、普林斯顿大学、普林斯顿北京培训班、哥伦比亚大学北京暑期培训班、杜克大学北京暑期培训班，现任布朗大学高级讲师及中文部主任、新英格兰中文教师协会副会长及执行长。在美国从事汉语教学二十余年，其"中级汉语课程"曾遴选为美国大学理事会美国十大最佳汉语课程之一。主要研究方向为汉语语音、语法、词汇教学。是《真实生活汉语》第2册作者之一。

五、鸣谢

衷心感谢帮助《真实生活汉语》成功出版的同事及朋友们，他们是：北京大学英语系的马乃强博士、于莹教授、陈冰老师，中国人民大学的陆姚老师，重庆大学的范红娟老师，深圳大学的朱庆红教授、贾陆依教授。他们曾为本系列教材的编写提供过建议和修改意见，并且协助收集学生的意见。此外，石安妮（Anne Swihart）女士设计了第1册的插图。我们在此向他们表示诚挚的感谢。

同时也要衷心感谢北京大学出版社，多位编辑提供了很多宝贵建议，为本系列教材的出版作出了很大贡献，在此一并表示感谢。

主　　笔：吴德安(De-an Wu Swihart)
参与作者：梁新欣(Hsin-hsin Liang)
　　　　　魏久安(Julian K. Wheatley)
　　　　　李金玉(Jinyu Li)

Preface

Chinese for Living in China is a textbook series in four volumes, each with ten lessons, which serves as a foundation for beginning and intermediate levels of language instruction and learning. It is designed for people studying Chinese with the intention of going to China to work or to continue their studies; and for people already in China, starting or continuing to learn the language there.

Conversational skills

Chinese for Living in China is designed for speakers of English who have no prior knowledge of Chinese. Since the key ingredient for living successfully in China is being able to talk to people – to communicate orally, *Chinese for Living in China* is organized first by conversational needs (listening and speaking). Initial conversational instruction proceeds incrementally, with *Pinyin* transcription providing access to language material and to correct pronunciation.

Lessons cover topics that are typically encountered by foreigners living in China: buying things, eating out, taking or teaching classes, mobile phones, banks, changing money, transportation, hotels and airports, doctor's visits, finding a place to stay, working in an office, making travel arrangements, finding employment, and so on. Many of these topics have immediate application in the daily lives of foreigners living in China and, as such, provide a powerful learning incentive which speeds up the process of mastery. The topics have been selected on the basis of the authors' own experiences, living, traveling, and working in China and observing the needs of their students.

Reading skills

The ability to communicate in Chinese can, with proper practice, proceed quite quickly. This provides learners with a sense of accomplishment. Learning the literary skills of reading and writing in characters, on the other hand, is much more challenging. It simply takes a long time to learn to reliably associate characters with sound. (Learners are doubly handicapped by not being able to utilize the sound hints found in the phonetic components of many characters which prove so useful to native speakers.)

Chinese for Living in China deals with the character problem in this way: In the first place, it does not let character recognition dictate the pace of spoken language learning. The dialogues that begin each lesson are natural, cover the topic sufficiently, and introduce new material at a rate that can be absorbed and utilized in conversation. In the second place, *Chinese for Living in China* emphasizes recognition of characters in context. Almost all Chinese material in the series is introduced in both characters and *Pinyin*. In the case of the narratives and dialogues, *Pinyin* is written below the character lines as continuous script. As learners become more familiar with the language through speaking practice in and out of class, they can cover the *Pinyin* lines and try to read the characters, using their familiarity with the text as a crutch, and checking the *Pinyin* as much as necessary. Naturally, a lot of attention will still need to be paid to hand-writing and character analysis to ensure proper attention to character detail. But as much as possible, characters will be learned by reading familiar material, where the focus can be on finding ways to associate characters with known words.

For character reading, *Chinese for Living in China* uses the simplified set of characters that is standard on the Mainland (as well as in Singapore). In vocabulary lists, whenever two forms exist, traditional characters are given alongside simplified ones. But elsewhere, only the simplified set is used. There are several reasons for the limited use of the traditional set. One is space and readability; having two versions of character material takes up excessive space and can be confusing. The main reason, however, is that the series is specifically geared to life on the Mainland where the traditional characters are rarely seen. In any case, given the emphasis on reading over writing in *Chinese for Living in China*, even those students who have started their study with traditional characters should be able to quickly adapt to reading the simplified, even if they cannot write them.

Organization

1. The dialogues: Lessons begin with a dialogue that illustrates the lesson's subject matter: a conversation between a customer ordering a meal and a waiter, for example; or one between two teachers (one foreign, one Chinese) and a supermarket worker about finding items and about check-out procedures; or a conversation between a foreign patient and a Chinese doctor in China; or a foreigner looking for lost luggage at an airport or buying train tickets; and so on.

2. Vocabulary: Individual words for each lesson are listed with characters, *Pinyin*, part-of-speech and English equivalents. For those cases in which the traditional form of the character differs from the simplified, the two are placed together in the vocabulary lists.

3. Re-enacting the dialogue: Along with the Chinese version of the texts, a fluid English translation is provided so that learners can cue the Chinese and, as a first step, practice producing Chinese, not just reading it.

4. Grammatical points: Important grammatical topics introduced in the course of the dialogues are discussed and further illustrated individually to help learners understand Chinese sentence structure and start to produce novel sentences themselves.

5. Exercises: Each lesson provides exercises and activities designed to help learners internalize new material. These include practice with sentence patterns, pronunciation drills, listening practice, and a host of communicative activities involving role play and group work.

6. Chinese everyday culture: Each lesson ends with three or four cultural notes relevant to the dialogues. These provide information crucial to everyday life in China: how to check in at a hospital, for example, how to find lost luggage, or how to deposit and withdraw money, etc.

7. *Pinyin* cards (Only Book I): At the back of the book there are ten pages of *Pinyin* cards, designed by Anne Swihart. On one side of each card is a letter- given in upper and lower case. On the other side is a picture of an object whose name in English begins with that letter. "Ff" is matched to the number "four" (Ff=f); "Qq", is matched to a wedge of "cheese" (Qq=ch). Along with the illustration is a hint (with color coding) that explains in terms of English spelling how the letter (on the front) is pronounced in *Pinyin*. So for "Qq", along with the picture of "cheese" is the hint "similar to chee in cheese"; with "Ff" and the picture of "4" is the hint "similar to foeh in four". The cards can be cut out and joined together to make *Pinyin* syllables (words) for self-testing.

For teachers, the process of transforming textbook material into classroom activities that serve the learner's needs is facilitated by the focus on the spoken language and the provision of communicatively relevant activities in each lesson.

Origins

Chinese for Living in China is based on an earlier two-volume series that was also published by the Peking University Press. It was called *Practical Chinese for English Speakers*, written by De-an Wu Swihart and Cong Meng, and edited by William H. O'Donnell. That series was written for overseas teachers participating in the Center for Teaching and Learning in China (CTLC). Since 1997, CTLC has been recruiting English teachers from English speaking countries to teach for at least a year in the Shenzhen school system. In collaboration with the Peking University School of Foreign Languages, CTLC has provided these teachers with an initial period of intensive training in the teaching of English in China, as well as intensive instruction in Mandarin. *Practical Chinese for English Speakers* was written to respond to the need for a textbook that would allow these teachers to make use of Chinese in their everyday lives.

The new *Chinese for Living in China* series has been completely revamped, with all content – including dialogues – rewritten to reflect changes in language usage and in society since the earlier volumes were written. The new series, with four volumes rather than the earlier two, doubles the amount of material and allows teachers and learners to use one series over the equivalent of two years of non-intensive language study. One of the unique features of the new series is that, while many texts shift from a conversational approach to a focus on reading and character recognition at the intermediate level, *Chinese for Living in China* retains the conversational format through all four volumes. Initial drafts of the new series have been tried and tested to good effect by over 1000 students over the last three years in CLTC's intensive language course at Peking University, and in the regular Chinese courses for foreigners at Shenzhen University. It is our hope that the series will continue to serve the many new learners who have plans to study, travel or work in China.

The authors

Dr. De-an Wu Swihart graduated from the Chinese Department at Peking University and received her Ph.D. from Princeton University. She has taught courses in Chinese language, literature and culture for over 20 years at a variety of institutions in the United States and Canada, including the University of Memphis, Rhodes College, Middlebury College Summer School, and McGill University Summer School. She has been director of the Summer Intensive Foreign Teachers' Training Program at Peking University, School of Foreign Languages for 15 years. She has been co-director of the Center for Teaching & Learning in China since 1997. She has published two Chinese textbooks in Italian and German and has been the main author of two other Chinese textbook series. She is also the author of three books on English and Chinese poetry and fiction. Dr. Swihart designed the *Chinese for Living in China* series and was responsible for initial drafts of all four volumes.

Dr. Xianmin Liu received her Ph.D. in Chinese linguistics from the University of Minnesota. She has taught for over twenty years in the U.S. She is currently teaching at Vanderbilt University, where she is the coordinator of the Chinese language program and director of the Vanderbilt Summer-in-China Program. Before joining the Vanderbilt faculty, she also taught at Minnesota, Oregon, Ohio and Harvard Universities. She has also served a number of times as the academic director for CET summer immersion programs in China. Her research interests include Chinese grammar, semantics and pragmatics, as well as Chinese language pedagogy. She has co-authored several Chinese textbooks for English speakers. She is third author for volume 1 of *Chinese for Living in China*, and second author for volume 2.

Dr. Julian K. Wheatley taught for eleven years at Cornell University and for nine years at MIT. More recently, he has been a guest teacher at the Singapore National Institute of Education, at the Hong Kong Institute of Education and at Tulane University. He is currently one of the directors of the CTLC program. His research and publications involve the languages and linguistics of mainland Southeast Asia and China (particularly Burmese and Chinese). He is co-author of all four volumes of *Chinese for Living in China*.

Dr. Hsin-hsin Liang received her doctorate in linguistics from the University of Michigan. She has taught at a number of institutions, including the University of Wisconsin, the University of Michigan, Cornell University, Middlebury Summer Program, and the Language Center of the Associated Colleges in China (ACC). She is currently associate professor of Chinese in the Department of East Asian Languages, Literatures and Cultures at the University of Virginia, where she is director of the modern Chinese language program and field director of the UVA-in-Shanghai Chinese language program. She is second author of volumes 3 and 4 of *Chinese for Living in China*, as well as one of the co-authors of volumes 1 and 2.

Jinyu Li received B.A. degrees from Nanjing University and from Australian National University, and an M.A. from Rice University. She has been involved with Chinese language teaching in the U.S. for almost 30 years. Before taking up her current position as senior lecturer at Tufts University, she was a preceptor at Harvard University, where she taught a variety of courses in the Chinese program. Her main areas of interest are Chinese-English comparative grammar, culture and language, and the teaching of vocabulary. She is one of the authors of volumes 3 and 4 of *Chinese for Living in China*.

Lung-Hua Hu received her Master's degree in TESOL (Teaching English to Speakers of Other Languages) at Teachers College, Columbia University in New York City. She taught at CLASS (the Chinese Language and Area Studies School under FSI) before moving to the United States in 1994. She is senior lecture and coordinator of the Chinese Language Program at Brown University, and had taught at Princeton University and its intensive summer program PiB (Princeton in Beijing), Middlebury College Summer Chinese School, Columbia University's summer program in Beijing, and Duke University's Beijing summer program. She currently serves as Vice President and Executive Director of NECLTA (New England Chinese Language Teachers Association), and served as its President in October 2016. Her "Intermediate Chinese" course was identified as one of the ten Best Practices in Teaching Chinese in the US by the College Board in 2006. Her research focuses on Chinese phonetics and phonology, syntax, and lexicon. She is a co-author of *Chinese for Living in China*, Volume 2.

Acknowledgments

The authors wish to express sincere thanks to colleagues and friends who have made the publication of *Chinese for Living in China* possible, and who provided valuable advice and suggestions for improvement, as well as helping to collect student feedback on draft versions of this book. They are: Dr. Ma Naiqiang, Professor Yu Ying and Senior Lecturer Chen Bin all from the English Department at Peking University; Lu Yao from Renmin University of China and Fan Hongjuan from Chongqing University; Professors Zhu Qinghong and Jia Luyi from Shenzhen University. In addition, artist Anne Swihart designed the illustrations for the first volume of the series. We are deeply grateful for the help and support these people have provided towards making *Chinese for Living in China* a success.

The authors would also like to thank the people at Peking University Press. Several editors provided useful suggestions for the series and we deeply appreciate their help and support.

Editor in chief: De-an Wu Swihart.
Participating authors: Hsin-hsin Liang
Julian K. Wheatley
Jinyu Li

Abbreviations 缩略语 Suōlüèyǔ

Abbreviation	English	*Pinyin*	Chinese
Adj	Adjective	xíngróngcí	形容词
Adv	Adverb	fùcí	副词
Attr	Attributive	dìngyǔ	定语*
Aux	Auxiliary	zhùdòngcí	助动词
BF	Bound Form	zǔhé xíngshì	组合形式
Conj	Conjunction	liáncí	连词
Det	Determiner	xiàndìngcí	限定词
DirC	Directional Complement	qūxiàng bǔyǔ	趋向补语
Exp	Expression	xíguàn yòngyǔ	习惯用语
Intj	Interjection	tàncí	叹词
IntPron	Interrogative Pronoun	yíwèn dàicí	疑问代词
Meas	Measure Word	liàngcí	量词
N	Noun	míngcí	名词
Num	Numeral	shùcí	数词
Part	Particle	zhùcí	助词
Pot	Potential Form	kěnéng bǔyǔ	可能补语
Pref	Prefix	qiánzhuì	前缀
Prep	Preposition	jiècí	介词
Pron	Pronoun	dàicí	代词
PropN	Proper Noun	zhuānyǒu míngcí	专有名词
PW	Position Word	fāngwèicí	方位词
ResC	Resultative Complement	jiéguǒ bǔyǔ	结果补语
Q	Quantifier	shùliàngcí	数量词
Suf	Suffix	hòuzhuì	后缀
V	Verb	dòngcí	动词
VO	Verb-Object	dòngbīn jiégòu	动宾结构

*本书的"定语"就是一般所说的"非谓形容词"。
The "Attributive" in this book means what is generally called "non-predicative adjective".

Lesson Twenty-one   Missing Your Flight

第二十一课   误机

Dì-èrshíyī Kè   Wù jī

In this lesson you will learn how to do the following

- Ask what you should do if you miss your flight
- Convince an airline agent to get you re-booked as soon as possible
- Talk to an agent about changing your flight

Grammar

- More auxiliary verbs: "得 děi"(must, need), "应该 yīnggāi"(should, ought to) and "必须 bìxū" (must, have to)
- The pattern "要 yào + V(O) + 了 le" (imminent action)
- Reduplication of verbs
- "那 nà" used as a conjunction (then, in that case)

Culture Notes

- Major airlines in China
- Airline ticketing
- Seating
- The peak travel seasons

Dialogue

A：李英 Lǐ Yīng　　B：服务员 Fúwùyuán

　　寒假时李英去了北京，因为冬天机票又便宜，坐飞机的人又少。在北京两个星期，他不但参观了长城和故宫，而且还常常能跟中国人说中文。时间过得真快，下星期就要开学了，他得^{G1}赶回美国去上学。但是，在去机场的路上¹开始下大雪，车开得很慢。他误了飞机。李英来到办理登机手续的柜台，把机票给了服务员，说：

　　Hánjià shí Lǐ Yīng qùle Běijīng, Yīnwèi dōngtiān jīpiào yòu piányi, zuò fēijī de rén yòu shǎo. Zài Běijīng liǎng ge xīngqī, tā búdàn cānguānle Chángchéng hé Gùgōng, érqiě hái chángcháng néng gēn Zhōngguórén shuō Zhōngwén. Shíjiān guò de zhēn kuài, xià xīngqī jiù yào kāi xué le, tā děi ^{G1} gǎn huí Měiguó qù shàng xué. Dànshì, zài qù jīchǎng de lùshang¹ kāishǐ xià dàxuě, chē kāi de hěn màn. Tā wùle fēijī. Lǐ Yīng lái dào bànlǐ dēngjī shǒuxù de guìtái, bǎ jīpiào gěile fúwùyuán, shuō:

A：请问，因为下大雪我误了飞机，我应该怎么办？
　　Qǐng wèn, yīnwèi xià dàxuě wǒ wùle fēijī, wǒ yīnggāi zěnme bàn?

B：您是去纽约的。我们国航今天没有去纽约的飞机了。明天下午1点40分有一班²直飞纽约的，我帮您换到明天吧？
　　Nín shi qù Niǔyuē de. Wǒmen GuóHáng jīntiān méiyǒu qù Niǔyuē de fēijī le. Míngtiān xiàwǔ yī diǎn sìshí fēn yǒu yì bān² zhífēi Niǔyuē de, wǒ bāng nín huàn dào míngtiān ba?

A：对不起。我们大学快要开学了^{G2}，我今天必须赶回去。请您帮帮忙^{G3}，想想办法，让我今天走。多谢了。
　　Duì bu qǐ. Wǒmen dàxué kuàiyào kāi xué le^{G2}, wǒ jīntiān bìxū gǎn huiqu. Qǐng nín bāngbang máng^{G3}, xiǎngxiang bànfǎ, ràng wǒ jīntiān zǒu. Duōxiè le.

Notes

1. In the phrase "去机场的路上 qù jīchǎng de lùshang", "的 de" indicates that the prior verbal phrase modifies the following noun. One of the main functions of "的 de" is to indicate modification in this way. (Cf. L6, G5 and particularly, L7, G3.)
2. "班 bān" may mean "class, shift", but here it means "scheduled or regular plane, train, bus, etc."

第二十一课 误机
Lesson Twenty-one Missing Your Flight

B：别着急。我在网上查查看，有没有今天去纽约的飞机。美联航有一班下午2点13分经过旧金山到纽约的，到达肯尼迪机场是晚上10点59分。我们是合作伙伴，我可以帮您转过去[3]。
Bié zháo jí. Wǒ zài wǎngshang chácha kàn, yǒu méiyǒu jīntiān qù Niǔyuē de fēijī. Měilián Háng yǒu yì bān xiàwǔ liǎng diǎn shísān fēn jīngguò Jiùjīnshān dào Niǔyuē de, dàodá Kěnnídí Jīchǎng shì wǎnshang shí diǎn wǔshíjiǔ fēn. Wǒmen shì hézuò huǒbàn, wǒ kěyǐ bāng nín zhuǎn guoqu[3].

A：太好了。我需要加钱吗？
Tài hǎo le. Wǒ xūyào jiā qián ma?

B：不用。您这张票是1609美元，美联航的是1300美元。不过[4]，我们也不会退款给您。
Búyòng. Nín zhè zhāng piào shì yìqiān liùbǎi líng jiǔ Měiyuán. Měilián Háng de shì yìqiān sānbǎi Měiyuán. Búguò[4], wǒmen yě bú huì tuì kuǎn gěi nín.

A：没问题。
Méi wèntí.

B：现在还有差不多[5]一个小时就起飞了，您得赶快到美联航柜台去，看他们能不能让您上这班机。
Xiànzài háiyǒu chà bu duō[5] yí ge xiǎoshí jiù qǐfēi le, nín děi gǎnkuài dào Měilián Háng guìtái qù, kàn tāmen néng bu néng ràng nín shàng zhè bān jī.

A：好。美联航柜台在哪儿？
Hǎo. Měilián Háng guìtái zài nǎr?

B：在F 11号。您从这边走，再左转就看到了。
Zài F shíyī hào. Nín cóng zhèbiān zǒu, zài zuǒ zhuǎn jiù kàndào le.

A：谢谢。如果我到那儿，他们不让我登机怎么办？
Xièxie. Rúguǒ wǒ dào nàr, tāmen bú ràng wǒ dēng jī zěnme bàn?

B：那[G4]您只能明天走了。
Nà[G4] nín zhǐ néng míngtiān zǒu le.

---

3. The directional complement "过去 guòqù" (cross over [there]) combines with the verb "转 zhuǎn" (to turn, to transfer) to form a complex verb meaning "to transfer over, transfer to". Cf. "走过去 zǒu guoqu" (to walk over [there]); "开过去 kāi guoqu"(to drive over [there]).
4. "不过 búguò", i.e. "not-exceed", is a conjunction, similar in meaning to "但是 dànshì"or "可是 kěshì": "不过，我们也不会退款给您 Búguò, wǒmen yě bú huì tuìkuǎn gěi nín "(Only = but we won't be able to give you a refund).
5. "差不多 chà bu duō", literally "lack-not-much", precedes quantities in the sense of "approximately". It can also act as an adjective in the sense of "be about the same".

A：如果明天走,你们会提供免费宾馆吗?
Rúguǒ míngtiān zǒu, nǐmen huì tígōng miǎnfèi bīnguǎn ma?

B：不会。因为是您自己误机的。
Bú huì. Yīnwèi shì nín zìjǐ wù jī de.

A：还是希望我今天能走吧。非常感谢您。
Háishi xīwàng wǒ jīntiān néng zǒu ba. Fēicháng gǎnxiè nín.

B：不客气。祝⁶您好运。
Bú kèqi. Zhù⁶ nín hǎoyùn.

A：再见。
Zàijiàn.

B：再见。
Zàijiàn.

New Words

1	误机/誤機	wù jī	VO	to miss an airplane
2	寒假	hánjià	N	winter vacation
3	飞机/飛機	fēijī	N	airplane
4	参观/參觀	cānguān	V	to visit (place, exhibition, etc.)
5	长城/長城	Chángchéng	PropN	The Great Wall
6	故宫	Gùgōng	PropN	The Imperial Palace (Forbidden City)
7	赶回/趕回	gǎnhuí	V-DirC	to hurry back
8	机场/機場	jīchǎng	N	airport
9	办理/辦理	bànlǐ	V	to handle, to go through (a procedure)
10	手续/手續	shǒuxù	N	procedure, formalities
11	柜台/櫃檯	guìtái	N	(sales/service) counter
12	服务员/服務員	fúwùyuán	N	attendant, service person

---

6. "祝 zhù" (to wish) often introduces salutations: "祝你新年快乐 Zhù nǐ xīnnián kuàilè" (Happy New Year); "祝你圣诞快乐 Zhù nǐ Shèngdàn kuàilè" (Merry Christmas).

第二十一课 误机
Lesson Twenty-one Missing Your Flight

13	纽约/紐約	Niǔyuē	PropN	New York City
14	国航/國航	Guó Háng	PropN	AIR CHINA (short for "中国国际航空公司 Zhōngguó Guójì Hángkōng Gōngsī")
15	直飞/直飛	zhífēi	V	to fly directly to, to be non-stop
16	办法/辦法	bànfǎ	N	method, ways, means
17	着急/著急	zháo jí	VO/Adj	to feel worried, to feel anxious; anxious
18	美联航/美聯航	Měilián Háng	PropN	United Airlines (short for "美国联合航空公司 Měiguó Liánhé Hángkōng Gōngsī")
19	旧金山/舊金山	Jiùjīnshān	PropN	San Francisco ("Old-Gold-Mountain")
20	到达/到達	dàodá	V	to arrive, to reach
21	肯尼迪	Kěnnídí	PropN	Kennedy
22	合作	hézuò	V	to cooperate, to collaborate
23	伙伴/夥伴	huǒbàn	N	partner
24	退款	tuì kuǎn	VO	to refund, to get a refund
25	提供	tígōng	V	to provide, to offer
26	希望	xīwàng	V/N	to hope; wish
27	感谢/感謝	gǎnxiè	V	to thank, to be grateful
28	祝	zhù	V	to wish, to may [you] have
29	好运/好運	hǎoyùn	N	good luck

Re-enacting the Dialogue*

A: Ying Li   B: Attendant

Ying Li went to Beijing during the winter vacation, because tickets are cheaper and fewer people travel during the winter. In his two weeks in Beijing, he not only visited the Great Wall and the Forbidden City, but he was also able to speak Chinese with lots of people. Time has flown by. His school starts next week, and he has to hurry back for classes in the U.S. However, on the way to the airport, it starts to snow. Traffic is very slow and he misses his flight. Ying Li arrives at the check-in counter, gives his ticket to the attendant and says:

A: Excuse me, I missed my flight because of the heavy snow. What should I do now?
B: You are going to New York. There are no more flights to New York today on Air China. There's a direct

flight to New York tomorrow at 1:40 p.m. I'll put you on tomorrow's flight, okay?

A: I'm sorry. Classes are about to begin at our university. I've got to get back today. Can you help me out and find some way for me to leave today? I'd really appreciate it.

B: Don't worry. I'll check online to see if there are any flights to New York today… United Airlines has a flight to New York via San Francisco at 2:13 this afternoon. It'll arrive at Kennedy Airport at 10:59 p.m. We're partners, so I can help you transfer to it.

A: That's great. Will I need to pay more for that?

B: No. Your ticket is $1609. UA's ticket is $1300. But we won't be able to give you a refund.

A: No problem.

B: That flight will take off in less than an hour. You need to go to the United Airlines counter right away and see if they'll let you get on.

A: Okay. Where's the United Airlines counter?

B: It's at F 11. This way – then turn left and you'll see it.

A: Thanks. If I get there and they don't let me get on the flight, what should I do?

B: In that case, you'll have to leave tomorrow.

A: If I go tomorrow, will you provide me with a free hotel?

B: Sorry, we won't. Because you missed the flight yourself.

A: I hope I could leave today then. Thank you very much.

B: You're welcome. Good luck.

A: Bye.

B: Bye.

---

* As in previous volumes, a translation of the main text is provided to help you retell or re-enact the conversation: "The dialogues are not reading exercises. They provide conversational material. For this reason, they are designed for you to be able to access them easily, with Pinyin provided along with vocabulary and grammatical notes. A first step in trying to internalize the conversational material is to practice re-enacting the dialogues. The English translations of the dialogues are provided to help you do this. You can glance at the English to remind yourself of what you want to say, then try to say it, and finally, check yourself against the Chinese. The first time you do this, you will find it quite difficult; but by the third time, you should find yourself close to fluency. Once you reach that point, you will be much more successful in trying out variations on the basic themes in and out of class."

Lesson Twenty-one Missing Your Flight

Grammar

▶ **G1.** More auxiliary verbs: "得 děi" (must, need), "应该 yīnggāi" (should, ought to) and "必须 bìxū" (must, have to)

A number of auxiliary verbs have been introduced in earlier chapters: "能 néng" (can, be able to) and "可以 kěyǐ" (can, may) in Lesson 5; "要 yào" (want, need, will), "想 xiǎng (be thinking of, intend to, want to) and "打算 dǎsuàn" (plan to, intend to) in Lesson 9; "会 huì" (can, be able to; will, be likely to) in Lesson 11. Three more are added in this lesson.

(1) "得 děi" is particularly common in northern Mandarin. It expresses necessity.

① 他得赶回美国去上学。He must hurry back to the U.S. for school.
　Tā děi gǎn huí Měiguó qù shàng xué.

② 我得想办法买今天的票。I must find a way to buy a ticket for today.
　Wǒ děi xiǎng bànfǎ mǎi jīntiān de piào.

"得 děi" is not directly negated. Instead, forms such as "不用 bú yòng" (needn't) are used.

③ 他不用赶回美国去上学。He doesn't need to hurry back to the U.S. for school.
　Tā bú yòng gǎnhuí Měiguó qù shàng xué.

④ 你不用一定要买今天的票。It's not necessary that you buy a ticket for today.
　Nǐ bú yòng yídìng yào mǎi jīntiān de piào.

(2) "应该 yīnggāi" indicates a moral judgement (should, ought to). In such cases, the negative is simply "不应该 bù yīnggāi" (shouldn't).

⑤ 误机是我的错，我应该付今晚住宾馆的钱。
　Wù jī shì wǒ de cuò, wǒ yīnggāi fù jīnwǎn zhù bīnguǎn de qián.
　It was my fault that I missed the flight, (so) I should pay for the hotel tonight.

⑥ 下这么大的雪，飞机不应该起飞。The plane shouldn't take off in such a heavy snowfall.
　Xià zhème dà de xuě, fēijī bù yīnggāi qǐfēi.

"应该 yīnggāi" can also imply logical conjecture or expectation (should, must).

⑦ 到月底时，我应该可以工作了。I should be able to work by the end of the month.
　Dào yuè dǐ shí, wǒ yīnggāi kěyǐ gōngzuò le.

⑧ 你学中文学了两年了，用中文去银行开个账户应该没问题吧！
　Nǐ xué Zhōngwén xuéle liǎngnián le, yòng Zhōngwén qù yínháng kāi ge zhànghù yīnggāi méi wèntí ba!
　You've been studying Chinese for two years. You shouldn't have any problem going to a bank and opening an account in Chinese!

(3) "必须 bìxū" expresses pressing need.

⑨ 我们大学快要开学了，我今天必须赶回去。
　Wǒmen dàxué kuài yào kāi xué le, wǒ jīntiān bìxū gǎn huiqu.

7

Classes at my university are about to start. I've got to get back today.

It can also express requirement.

⑩ 买机票必须有身份证。 You have to have identification to buy an airticket.
　　Mǎi jīpiào bìxū yǒu shēnfènzhèng.

As with "得 děi", "必须 bìxū" is not directly negated. The colloquial "不用 búyòng" or the more formal "不必 búbì" are used instead.

⑪ 你不必（不用）今天赶回去，下星期一才上课呢。
　　Nǐ bú bì (bú yòng) jīntiān gǎn huíqu, xià xīngqīyī cái shàng kè ne.
　　You don't have to rush back today, classes don't begin until next Monday.

▶ G2. The pattern "要 yào + V (O) + 了 le" (imminent action)

The auxiliary verb "要 yào" (will) in combination with sentence final particle "了 le" (change of state) indicates imminent action, which is often translated in English as "soon" or "about to".

① 大学要开学了。 Classes start soon.
　　Dàxué yào kāi xué le.

② 银行要关门了。 The bank is about to close.
　　Yínháng yào guān mén le.

The sense of imminence can be bolstered by placing adverbs such as "就 jiù" (soon) or "快 kuài" (fast) before "要 yào".

③ 雨快要停了。 The rain'll stop soon.
　　Yǔ kuài yào tíng le.

④ 飞机就要起飞了。 The plane is about to take off.
　　Fēijī jiù yào qǐfēi le.

The counterpart of "要 yào……了 le" (be about to) is "还没 hái méi……呢 ne" (to haven't yet).

⑤ 雨还没停呢。 The rain hasn't stopped yet.
　　Yǔ hái méi tíng ne.

⑥ 银行还没关门呢。 The bank hasn't closed yet.
　　Yínháng hái méi guān mén ne.

▶ G3. Reduplication of verbs

Verbs of activity can be reduplicated to make light of the effort involved (for a bit, just, take a ...): "猜猜 cāicai" (take a guess), "想想 xiǎngxiang" (think about it for a bit). The second iteration of the verb loses its tone, as shown. Here are some examples.

"想 xiǎng" (to think)→ "想想 xiǎngxiang" (to think about it for a bit)

① 请您帮忙，想想办法。 Could you help me think of any means to solve the problem.

第二十一课　误机
Lesson Twenty-one Missing Your Flight

Qǐng nín bāng máng, xiǎngxiang bànfǎ.

"看 kàn" (to look) → "看看 kànkan" (to take a look)

② 看看四周有没有类似的行李被误拿了。
Kànkan sìzhōu yǒu méiyǒu lèisì de xíngli bèi wù ná le.
Take a look around and see if there might have been a suitcase similar to yours taken by mistake.

The reduplication can be followed by "看 kàn" (V V 看), in which case "看 kàn" has the sense of "to try and" or "to see if": "吃吃看 chīchi kàn" (to eat [some] and see; to try [some]). The main dialogue provides a good example: "查查看 chácha kàn" (to check and see [if]). Cf. also "想想看 xiǎngxiang kàn" (to think it over, to consider it), "试试看 shìshi kàn" (to try it and see).

③ 我在网上查查看有没有今天去纽约的飞机。
Wǒ zài wǎngshang chácha kàn yǒu méiyǒu jīntiān qù Niǔyuē de fēijī.
I'll check online to see if there's an available flight to New York today.

Disyllabic verbs can also be reduplicated, though sometimes without the loss of tone.

"休息 xiūxi" (to rest) → "休息休息 xiūxi xiūxi" (to take a break)

④ 飞机晚点了，我们去咖啡馆休息休息吧。
Fēijī wǎn diǎn le, wǒmen qù kāfēiguǎn xiūxi xiūxi ba.
The flight's been delayed. Let's go to a café for a break.

⑤ 离登机还有一个多小时呢，我们现在练习练习说中文吧。
Lí dēng jī háiyǒu yí ge duō xiǎoshí ne, wǒmen xiànzài liànxí liànxí shuō Zhōngwén ba.
There is more than one hour before boarding, so let's practice speaking Chinese.

⑥ 你们练习说中文，我想复习复习语法。
Nǐmen liànxí shuō Zhōngwén, wǒ xiǎng fùxí fùxí yǔfǎ.
While you practice speaking Chinese, I'd like to review some grammar.

Note: "帮忙 bāng máng" is a VO construction, hence only the verb "帮 bāng" is repeated.

"帮忙 bāng máng" (to help) → "帮帮忙 bāngbang máng" (to lend a hand)

▶ G4. "那 nà" used as a conjunction (then, in that case)

"那 nà", in addition to its use as a demonstrative (that), can appear at the beginning of a clause to indicate that the clause follows from something that's been mentioned earlier, i.e. "that being the case, in that case".

① A：对不起，今天没有去纽约的班机了。Sorry, there are no more flights to New York today.
　　Duì bu qǐ, jīntiān méiyǒu qù Niǔyuē de bānjī le.

　B：那我只能明天走了。In that case, I'll just have to leave tomorrow.
　　Nà wǒ zhǐ néng míngtiān zǒu le.

② 那你得办行李挂失手续。In that case, you need to follow the procedure for lost luggage.
　Nà nǐ děi bàn xíngli guà shī shǒuxù.

真实生活汉语
Chinese for Living in China 3

Consolidation & Practice

1. Practice with auxiliary verbs: "得 děi" "应该 yīnggāi" and "必须 bìxū"

(1) Answer the following questions with auxiliary verbs "得 děi" "应该 yīnggāi" or "必须 bīxū".

① 上飞机前得带什么？ _____
   Shàng fēijī qián děi dài shénme?   (Hint: airplane ticket, passport and so on)

② 上飞机前得买吃的东西吗？ _____
   Shàng fēijī qián děi mǎi chī de dōngxi ma?

③ 上飞机前得买瓶水吗？ _____
   Shàng fēijī qián děi mǎi píng shuǐ ma?

④ 如果你误机了，那应该做些什么？ _____
   Rúguǒ nǐ wù jī le, nà yīnggāi zuò xiē shénme? (Hint: call the airline to explain your situation, ask them to change your flight ...)

⑤ 我今天不舒服，不能去上课了，怎么办？ _____
   Wǒ jīntiān bù shūfu, bù néng qù shàng kè le, zěnme bàn?   (Make some suggestions.)

(2) Write the following daily schedule in Chinese by using "要 yào" "必须 bìxū" "应该 yīnggāi".

① Here is one teacher's daily schedule:
   8:00 -10:00 a.m.: teach English conversation at the school
   10:00 -12:00 p.m.: tutor students in math in the cafeteria
   1:00 - 2:00 p.m.: meet with colleagues in the conference room
   2:00 - 4:00 p.m.: grade students' assignments in the office
   4:00 -5:00 p.m.: coach student basketball team in the gym
   5:00 - 6:00 p.m.: take the bus home
   6:30 p.m.: have supper with the family

② Based on the schedule above, tell where the teacher is at the following hours, and explain what (s)he's doing there:
   1:20 p.m._____。
   8:30 a.m._____。
   4:10 p.m._____。
   7:00 p.m._____。

2. Practice with the pattern "要 yào + V(O)+ 了 le"

(1) Complete the following sentences based on the English cue.

① 现在天很黑，风很大，好像_____。(rain)
   Xiànzài tiān hěn hēi, fēng hěn dà, hǎoxiàng _____.

第二十一课 误机
Lesson Twenty-one Missing Your Flight

② 他已经大学四年级了，_____。(graduate)
　　Tā yǐjīng dàxué sì niánjí le, _____.

③ 现在3点半了，银行4点关门，_____。(close)
　　Xiànzài sān diǎn bàn le, Yínháng sì diǎn guān mén, _____.

④ 飞机12点起飞，现在11点55分，马上_____。(take off)
　　Fēijī shí'èr diǎn qǐfēi, xiànzài shíyī diǎn wǔshíwǔ fēn, mǎshàng _____.

⑤ 我不想吃东西，也觉得非常累，大概_____。(get sick)
　　Wǒ bù xiǎng chī dōngxi, yě jué de fēicháng lèi, dàgài _____.

(2) Answer the following questions by using "要 yào……了 le" pattern.

① 他大学毕业了吗？_____
　　Tā dàxué bì yè le ma? _____

② 现在是十月，北京的天气凉快了吗？_____
　　Xiànzài shì shí yuè, Běijīng de tiānqì liángkuai le ma? _____

③ 他妈妈病了，他打算什么时候回国？_____
　　Tā māma bìng le, tā dǎsuàn shénme shíhòu huí guó? _____

④ 你们学校开学了吗？_____
　　Nǐmen xuéxiào kāi xué le ma? _____

⑤ 飞机起飞了吗？_____
　　Fēijī qǐfēi le ma? _____

3. Use verb reduplication

(1) Complete the sentences in accordance with the English cues, using reduplicated verbs.

① 我的行李找不着了，请帮我_____。(look for it)
　　Wǒ de xíngli zhǎo bu zháo le, qǐng bāng wǒ _____.

② 我想要靠过道(aisle)的位子，请您_____(check)有没有？
　　Wǒ xiǎng yào kào guòdào (aisle) de wèizi, qǐng nín _____ yǒu méiyǒu?

③ 机场里人太多了，我们出去_____。(walk around)
　　Jīchǎng li rén tài duō le, wǒmen chūqu _____.

④ 飞机晚点了，我们去咖啡馆_____(take a break)吧！
　　Fēijī wǎndiǎn le, wǒmen qù kāfēiguǎn _____ ba!

⑤ 上星期六我没有课，在家_____。
　　Shàng xīngqīliù wǒ méiyǒu kè, zài jiā _____.
　　(eat, do laundry, make phone calls, surf online, chat with friends)

真实生活汉语 3
Chinese for Living in China

(2) Complete the following dialogues by using the appropriate form of verb reduplication.

① A：糟糕，我的护照怎么找不到了？
　　Zāogāo, wǒ de hùzhào zěnme zhǎo bu dào le?

　B：你先别着急，我帮你_____。
　　Nǐ xiān bié zháo jí, wǒ bāng nǐ _____.

② A：最近我常常头疼，不想吃东西，不太舒服。
　　Zuìjìn wǒ chángcháng tóuténg, bù xiǎng chī dōngxi, bú tài shūfu.

　B：如果是这样，我觉得你应该去_____大夫。
　　Rúguǒ shì zhèyàng, wǒ jué de nǐ yīnggāi qù _____dàifu.

③ A：这个地方真没有意思，我周末都不知道怎么过。
　　Zhège dìfang zhēn méiyǒu yìsi, wǒ zhōumò dōu bù zhīdào zěnme guò.

　B：我想，你可以去咖啡厅_____，电影院_____，附近的酒吧_____，到公园_____什么的。
　　Wǒ xiǎng, nǐ kěyǐ qù kāfēitīng _____, diànyǐngyuàn _____, fùjìn de jiǔbā _____, dào gōngyuán _____ shénme de.

④ 旅客：请问，去上海的软卧票还有吗？
　　Lǚkè: Qǐngwèn, qù Shànghǎi de ruǎnwò piào háiyǒu ma?

　服务员：你是要下个月1号去上海的软卧票吗？我来帮你_____。(to check)
　　Fúwùyuán: Nǐ shì yào xià ge yuè yī hào qù Shànghǎi de ruǎnwò piào ma? Wǒ lái bāng nǐ _____.

⑤ 机场柜台服务员：你丢的行李还没送来吗？我打电话_____。(to ask)
　　Jīchǎng guìtái fúwùyuán: Nǐ diū de xíngli hái méi sònglai ma? Wǒ dǎ diànhuà _____.

　旅客：谢谢你，我已经在这儿等了半小时了。
　　Lǚkè: Xièxie nǐ, wǒ yǐjīng zài zhèr děngle bàn xiǎoshí le.

4. Use "那 nà" as a conjunction

(1) In accordance with the examples, answer the following questions by using "那 nà".

Example ①：A：我今天要去北京。
　　　　　　　Wǒ jīntiān yào qù Běijīng.

　　　　　B：如果飞机票都卖完了，那你今天怎么去北京？
　　　　　　　Rúguǒ fēijīpiào dōu màiwán le, nà nǐ jīntiān zěnme qù Běijīng?

Example ②：A：我今晚不在你家吃晚饭了，谢谢你。
　　　　　　　Wǒ jīnwǎn bú zài nǐ jiā chī wǎnfàn le, xièxie nǐ.

　　　　　B：雪快要下大了，那你就早一点儿回去吧。
　　　　　　　Xuě kuàiyào xiàdà le, nà nǐ jiù zǎo yìdiǎnr huíqu ba.

第二十一课 误机
Lesson Twenty-one Missing Your Flight

① A：飞机已经起飞了。 B：_____。
　　Fēijī yǐjīng qǐfēi le.

② A：靠窗的座位没有了。 B：_____。
　　Kào chuāng de zuòwèi méiyǒu le.

③ A：今天没有去北京的航班了。 B：_____。
　　Jīntiān méiyǒu qù Běijīng de hángbān le.

④ A：如果我误机了，怎么办？ B：_____。
　　Rúguǒ wǒ wù jī le, zěnme bàn?

⑤ A：如果我找不到自己的行李了，怎么办？ B：_____。
　　Rúguǒ wǒ zhǎo bu dào zìjǐ de xíngli le, zěnme bàn?

Listening Comprehension

1. Listen to the dialogue between Li Ying and an Air China attendant at the check-in counter, then answer the questions by selecting the best option.

   (1) Why does Li Ying need to talk to the attendant?
      A. He wants to change to a direct flight to New York.
      B. He missed his flight.
      C. He wants to leave tomorrow rather than today.

   (2) When is the next Air China flight to NY?
      A. Today at 1:40 p.m.
      B. Tomorrow at 1:40 a.m.
      C. Tomorrow at 1:40 p.m.

   (3) Why couldn't Li Ying leave tomorrow?
      A. He thought the flight would be cancelled because of bad weather.
      B. He had to go to New York for an important meeting as soon as possible.
      C. He had a family emergency that had to be dealt with right away.

   (4) The attendant told Li Ying that United Airlines has a flight to New York
      A. leaving at 2:13 p.m., with a stop in San Francisco, getting into Kennedy Airport at 10:59 p.m.
      B. leaving at 2:30 p.m., with a stop in San Francisco, getting into Kennedy Airport at 10:59 p.m.
      C. leaving at 10:59 p.m., with a stop in San Francisco, getting into Kennedy Airport at 2:13 p.m.

   (5) Why was the attendant able to transfer Li Ying to a flight operated by United Airlines?
      A. The attendant also works for United Airlines.
      B. Air China and United Airlines are partners.
      C. The United Airlines flight didn't cost as much as the Air China one.

Lesson Twenty-one Missing Your Flight

2.Listen to this phone conversation between Li Ying and Wang Ming.

(1) From where did Li Ying call Wang Ming?

    A. On the way to the airport.

    B. In front of the boarding gate.

    C. At the United Airlines counter F11.

(2) Based on the conversation, what is Li Ying and Wang Ming's likely relationship?

    A. They're classmates.

    B. They're colleagues.

    C. They are employer and employee.

(3) Where is Wang Ming when Li Ying calls?

    A. On the way to the airport.

    B. On the way home.

    C. On the way to Gate F11.

(4) When will Li Ying's flight be scheduled if he can't make today's flight?

    A. This afternoon at 2:00 p.m.

    B. Tomorrow morning at 11:00 a.m.

    C. Tomorrow morning at 10:20 a.m.

Communication Activities

Pair Work

Scenario I: Have a conversation with your partner about an incident that you had at an airport, such as:

(1) Missing your flight. (误机)

(2) Getting caught in traffic and having to rush to the airport.

(3) Encountering a very rude service person who refused to ... (不让我……)

(4) Being forced to pay an extra fee for having two pieces of luggage. (让；行李；付钱)

(5) Just as the plane was about to take off, you remembered that ...

Scenario II: Determine, with your partner, the two best routes to get from where you are to Beijing. You should be able to find out the following:

(1) Whether there is a direct flight from X to Beijing. (从X直飞到北京)

(2) Whether you need to wait in Y airport. (在Y等飞机)

(3) How long you will need to wait for the next flight from Y airport. (在Y等多长时间)

(4) How long the whole trip will take. (一共得花多长时间)

Scenario III: By using "得 děi" "必须 bìxū" or "应该 yīnggāi", give your partner some tips about having a good, comfortable flight. Cover topics such as the following:

(1) What one should wear.

(2) What one should or shouldn't eat or drink.

(3) What one should or shouldn't bring.

(4) What one should or shouldn't do on the plane.

Role-Play

You are a passenger at an airport in China and have just missed a flight to New York.
B is an agent behind the counter at the airport who is not in a good mood and is giving passengers a hard time. Explain to B why you're late, and why you have to get back today.

a. Reasons for being late:

It snowed very hard and the traffic was slow. (下雪下得很大，车都开得很慢)

The car broke down on the way to the airport and you couldn't find a taxi. (车坏了, 叫不到出租车)

You misread the flight departure time. (看错了起飞时间)

Lesson Twenty-one Missing Your Flight

第二十一课　误机

b. Reasons you have to leave today:

You need to give lessons tomorrow morning at 8:00.（明天早上八点要上课）

Tomorrow morning you have an interview with a high school principal.（明天早上与高中校长面谈）

Group Work

Tell your fellow students about an unfortunate experience you've had, such as missing a flight, or losing your luggage. Use as many of the following words and expressions as you can (in any order).

机场 jīchǎng	航空公司 hángkōng gōngsī	去……的航班 qù……de hángbān	登机 dēng jī	误机 wù jī
不但……而且…… búdàn……érqiě……	在……的路上 zài……de lùshang	就要……了 jiùyào……le	赶回 gǎnhuí	查查看 chácha kàn
有一班直飞的 yǒu yì bān zhífēi de	转过去 zhuǎn guoqu	加钱 jiā qián	退款 tuì kuǎn	提供 tígōng
海关 hǎiguān	类似的 lèisì de	免费 miǎnfèi		

Review Exercises

I. Match the verbs in the left-hand list with the most likely object in the right-hand list.

1) 上 shàng　　　　　　A. 故宫 Gùgōng

2) 下 xià　　　　　　　B. 登机手续 dēng jī shǒuxù

3) 过 guò　　　　　　　C. 飞机 fēijī

4) 参观 cānguān　　　　D. 大雪 dàxuě

5) 办理 bànlǐ　　　　　E. 寒假 hánjià

II. Read the following e-mail message and fill in the blanks with the words listed below.

看看 kànkan	寒假 hánjià	赶回 gǎnhuí	打算 dǎsuàn	直飞 zhífēi
毕业 bì yè	希望 xīwàng	转机 zhuǎnjī	过得 guò de	参观 cānguān

17

张老师：
Zhāng lǎoshī:

您好！
Nín hǎo!

去年 五月，我大学_____以后就来到 贵州 这 所 初中 教 英文
Qùnián wǔ yuè, wǒ dàxué _____ yǐhòu jiù láidào Guìzhōu zhè suǒ chūzhōng jiāo Yīngwén
了。时间_____很 快，我 已经 教了一个学期了。现在 是 二 月，中国
le. Shíjiān _____ hěn kuài, wǒ yǐjīng jiāole yí ge xuéqī le. Xiànzài shì èr yuè, Zhōngguó
学校 的_____刚 开始，我 有 三 个 星期 的 假期，我_____2 月 10 日
xuéxiào de _____ gāng kāishǐ, wǒ yǒu sān ge xīngqī de jiàqī, wǒ _____ èr yuè shí rì
从 香港_____东京，然后 在 东京_____再 飞到 纽约。
cóng Xiānggǎng _____ Dōngjīng, ránhòu zài Dōngjīng _____ zài fēidào Niǔyuē.
您 2 月 15 日在 学校 吗？我 想 那天 去 学校_____您，然后 去
Nín èr yuè shíwǔ rì zài xuéxiào ma? Wǒ xiǎng nàtiān qù xuéxiào _____ nín, ránhòu qù
_____时代 广场。 我 在 纽约的 时间 差不多 有 两 个 星期，3 月 1 日
_____ Shídài Guǎngchǎng. Wǒ zài Niǔyuē de shíjiān chà bu duō yǒu liǎng ge xīngqī, sān yuè yī rì
就 得_____学校 教 书 了。我_____您 很 喜欢 您 现在 的 学生，
jiù děi _____ xuéxiào jiāo shū le. Wǒ _____ nín hěn xǐhuan nín xiànzài de xuésheng,
他们 比 那个 时候 的 我们 聪明 吗？
tāmen bǐ nàge shíhou de wǒmen cōngmíng ma?

祝您安好！
Zhù nín ān hǎo!

学生 张英
Xuéshēng Zhāng Yīng

敬上
Jìng shàng

III. Complete the following dialogues in Chinese.

8:00 a.m. 出租车上
bā diǎn chūzūchē shang

李文：师傅，你车开得这么慢，我会不会误机？
Lǐ Wén: Shīfu, nǐ chē kāi de zhème màn, wǒ huì bu huì wù jī?

师傅：我也没有办法啊！你看，_____
Shīfu: Wǒ yě méiyǒu bànfǎ a! Nǐ kàn, _____

Lesson Twenty-one Missing Your Flight

李文：是啊，现在是早上8点，大家都要上学、上课、上班。
Lǐ Wén: Shì a, xiànzài shì zǎoshang bā diǎn, dàjiā dōu yào shàng xué、shàng kè、shàng bān.

师傅：你不要着急，_____(What is your departure time?/When will your flight take off?)
Shīfu: Nǐ bú yào zháo jí, _____

李文：中午12点直飞法国的。
Lǐ Wén: Zhōngwǔ shí'èr diǎn zhífēi Fǎguó de.

师傅：只要我们10点能到机场，应该问题不大。
Shīfu: Zhǐyào wǒmen shí diǎn néng dào jīchǎng, yīnggāi wèntí bú dà.

12:10 p.m. 机场
shí'èr diǎn shí fēn jīchǎng

李 文：因为路上车太多了，我误了飞机了，_____(What should I do now?)
Lǐ Wén: Yīnwèi lùshang chē tài duō le, wǒ wùle fēijī le, _____

服务员：你是去法国的。我们国航今天没有去法国的航班了。明天下午3点50分有一班直飞法国的，我帮你换到明天吧？
Fúwùyuán: Nǐ shì qù Fǎguó de. Wǒmen Guó Háng jīntiān méiyǒu qù Fǎguó de hángbān le. Míngtiān xiàwǔ sān diǎn wǔshí fēn yǒu yì bān zhífēi Fǎguó de, wǒ bāng nǐ huàndào míngtiān ba?

李 文：我的大学_____(spring semester starts in a couple of days)，我今天必须赶回去。请您_____ (help me out, think of any means), 让我今天走。多谢了。
Lǐ Wén: Wǒ de dàxué _____ , wǒ jīntiān bìxū gǎn huiqu. Qǐng nín _____, ràng wǒ jīntiān zǒu. Duōxiè le.

服务员：别着急。我_____(am checking the Internet to see)有没有今天去法国的飞机。嗯，法航有一班下午直飞巴黎的。我们是_____(partners with them), _____(we'll help you to transfer)。
Fúwùyuán: Bié zháo jí. Wǒ _____ yǒu méiyǒu jīntiān qù Fǎguó de fēijī. Ǹg, Fǎ Háng yǒu yì bān xiàwǔ zhífēi Bālí de. Wǒmen shì _____, _____ _____ .

李文：太好了！谢谢你！
Lǐ Wén: Tài hǎo le! Xièxie nǐ!

IV. Complete the following tasks in Chinese.

(1) Your Chinese friends think that Americans have no time to relax. In fact, although you're busy much of the time, on weekends you're free to do more or less what you want. So explain to them, in Chinese, the sort of things you usually do on weekends, such as reading, watching TV, surfing the Internet, doing your washing, and chatting with friends on the phone. Sometimes, you go shopping or you go out for a meal with family or friends.

真实生活汉语
Chinese for Living in China 3

| 看书 kàn shū | 看电视 kàn diànshì | 上网 shàng wǎng | 打电话 dǎ diànhuà | 发短信 fā duǎnxìn |
| 聊天 liáo tiān | 洗衣服 xǐ yīfu | 逛街 guàng jiē | 吃饭 chī fàn | |

1) ....
2) ....
3) ....
4) ....
5) ....
6) ....

(2) You just missed your flight. You ask an airport attendant to help you find a way to catch a flight in the same day. What sort of things would you say in such a situation?

| 帮忙 bāng máng | 在网上查 zài wǎngshang chá | 转航班 zhuǎn hángbān |

1) ....
2) ....
3) ....
4) ....
5) ....
6) ....

(3) Because of a cancellation, Air China re-books you on United Airlines.

You need to find out where the United Airlines counter is (柜台 guìtái; 美联航 Měilián Háng), how to get your new ticket (机票 jīpiào), whether there is any extra charge (加钱 jiā qián) and what you should do if UA doesn't let you get on the plane once you're at the counter (如果 rúguǒ……那 nà……; 让/不让 ràng/bú ràng+V).

1) ....
2) ....
3) ....
4) ....
5) ....
6) ....

第二十一课 误机
Lesson Twenty-one Missing Your Flight

Culture Notes

1. Major airlines in China

代码 code	航空公司 Airlines
CA	中国国际航空公司 Zhōngguó Guójì Hángkōng Gōngsī Air China
MU	中国东方航空股份有限公司 Zhōngguó Dōngfāng Hángkōng Gǔfèn Yǒuxiàn Gōngsī China Eastern Airlines
CZ	中国南方航空股份有限公司 Zhōngguó Nánfāng Hángkōng Gǔfèn Yǒuxiàn Gōngsī China Southern Airlines
XO	新疆航空公司 Xīnjiāng Hángkōng Gōngsī Xinjiang Airlines
ZH	深圳航空公司 Shēnzhèn Hángkōng Gōngsī Shenzhen Airlines
MF	厦门航空公司 Xiàmén Hángkōng Gōngsī Xiamen Airlines
FM	上海航空公司 Shànghǎi Hángkōng Gōngsī Shanghai Airlines
3U	四川航空公司 Sìchuān Hángkōng Gōngsī Sichuan Airlines
WU	武汉航空公司 Wǔhàn Hángkōng Gōngsī Wuhan Airlines
GJ	浙江长龙航空有限公司 Zhèjiāng Chánglóng Hángkōng Yǒuxiàn Gōngsī ZheJiang Loong Airlines Co., Ltd

代码 code	航空公司 Airlines
WH	中国西北航空公司 Zhōngguó Xīběi Hángkōng Gōngsī China Northwest Airlines
CJ	中国北方航空公司 Zhōngguó Běifāng Hángkōng Gōngsī China Northern Airlines
SZ	中国西南航空公司 Zhōngguó Xī'nán Hángkōng Gōngsī China Southwest Airlines
3Q	云南航空公司 Yúnnán Hángkōng Gōngsī Yunnan Airlines
GY	多彩贵州航空有限公司 Duōcǎi Guìzhōu Hángkōng Yǒuxiàn Gōngsī Colorful Guizhou Airlines
HU	海南航空股份有限公司 Hǎinán Hángkōng Gǔfèn Yǒuxiàn Gōngsī Hainan Airlines
SC	山东航空公司 Shāndōng Hángkōng Gōngsī Shandong Airlines
9H	长安航空公司 Cháng'ān Hángkōng Gōngsī Air Changan
KA	港龙航空公司 Gǎnglóng Hángkōng Gōngsī Dragonair
X2	中国新华航空公司 Zhōngguó Xīnhuá Hángkōng Gōngsī Chinaxinhua Airlines

2. Airline ticketing

a. Period of ticket validity

An airplane ticket in China usually has a one-year period of validity, starting from the date of purchase. In other words, you can use it any time within a year.

b. Ticket refund

If not used for any reason, a ticket can be refunded. A refund can be done either before or after flight time, but only from the airport at which it was issued. For a refund, you need a valid ticket and identification. There is a service charge equivalent to 10% of the original price of the ticket after the flight time, and 5% before time. For different airline companies, the service charge may vary. If the delay is caused by the airline, you can get a full refund. You can also get a complete refund for medical reasons if you have a note from a doctor.

3. Seating

When you buy an airline ticket in China, you get a "reserved seat" (定座 dìngzuò), which means you are guaranteed a seat and luggage space on the flight. But it does not mean you have an assigned seat. In most cases, passengers will get their seat assignment at check-in. Some Chinese airlines have started to give seat assignments at the time of purchase, on the Internet, or over the telephone on request.

4. The peak travel seasons

The peak travel periods in China are around the holidays.

a. New Year's Day: January 1, 3 days

b. Spring Festival: usually in February, up to 7 days.

c. Qingming Festival: April 5, 3 days

d. Labor Day: May 1, 3 days

e. Dragon Boat Festival: in May or June, 3 days

f. Mid-Autumn Festival: in September or October, 3 days

g. National Day: October 1, 7 days

Summer vacation in July and August, and the winter vacation for about a month in January or February around the Spring Festival, are also peak travel periods in China.

Lesson Twenty-two   Looking for Your Luggage
第二十二课   找行李
Dì-èrshí'èr Kè   Zhǎo xíngli

In this lesson you will learn how to do the following

- Ask where to go for lost luggage
- Ask how you can locate lost luggage
- Describe your lost luggage
- Make arrangements to have your bags delivered to you

Grammar

- Antonyms forming words for dimensions: "大小 dàxiǎo" (size)
- "像 xiàng", a verb that expresses resemblance or similarity
- The adverb "这样 zhèyàng" (in this way, like this, so)
- The phrase "根据 gēnjù…… 规定 guīdìng" (according to …'s regulations)
- The preposition "按 àn" (per, according to)

Culture Notes

- Baggage requirements on Chinese airlines

Dialogue

A：江南 Jiāng Nán   B：航站人员 hángzhàn rényuán   C：办事员 bànshìyuán

江南夏天去上海上[1]暑期中文班。到上海机场后，过了海关，在转盘旁边等到行李出[2]完，也没有看到自己的行李。他看到不远处有一个航站人员，就走过去问：

Jiāng Nán xiàtiān qù Shànghǎi shàng[1] shǔqī Zhōngwénbān. Dào Shànghǎi jīchǎng hòu, guòle hǎiguān, zài zhuànpán pángbiān děngdào xíngli chū[2] wán, yě méiyǒu kàndao zìjǐ de xíngli. Tā kàndao bù yuǎn chù yǒu yí ge hángzhàn rényuán, jiù zǒu guòqu wèn:

A：师傅，行李已经都出完了，还没有我的行李，我应该找谁？
　　Shīfu, xíngli yǐjing dōu chūwán le, hái méiyǒu wǒ de xíngli, wǒ yīnggāi zhǎo shuí?

B：先不要着急，看看四周有没有类似的行李箱被误拿了。
　　Xiān bú yào zháo jí, kànkan sìzhōu yǒu méiyǒu lèisì de xínglixiāng bèi wùná le.

A：（到周围看了看）转盘旁边也没有我的行李。
　　(Dào zhōuwéi kànle kàn) Zhuànpán pángbiān yě méiyǒu wǒ de xíngli.

B：那你得办理行李挂失手续。那边是机场"失物招领处"。拿着你的行李票和机票，去失物招领处找办事员登记。
　　Nà nǐ děi bànlǐ xíngli guà shī shǒuxù. Nàbian shì jīchǎng "shīwù zhāolǐngchù". Názhe nǐ de xínglipiào hé jīpiào, qù shīwù zhāolǐngchù zhǎo bànshìyuán dēng jì.

（在失物招领处 Zài shīwù zhāolǐngchù）

A：服务员，我的行李丢了，应该怎么办理挂失手续？
　　Fúwùyuán, wǒ de xíngli diū le, yīnggāi zěnme bànlǐ guà shī shǒuxù?

C：你先填写这张"行李意外报告"表。
　　Nǐ xiān tiánxiě zhè zhāng "xíngli yìwài bàogào" biǎo.

A：对不起，我的中文不够[3]好。您能不能帮帮忙？
　　Duì bu qǐ, wǒ de Zhōngwén bú gòu[3] hǎo. Nín néng bu néng bāngbang máng?

Notes

1. In *Volume I*, Lesson 9, "上 shàng" means "to go up, to get on", as in "上车 shàng chē". Here it means "to go to, to attend", as in "上班 shàng bān" (to go to work) "上课 shàng kè" (to go to class, to start class).
2. "出 chū" means "to exit, to emerge, to appear".
3. "不够 bú gòu": "够 gòu" is an adjective meaning "enough, adequate", with negative "不够 bú gòu" (not enough).

第二十二课　找行李
Lesson Twenty-two Looking for Your Luggage

C：可以。先在这栏填上你的姓名、地址、在中国的电话和电子邮箱。
Kěyǐ. Xiān zài zhè lán tiánshang nǐ de xìngmíng、dìzhǐ、zài Zhōngguó de diànhuà hé diànzǐ yóuxiāng.

A：好。
Hǎo.

C：还有你的航空公司、航班、日期、起飞和到达机场。
Háiyǒu nǐ de hángkōng gōngsī、hángbān、rìqī、qǐfēi hé dàodá jīchǎng.

A：这是我的机票，上面都有。
Zhè shì wǒ de jīpiào, shàngmian dōu yǒu.

C：你托运了几件行李？
Nǐ tuōyùnle jǐ jiàn xíngli?

A：一件。
Yí jiàn.

C：你的行李票号是什么？
Nǐ de xínglipiào hào shì shénme?

A：这是我的行李票。
Zhè shì wǒ de xínglipiào.

C：你的行李上有没有姓名、地址或特殊标记？
Nǐ de xíngli shàng yǒu méiyǒu xìngmíng、dìzhǐ huò tèshū biāojì?

A：有姓名地址，没有特殊标记。
Yǒu xìngmíng dìzhǐ, méiyǒu tèshū biāojì.

C：你能不能形容一下你行李箱是什么样的：形状、颜色、尺寸大小^{G1}？
Nǐ néng bu néng xíngróng yíxià nǐ xínglixiāng shì shénme yàng de: xíngzhuàng、yánsè、chǐcùn dàxiǎo^{G1}?

A：我的行李箱很大，是黑颜色的，布面，长方形的。
Wǒ de xínglixiāng hěn dà, shì hēi yánsè de, bùmiàn, chángfāngxíng de.

C：请你在这张图上指认一下，比较像^{G2}图片上哪个箱子。
Qǐng nǐ zài zhè zhāng tú shàng zhǐrèn yíxià, bǐjiào xiàng^{G2} túpiàn shàng nǎge xiāngzi.

A：像这个的形状和颜色，可是比这个小一点儿。
Xiàng zhège de xíngzhuàng hé yánsè, kěshì bǐ zhège xiǎo yìdiǎnr.

C：你的行李里面装了些⁴什么东西？
Nǐ de xíngli lǐmian zhuāngle xiē⁴ shénme dōngxi?

---

4. "些 xiē" appears before nouns like a measure word (but it can only be preceded by the number "一 yī"), with the meaning "some, a number of": "一些东西 yìxiē dōngxi" (some things). "些 xiē" can also appear in comparisons, where it functions as an adverb, meaning "by a little amount": "快些走 kuài xiē zǒu" (to walk a bit faster).

A：我的箱子里面有衣服、书和一些礼品。
Wǒ de xiāngzi lǐmian yǒu yīfu, shū hé yìxiē lǐpǐn.

C：好，先这样^{G3}。我们找到后会通知你的。13501321688是你在中国的手机号，对吗？
Hǎo, xiān zhèyàng^{G3}. Wǒmen zhǎodào hòu huì tōngzhī nǐ de. Yāo sān wǔ líng yāo sān èr yāo liù bā bā shì nǐ zài Zhōngguó de shǒujīhào, duì ma?

A：对。什么时候可能送去？
Duì. Shénme shíhou kěnéng sòngqu?

C：找到后我们会尽快通知你。
Zhǎodào hòu wǒmen huì jǐnkuài tōngzhī nǐ.

A：如果找不到，怎么办？
Rúguǒ zhǎo bu dào, zěnme bàn?

C：根据国航规定^{G4}：如果乘客的托运行李无法找回，会按^{G5}每公斤20美元赔偿。
Gēnjù Guó Háng guīdìng^{G4}: rúguǒ chéngkè de tuōyùn xíngli wúfǎ zhǎohuí, huì àn^{G5} měi gōngjīn èrshí Měiyuán péicháng.

A：谢谢。再见。
Xièxie. Zàijiàn.

C：再见。
Zàijiàn.

New Words

1	上	shàng	V	to go to, to be at (school, work, etc.)
2	暑期	shǔqī	N	summer vacation period
3	中文班	Zhōngwénbān	N	Chinese class, Chinese language class
4	海关/海關	hǎiguān	N	a customs checkpost, customs
5	转盘/轉盤	zhuànpán	N	luggage carousel, conveyor belt
6	航站	hángzhàn	N	terminal (at an airport, etc.)
7	人员/人員	rényuán	N	personnel, staff, crew
8	四周	sìzhōu	Adv	all around
9	类似/類似	lèisì	Adj	similar

第二十二课 找行李
Lesson Twenty-two Looking for Your Luggage

10	行李箱	xínglixiāng	N	suitcase, trunk
	箱	xiāng	BF	suitcase, box, trunk
11	周围/周圍	zhōuwéi	Adv	around, surroundings
12	挂失/掛失	guà shī	VO	to report a loss (to the authorities)
13	失物	shīwù	N	lost property, lost article
14	招领处/招領處	zhāolǐngchù	N	lost-and-found (office)
15	行李票	xínglipiào	N	luggage or baggage identification
16	办事员/辦事員	bànshìyuán	N	clerk
17	丢	diū	V	to lose, to miss (something)
18	填写/填寫	tiánxiě	V	to fill in, to fill out (forms)
19	意外	yìwài	Adj	unexpected, accidental
20	报告/報告	bàogào	N	report; speech, lecture
21	栏/欄	lán	BF	column (in a form, newspaper, etc.)
22	航空公司	hángkōng gōngsī	N	airline company
23	航班	hángbān	N	scheduled flight
24	日期	rìqī	N	date
25	托运/託運	tuōyùn	V	to check (luggage), to consign for shipment
26	特殊	tèshū	Adj	special, particular, exceptional
27	标记/標記	biāojì	N	a mark, a sign
28	形容	xíngróng	V	to describe
29	形状/形狀	xíngzhuàng	N	shape, form, appearance
30	颜色/顏色	yánsè	N	color
31	尺寸	chǐcùn	N	size, measurement, dimension
32	大小	dàxiǎo	N	size
33	布面	bùmiàn	N	cloth cover
34	长方形/長方形	chángfāngxíng	N	rectangle
35	图/圖	tú	N	picture, drawing, illustration
36	指认/指認	zhǐrèn	V	to point out, to point to, to refer to, to identify

37	图片/圖片	túpiàn	N	picture, drawing, illustration
38	装/裝	zhuāng	V	to pack, to load, to carry
39	礼品/禮品	lǐpǐn	N	gift, present
40	通知	tōngzhī	V	to notify, to inform
41	尽快/儘快	jǐnkuài	Adv	as soon as possible, as quickly as possible
42	根据/根據	gēnjù	Prep	on the basis of, according to
43	规定/規定	guīdìng	N	regulation, rule
44	乘客	chéngkè	N	passenger
45	无法/無法	wúfǎ	V	to be unable to, to be no way to
46	按	àn	Prep	in accordance with, on the basis of
47	赔偿/賠償	péicháng	V	to compensate, to pay for (damages, loss, etc.)

Re-enacting the Dialogue

A: Nan Jiang   B: Airport attendant   C: Clerk

In the summer, Nan Jiang goes to Shanghai to attend a summer Chinese program. After he arrives in Shanghai, he passes through customs and waits at the baggage carousel until all the luggage has come out; but he doesn't see his suitcase. He sees an airport attendant nearby, and walks up to him and asks:

A: Sir, the luggage has all come out, but my suitcase isn't there. Whom should I contact?

B: No need to worry yet. Take a look around and see if there might have been a suitcase similar to yours taken by mistake.

A: (Looks around the baggage carousel.) There is no bag around the carousel that looks like mine.

B: Then you need to go through the procedure for lost luggage. The airport "Lost & Found" is over there. You should take your luggage check and ticket there and register with the clerk in that office.

（At the office）

A: Excuse me, I lost my bag. What's the procedure for reporting lost luggage?

C: You need to fill in this "Luggage Accident Report" form first.

A: I am sorry, my Chinese isn't that good. Could you help me?

C: Sure. Please fill in your name, address, phone number in China, and your e-mail in this column.

A: Okay.

C: Then fill in the airline, flight number, date, and departure and arrival airports.

Lesson Twenty-two Looking for Your Luggage

A: This is my ticket. All the information is on it.

C: How many bags did you check?

A: One.

C: What's your luggage check number?

A: It's here.

C: Is there a name and address tag or special mark on your luggage?

A: There is a name tag but no special mark.

C: Can you describe your suitcase, in terms of shape, color, size?

A: It's a large, black suitcase made of cloth, rectangular shaped.

C: Could you indicate which of the suitcases in this picture looks like yours?

A: The shape and color of my suitcase look like this one, but mine a little smaller.

C: What sort of things do you have inside the suitcase?

A: There are clothes, books and gifts inside.

C: Okay, that'll do. We'll inform you when we find it. Is 13501321688 your cell phone number in China?

A: Yes. When do you think will it be sent?

C: We will tell you as soon as we find it.

A: What happens if you can't find it?

C: According to Air China's regulations, if a passenger's checked luggage can't be found, Air China will compensate for the lost luggage at the rate of $20 per kilo.

A: Thank you. Goodbye.

C: Bye.

Grammar

G1. Antonyms forming words for dimensions: "大小 dàxiǎo" (size)

In Chinese, nouns referring to dimensions of size, such as weight, length, and height, are formed by combining pairs of monosyllabic adjectives of opposite meaning. Thus "大 dà"(big) and "小 xiǎo" (small) combine to form the abstract noun "大小 dàxiǎo"(size); "长 cháng"(long) and "短 duǎn" (short) combine as "长短 chángduǎn" (length); "轻 qīng"(light in weight) and "重 zhòng"(heavy) combine to form "轻重 qīngzhòng" (weight); "高 gāo"(high) and "低 dī"(low) combine as "高低 gāodī" (height). Here are some examples:

① 这双鞋我穿大小正合适。These shoes fit me just right.
   Zhè shuāng xié wǒ chuān dàxiǎo zhèng héshì.

② 这是可调节长短的书架。This is a bookcase that can be adjusted for length.
   Zhè shì kě tiáojié chángduǎn de shūjià.

③ 他要不要住院还不知道，医生要根据病情的轻重来决定。
   Tā yào bu yào zhù yuàn hái bù zhīdào, yīshēng yào gēnjù bìngqíng de qīngzhòng lái juédìng.
   We don't know whether he'll have to be hospitalized or not —— the doctor will decide on the basis of how serious the patient's condition is.

The text also contains the expression "尺寸 chǐcùn"(measurement), formed from a large and a small measure of length, "尺 chǐ" (1/3 meter) and "寸 cùn" (a Chinese inch). Though "尺寸 chǐcùn" is also formed by combining two extremes (of length), its components are not adjectives and it is not a productive pattern, just a one-time formation. "尺寸 chǐcùn" will often co-occur with an antonym expression, as in the following example:

④ 你连你行李箱的尺寸大小都不知道，我们怎么帮你找呢？
   Nǐ lián nǐ xínglixiāng de chǐcùn dàxiǎo dōu bù zhīdào, wǒmen zěnme bāng nǐ zhǎo ne?
   You don't even know the dimensions of your suitcase, how can we help you look for it?

G2. "像 xiàng", a verb that expresses resemblance or similarity

"像 xiàng" is a verb that expresses resemblance or similarity: "A 像 B".

① 他看起来像中国人。He looks like Chinese.
   Tā kàn qilai xiàng Zhōngguórén.

② 我的行李箱大小像这个箱子。My suitcase is about the same size as this one.
   Wǒ de xínglixiāng dàxiǎo xiàng zhège xiāngzi.

"像 xiàng" is often followed by "这么 zhème" "那么 nàme" or "一样 yíyàng" to form a comparison phrase. For example:

③ 那位办事员像你这么高。That office worker is just as tall as you are.
   Nà wèi bànshìyuán xiàng nǐ zhème gāo.

第二十二课　找行李
Lesson Twenty-two Looking for Your Luggage

④ 北京机场像香港机场那么大。 Beijing Airport is as big as Hongkong Airport.
   Běijīng jīchǎng xiàng Xiānggǎng jīchǎng nàme dà.

⑤ 今天像夏天一样热！ It's as hot as summer today!
   Jīntiān xiàng xiàtiān yíyàng rè!

The negative is formed normally, with "不像 bú xiàng". For example:

⑥ 老师不像五十岁的人。 The teacher doesn't look like a 50-year-old person.
   Lǎoshī bú xiàng wǔshí suì de rén.

⑦ 他不像你想的那么坏。 He is not as bad as you think.
   Tā bú xiàng nǐ xiǎng de nàme huài.

▶ **G3. The adverb "这样 zhèyàng" (in this way, like this, so)**

"这样 zhèyàng", like "这么着 zhèmezhe", is common in speech making reference to a previous utterance or action:

① 先这样。我们找到后会通知你的。 That'll do for now. After we find it, we'll let you know.
   Xiān zhèyàng. Wǒmen zhǎodào hòu huì tōngzhī nǐ de.

② A：我来过中国，可是，我没有来过北京。
    Wǒ láiguo Zhōngguó, kěshì, wǒ méiyǒu láiguo Běijīng.
    I've been to China before, but never to Beijing.

   B：噢，是这样，那让我先给您介绍一下长城吧。
    Ō, shì zhèyàng, nà ràng wǒ xiān gěi nín jièshào yíxià Chángchéng ba.
    Oh, so this is your first time. In that case, let me tell you about the Great Wall first of all.

③ 这样的话，付出的代价也太大了！ If that's the case, the price you paid for it is too high!
   Zhèyàng dehuà, fùchū de dàijià yě tài dà le!

▶ **G4. The phrase "根据 gēnjù ······ 规定 guīdìng" (according to...'s regulations)**

The preposition "根据 gēnjù" (according to, on the basis of) combines with "规定 guīdìng" (rules, regulations, stipulations) to form prepositional phrases with the meaning of "according to ...'s regulations". Typically the object, "规定 guīdìng", is modified by the name of an organization, such as "国航 Guó Háng"(Air China)、"美国海关 Měiguó Hǎiguān"(U.S. Customs) or "这家旅馆 zhè jiā lǚguǎn"(the hotel).

① 根据国航规定，丢了行李，国航会按每公斤20美元赔偿。
   Gēnjù Guó Háng guīdìng, diūle xíngli, Guó Háng huì àn měi gōngjīn èrshí Měiyuán péicháng.
   According to Air China's regulations, if a passenger's checked luggage gets lost, Air China will compensate him or her at the rate of $20 per kilo.

② 根据美国海关的规定，一个人最多只可以带五千美元出国。
   Gēnjù Měiguó Hǎiguān de guīdìng, yí ge rén zuì duō zhǐ kěyǐ dài wǔqiān Měiyuán

chū guó.
According to U.S. Custom's regulations, an individual cannot take more than $5000 out of the country.

③ 根据国航规定，随机的行李不能超过五公斤。
Gēnjù Guó Háng guīdìng, suíjī de xíngli bù néng chāoguò wǔ gōngjīn.
According to Air China's regulations, a passenger's carry-on luggage cannot exceed 5 kilos.

▶ G5. The preposition "按 àn" (as per, according to)

"按 àn" as a preposition has the sense of "per, according to":

① 会按每公斤20美元赔偿。You'll be compensated at the rate of $20 per kilogram.
Huì àn měi gōngjīn èrshí Měiyuán péicháng.

② 按时间表这班飞机应该到了。According to the schedule, the flight will have arrived by now.
Àn shíjiānbiǎo zhè bān fēijī yīnggāi dào le.

(1) "按 àn" versus "按照 ànzhào"

"按 àn" overlaps in function with its two-syllable counterpart "按照 ànzhào", but the latter requires a two-syllable object and is therefore considered more formal. The following two examples illustrate:

③ 按常理来讲，女人的寿命比男人的长。
Àn chánglǐ lái jiǎng, nǚrén de shòumìng bǐ nánrén de cháng.
In accordance with common sense, women live longer than men.

④ 老师按照我们的中文水平把我们分成三个班。
Lǎoshī ànzhào wǒmen de Zhōngwén shuǐpíng bǎ wǒmen fēnchéng sān ge bān.
The teacher divided us into three classes according to our Chinese proficiency levels.

(2) "按照 ànzhào" versus "根据 gēnjù"

"按照 ànzhào" and "根据 gēnjù", the preposition introduced in note G4, are close enough in meaning that they can sometimes be used interchangeably. Both introduce reasons, "按照 ànzhào" indicates accordance with a plan or procedure, while "根据 gēnjù" indicates the basis of a conclusion. The following additional examples illustrate:

⑤ 根据气象台的预报，明天要下雪。
Gēnjù qìxiàngtái de yùbào, míngtiān yào xià xuě.
According to the weather forecast, it's going to snow tomorrow.

⑥ 按照老师的要求，学生每天要听半个小时录音。
Ànzhào lǎoshī de yāoqiú, xuésheng měitiān yào tīng bàn ge xiǎoshí lùyīn.
According to the teacher's requirements, students need to listen to half an hour of recordings daily.

"根据 gēnjù" differs from "按照 ànzhào" in one other important respect. It can also function as a noun:

⑦ 说话要有根据，不能想说什么就说什么！
Shuōhuà yào yǒu gēnjù, bù néng xiǎng shuō shénme jiù shuō shénme!
You need to back up what you say, you can't just blurt out anything that comes to mind!

Lesson Twenty-two Looking for Your Luggage

第二十二课　找行李

Consolidation & Practice

1. Antonyms forming words for dimensions

(1) Read the following combinations and provide an English gloss.

1) 大小 dàxiǎo — size

2) 轻重 qīngzhòng —

3) 长短 chángduǎn —

4) 高矮 gāo'ǎi —

5) 胖瘦 pàngshòu —

6) 好坏 hǎohuài —

7) 美丑 měichǒu —

(2) Complete the following dialogues based on the English hints provided.

1) 旅客：哎呀，我的行李箱不见了！
   Lǚkè: Āiyā, wǒ de xínglixiāng bú jiàn le!

   机场服务人员：_____?
   Jīchǎng fúwù rényuán: (Could you describe the color and the size of your suitcase?)

2) 先生：这双鞋很好看，就买这双吧。
   Xiānsheng: Zhè shuāng xié hěn hǎokàn, jiù mǎi zhè shuāng ba.

   太太：嗯，_____，我就买这双。
   Tàitai: Ǹg,   (the size of this pair of shoes is just right)   ,wǒ jiù mǎi zhè shuāng.

3) 旅客：我的行李箱差不多58斤，是不是太重了？
   Lǚkè: Wǒ de xínglǐxiāng chà bu duō wǔshíbā jīn, shì bu shì tài zhòng le?

   机场服务人员：_____，太重的要加钱。
   Jīchǎng fúwù rényuán: (There are regulations on the weight of luggage), tài zhòng de yào jiā qián.

4) 机场服务人员：这件黑色的行李箱是你的吗？
   Jīchǎng fúwù rényuán: Zhè jiàn hēisè de xínglixiāng shì nǐ de ma?

   旅客：那件行李的颜色、形状和我的一样，_____。不是我的。
   Lǚkè: Nà jiàn xínglǐ de yánsè、xíngzhuàng hé wǒ de yíyàng，(but the size is not the same as mine) . Bú shì wǒ de.

5) 先生：你看我穿这条长裤好看吗？
   Xiānsheng: Nǐ kàn wǒ chuān zhè tiáo cháng kù hǎokàn ma?

   太太：_____，很好看！
   Tàitai: (The length of this pair of pants is just right on you)   , hěn hǎokàn!

33

2. Use "像 xiàng" to express resemblance or similarity

(1) Complete the following sentences using the pattern: "A 像 xiàng B 一样 yíyàng" or "A 不像 bú xiàng B 那么 nàme /这么 zhème".

1) 他家 Tā jiā | 篮球场 lánqiúchǎng | 大 dà

2) 老师 Lǎoshī | 父母 fùmǔ | 关心孩子 guānxīn háizi

3) 北京的八月 Běijīng de bā yuè | 烤箱 kǎoxiāng | 热 rè

4) 我的房租 Wǒ de fángzū | 纽约的房租 Niǔyuē de fángzū | 贵 guì

5) 中文 Zhōngwén | 英文 Yīngwén | 容易学 róngyì xué

6) 我的行李 Wǒ de xíngli | 你的行李 nǐ de xíngli | 重 zhòng

(2) Answer the following questions, using "像 xiàng".

1) A：你老家的人口多吗？
　　Nǐ lǎojiā de rénkǒu duō ma?

　B：非常多，像_____。
　　Fēicháng duō, xiàng _____.

2) A：你弟弟高吗？
　　Nǐ dìdi gāo ma?

　B：他很高，像_____。
　　Tā hěn gāo, xiàng _____.

3) A：这个城里的空气新鲜吗？
　　Zhège chéngli de kōngqì xīnxiān ma?

　B：不太新鲜，不像_____。
　　Bú tài xīnxiān, bú xiàng _____.

4) A：踢足球和散步一样轻松吗？
　　Tī zúqiú hé sàn bù yíyàng qīngsōng ma?

　B：踢足球很累，不像_____。
　　Tī zúqiú hěn lèi, bú xiàng _____.

5) A：冬天的时候，广州和北京一样冷吗？
　　Dōngtiān de shíhou, Guǎngzhōu hé Běijīng yíyàng lěng ma?

第二十二课　找行李
Lesson Twenty-two Looking for Your Luggage

B：冬天的时候，广州 _____。
　　Dōngtiān de shíhòu, Guǎngzhōu _____.

3. **Practice with the adverbial phrase "这样 zhèyàng" (in this way, like this, so)**

(1) Read the following dialogues.

1) A：你带钱了吗？
　　Nǐ dài qiánle ma?

B：我不但带了现金，也带了信用卡，这样就不担心钱不够了。
　　Wǒ búdàn dàile xiànjīn, yě dàile xìnyòngkǎ, zhèyàng jiù bù dānxīn qián bú gòu le.

2) A：老师，这样做可以吗？
　　Lǎoshī, zhèyàng zuò kěyǐ ma?

B：做得很好！就这样做吧。
　　Zuò de hěn hǎo! Jiù zhèyàng zuò ba.

3) A：你看这个字我这样写对不对？
　　Nǐ kàn zhè ge zì wǒ zhèyàng xiě duì bu duì?

B：这样写没错。
　　Zhèyàng xiě méi cuò.

4) A：行李这样放可以吗？
　　Xíngli zhèyàng fàng kěyǐ ma?

B：这样放没问题，就放在这儿吧。
　　Zhèyàng fàng méi wèntí, jiù fàng zài zhèr ba.

5) A：你老批评他做的饭不好吃，这样，他怎么会想学做饭？
　　Nǐ lǎo pīpíng tā zuò de fàn bù hǎochī, zhèyàng, tā zěnme huì xiǎng xué zuò fàn?

B：我这样说他就是希望他快点儿学会做饭。
　　Wǒ zhèyàng shuō tā jiùshì xīwàng tā kuài diǎnr xuéhuì zuò fàn.

(2) Complete the following dialogues with "这样 zhèyàng" or "那样 nàyàng".

1) 先生：我穿黑长裤，配红衬衫，好看吗？
　　Xiānsheng: Wǒ chuān hēi chángkù, pèi hóng chènshān, hǎokàn ma?

太太：_____。
Tàitai: _____.

2) 先生：我们已经误机了，今晚就住酒店吧。
　　Xiānsheng: Wǒmen yǐjīng wù jī le, jīnwǎn jiù zhù jiǔdiàn ba.

太太：_____。
Tàitai: _____.

3) 旅客：这是我填好的"行李意外报告"表，你们什么时候可以找到我的行李？
　　Lǚkè: Zhè shì wǒ tiánhǎo de "xínglǐ yìwài bàogào" biǎo, nǐmen shénme shíhou kěyǐ zhǎodào wǒ de xíngli?

　机场服务员：_____。
　Jīchǎng fúwùyuán: _____.

4) 女朋友：我们在上海买一套房子再结婚，好吗？
　　Nǚ péngyou: Wǒmen zài Shànghǎi mǎi yí tào fángzi zài jié hūn, hǎo ma?

　男朋友：_____。
　Nán péngyou: _____.
　　　　　　　　　　　　　(Hint: If that's the case, we may not ...)

5) 旅客：我的护照不见了！
　　Lǚkè: Wǒ de hùzhào bú jiàn le!

　机场服务员：_____。
　Jīchǎng fúwùyuán: _____.

4. Practice with prepositional phrases of the form "根据 gēnjù ······ 规定 guīdìng"(according to ...'s regulations)

(1) Complete the following dialogues, incorporating a "根据 gēnjù" phrase.

1) A：如果我的行李箱丢了，航空公司会赔偿吗？
　　Rúguǒ wǒ de xínglixiāng diū le, hángkōng gōngsī huì péicháng ma?

　B：_____。

2) A：如果我的行李重量超过20公斤，可以吗？
　　Rúguǒ wǒ de xíngli zhòngliàng chāoguò èrshí gōngjīn, kěyǐ ma?

　B：可以的，不过_____。
　Kěyǐ de, búguò _____.

3) A：旅客可以带刮胡刀上飞机吗？
　　Lǚkè kěyǐ dài guāhúdāo shàng fēijī ma?

　B：_____。

4) A：如果我误机了，航空公司会退款给我吗？
　　Rúguǒ wǒ wù jī le, hángkōng gōngsī huì tuì kuǎn gěi wǒ ma?

　B：_____。

5) A：对不起，我迟到了，还能上飞机吗？
　　Duì bu qǐ, wǒ chídào le, hái néng shàng fēijī ma?

　B：_____。

第二十二课　找行李
Lesson Twenty-two Looking for Your Luggage

5. Practice using the preposition "按 àn" (per, according to)

(1) Complete the following dialogues with the pattern of "按 àn".

1) A：如果我的行李丢了，航空公司会按件赔偿我吗？
   Rúguǒ wǒ de xíngli diū le, hángkōng gōngsī huì àn jiàn péicháng wǒ ma?

   B：_____。
   　　　　　　(Hint: It is not per piece, it's per kilogram.)

2) A：你的工资是怎么付的？
   Nǐ de gōngzī shì zěnme fù de?

   B：我的工资_____。
   　　Wǒ de gōngzī　　　　　(Hint: per hour, per day)

3) A：在美国饭馆吃饭，顾客怎么给服务员小费？
   Zài Měiguó fànguǎn chī fàn, gùkè zěnme gěi fúwùyuán xiǎofèi?

   B：_____。

4) A：出租车的车费是怎么算的？
   Chūzūchē de chēfèi shì zěnme suàn de?

   B：_____。
   　　　　　　(Hint: by time, by distance, etc.)

5) A：飞机什么时候起飞？
   Fēijī shénme shíhou qǐfēi?

   B：_____。
   　　　　　　(According to the schedule, ...)

Listening Comprehension

1. Listen to the dialogue between Ding Xia and an airport attendant, then answer the questions.

   New words: 猫 māo (cat)

   (1) What happened to Ding Xia?
       A. The attendant took Ding Xia's suitcase by mistake.
       B. Ding Xia took someone else's suitcase by mistake.
       C. It is possible that someone took Ding Xia's suitcase by mistake.

   (2) What does Ding Xia have to do?
       A. Go through the procedure for lost luggage.
       B. Find her luggage check.
       C. Find the airport attendant.

   (3) Where does she need to go?
       A. the airport Lost and Found office
       B. the Air China Ticket counter
       C. the baggage carousel

2. Listen to the dialogue between Zhang Bing and a clerk in the airport's Lost and Found office, then answer the questions.

   (1) What was NOT in Zhang Bing's suitcase?
       A. his cell phone
       B. his shoes
       C. his shirts

   (2) If a passenger's checked luggage is lost, the compensation is
       A. $20 per kilo
       B. $20 per pound
       C. $35 per kilo

   (3) What's the thing that concerns Zhang Bing most about losing his luggage?
       A. He won't be able to attend his meeting.
       B. He won't have his computer.
       C. He won't be able to buy a new outfit in time for his meeting.

第二十二课 找行李
Lesson Twenty-two Looking for Your Luggage

Communication Activities

Pair Work

Scenario I:

(1) Draw a picture of a suitcase that you frequently use and describe it to your partner.

颜色 yánsè	大小 dàxiǎo	形状 xíngzhuàng	有没有标记 yǒu méiyǒu biāojì
形 xíng	是/不是布面 shì / bú shì bùmiàn	尺寸 chǐcùn	

(2) Let your partner repeat your description back to you and check for accuracy.

Scenario II:

(1) A is a foreigner; B is a clerk working in the lost-and-found office at the airport. Make up a dialogue that includes the following words and expressions.

被误拿 bèi wùná	转盘 zhuànpán	挂失手续 guà shī shǒuxù	行李票 xínglipiào	登记 dēng jì
填写 tiánxiě	帮忙 bāng máng	在这栏 zài zhè lán	托运 tuōyùn	特殊标记 tèshū biāojì
形容 xíngróng	尺寸大小 chǐcùn dàxiǎo	指认 zhǐrèn	装 zhuāng	通知 tōngzhī
根据……规定 gēnjù……guīdìng	赔偿 péicháng			

Group Work

Scenario I: Collect the suitcase pictures from scenario 1 and post them on a board. Then have some of the students describe their own suitcases so the class can identify them from the pictures.

Scenario II: Tell your fellow students about an unfortunate experience you've had, missing a flight, or losing your luggage. Use as many the following words and expressions as you can (in any order).

托运行李 tuōyùn xíngli	海关 hǎiguān	类似的 lèisì de	行李箱 xínglixiāng
误拿 wùná	办理行李挂失手续 bànlǐ xíngli guà shī shǒuxù	失物招领处 shīwù zhāolǐngchù	行李转盘 xíngli zhuànpán

真实生活汉语 3
Chinese for Living in China

航站人员 hángzhàn rényuán	行李票 xínglipiào	形容 xíngróng	填写"行李意外报告" tiánxiě "xíngli yìwài bàogào"
姓名 xìngmíng	地址 dìzhǐ	电话 diànhuà	电子邮箱 diànzǐ yóuxiāng
特殊标记 tèshū biāojì	尽快通知 jǐnkuài tōngzhī	根据……规定 gēnjù…… guīdìng	无法找回 wúfǎ zhǎohuí
按……赔偿 àn…… péicháng			

Review Exercises

I. Match the verbs in the left-hand list with the nouns in the right-hand list.

(1) 填写 tiánxiě   A. 行李 xíngli

(2) 办理 bànlǐ   B. 国航规定 Guóháng guīdìng

(3) 托运 tuōyùn   C. 海关 hǎiguān

(4) 根据 gēnjù   D. 挂失手续 guà shī shǒuxù

(5) 通过 tōngguò   E. "行李意外报告"表 "xíngli yìwài bàogào" biǎo

II. Read the following paragraph and fill in the blanks with the words listed below.

意外 yìwài	按 àn	规定 guīdìng	托运 tuōyùn	手续 shǒuxù
丢了 diūle	尽快 jǐnkuài			

机场 工作 人员 告诉 他，行李_____应该 去"失物招领处" 办理 挂失_____。
Jīchǎng gōngzuò rényuán gàosu tā, xíngli _____ yīnggāi qù shīwù zhāolǐngchù bànlǐ guà shī _____.

要 先 填写 一张 "行李_____报告" 表，告诉 他们 你_____ 几件 行李，
Yào xiān tiánxiě yì zhāng "xíngli _____ bàogào" biǎo, gàosu tāmen nǐ _____ jǐ jiàn xíngli,

希望 他们 找到 后_____通知 你。如果 找 不到，根据 国航_____：
xīwàng tāmen zhǎodào hòu _____ tōngzhī nǐ. Rúguǒ zhǎo bu dào, gēnjù Guó Háng _____:

会_____每 公斤 赔偿 20 美元。
huì _____ měi gōngjīn péicháng èrshí Měiyuán.

40

Lesson Twenty-two Looking for Your Luggage

III. Complete the following dialogue in Chinese.

办事员：请你看看，这是不是你在找的行李箱？
Bànshìyuán: Qǐng nǐ kànkan, zhè shì bu shì nǐ zài zhǎo de xínglixiāng?

乘客：谢谢你，嗯，_____(shape)，_____(color)，_____(size)都很_____(look alike)，不过为什么_____(so light)啊？
Chéngkè: Xièxie nǐ, ǹg, _____, _____, _____ dōu hěn _____, bú guò wèi shéme _____ a?

办事员：你看看这行李箱上面的_____(name)是你的吗？
Bànshìyuán: Nǐ kànkan zhè xínglixiāng shàngmian de _____ shì nǐ de ma?

乘客：是我的。我的行李本来装了很多中文书，_____(very heavy)的。
Chéngkè: Shì wǒ de. Wǒ de xíngli běnlái zhuāngle hěnduō Zhōngwén shū, _____ de.

办事员：如果行李箱是你的，但是里头的书不见了，你也可以_____(fill out)一张"行李意外报告"表。
Bànshìyuán: Rúguǒ xínglǐxiāng shì nǐ de, dànshì lǐtou de shū bú jiàn le, nǐ yě kěyǐ _____ yì zhāng "xínglǐ yìwài bàogào" biǎo.

乘客：谢谢你。我先打开行李箱看看书是不是真的不见了。
Chéngkè: Xièxie nǐ. Wǒ xiān dǎkāi xínglixiāng kànkan shū shì bu shì zhēn de bú jiàn le.

办事员：书虽然可能找不回来了，但是还是会得到一些_____(compensation)的。
Bànshìyuán: Shū suīrán kěnéng zhǎo bù huílai le, dànshi háishi huì dédào yìxiē _____ de.

IV. Perform the following tasks in Chinese.

(1) You arrive at Shanghai's Pudong Airport, but your luggage is not in the baggage claim area. Find an airport attendant, explain to him what's happened, and ask him how you should go about finding your luggage – where you need to go, what you need to do, etc.

转盘上	转盘旁边	行李	应该找谁
zhuànpán shàng	zhuànpán pángbiān	xíngli	yīnggāi zhǎo shuí
应该怎么办	办理什么手续		
yīnggāi zěnme bàn	bànlǐ shénme shǒuxù		

1) ....
2) ....
3) ....
4) ....
5) ....
6) ....

(2) In the Lost & Found Office at Shanghai Airport, you're reporting your lost luggage. Ask how to fill out the form, then describe your luggage to the attendant, and find out when they are likely to get the luggage to you. Finally, ask what they will do if they fail to find it.

Describing your luggage:

形状 xíngzhuàng	颜色 yánsè	大小 dàxiǎo	像 xiàng	姓名 xìngmíng
地址 dìzhǐ	标记 biāojì			

Procedure:

什么时候送去 Shénme shíhou sòngqu	找到了 zhǎodào le	找不到 zhǎo bu dào	送到哪儿 sòng dào nǎr
我的手机号 wǒ de shǒujīhào	我的地址 wǒ de dìzhǐ	通知 tōngzhī	

1) ....
2) ....
3) ....
4) ....
5) ....
6) ....

(3) You're waiting for someone to pick you up at the airport when a distraught traveler tells you that her luggage hasn't appeared. Reassure her by telling her about a similar experience that happened to you recently, then advise her, explaining step-by-step what she should do.

得 děi	办理……手续 bànlǐ……shǒuxù	登记 dēng jì	填写 tiánxiě	姓名 xìngmíng
地址 dìzhǐ	电子邮箱 diànzǐ yóuxiāng	行李票号 xínglǐpiào hào	机票 jīpiào	行李 xíngli
颜色 yánsè	形状 xíngzhuàng	尺寸大小 chǐcùn dàxiǎo		

1) ....
2) ....
3) ....
4) ....

第二十二课　找行李
Lesson Twenty-two Looking for Your Luggage

5) ....

6) ....

(4) A friend of yours who doesn't speak much Chinese has asked you to help him deal with the Lost and Found office. So you describe to the staff in the Lost and Found office at the airport what his luggage looks like and then you explain how to get in touch with you if the luggage is found: During working hours, phone you at your office; After 6:00 p.m. contact you at home.

1) ....

2) ....

3) ....

4) ....

5) ....

6) ....

Culture Notes

Baggage requirements on Chinese airlines

a. In economy class, a passenger can check 20 kilos, in business class, 30 kilos, and in first class, 40 kilos. The weight limits apply without restriction on the number of bags. Bags cannot exceed 40/60/100 cm, for depth, breadth and width, respectively. Carry-on luggage is limited to 5 kilos and dimensions 20/40/55 cm.

b. Overweight luggage is charged 1.5% of the ticket price per extra kilo. The passenger gets a payment note for his/her overweight luggage at the check-in counter, goes to another counter to pay for it, and then brings the receipt back to the check-in counter.

c. If the attendant at the check-in counter does not approve of a piece of luggage, he/she will ask you to take that piece to a packing-service counter (usually near the front door of the airport) to re-pack it and secure it with strapping tape. There is a small charge for this service (usually less than $2).

Lesson Twenty-three Fixing things
第二十三课 修东西
Dì-èrshísān Kè   Xiū dōngxi

In this lesson you will learn how to do the following

- Call the building manager to describe a problem you're having
- Describe things that are broken in your apartment
- Make arrangements for someone to come and fix things for you

Grammar

- Existential sentences
- The resultative complements "住 zhù", "到 dào" and "开 kāi"
- The pivotal construction (followed by verbs in series)
- The suffixed phrase "…… 的时候 de shíhou" (when ..., during ..., while ...)
- The interrogative phrase "怎么样 zěnmeyàng" (how, how about)

Culture Notes

- The foreign student dorm
- Some important rules for foreign students living in China
- International student Visas and visitor's Visas
- Residence over the summer vacation

Dialogue

A：吴月 Wú Yuè   B：管理员 guǎnlǐyuán

新学期开始了，吴月搬进了学校宿舍。她的同屋是一个日本人。房间很大，她们都有自己的床、衣柜和书桌。桌子上放着电脑[G1]，可以上网。但[1]两人要共用一个洗手间。洗手间今天突然有三样东西坏了。因为吴月的中文比她的同屋好，所以她得打电话找人修。她先给楼房管理员打电话：

Xīn xuéqī kāishǐ le, Wú Yuè bānjìnle xuéxiào sùshè. Tā de tóngwū shì yí ge Rìběnrén. Fángjiān hěn dà, tāmen dōu yǒu zìjǐ de chuáng、yīguì hé shūzhuō. Zhuōzi shàng fàngzhe diànnǎo[G1], kěyǐ shàng wǎng. Dàn[1] liǎng rén yào gòngyòng yí ge xǐshǒujiān. Xǐshǒujiān jīntiān tūrán yǒu sān yàng dōngxi huài le. Yīnwèi Wú Yuè de Zhōngwén bǐ tā de tóngwū hǎo, suǒyǐ tā děi dǎ diànhuà zhǎo rén xiū. Tā xiān gěi lóufáng guǎnlǐyuán dǎ diànhuà:

A：管理员，我们房间的厕所不工作了，我应该找谁修？
Guǎnlǐyuán, wǒmen fángjiān de cèsuǒ bù gōngzuò le, wǒ yīnggāi zhǎo shuí xiū?

B：厕所不工作了？
Cèsuǒ bù gōngzuò le?

A：是。马桶不能冲水了……
Shì. Mǎtǒng bù néng chōng shuǐ le……

B：哦[2]，你的意思是说：厕所有些东西坏了？
Ò[2], nǐ de yìsi shì shuō: cèsuǒ yǒu xiē dōngxi huài le?

A：对。有三样东西坏了。
Duì. Yǒu sān yàng dōngxi huài le.

B：哪三样东西？你告诉我就可以了。
Nǎ sān yàng dōngxi? Nǐ gàosu wǒ jiù kěyǐ le.

Notes

1. "但 dàn"(but, yet, nevertheless), a conjunction, is short for "但是 dànshì".
2. "哦 ò" is an interjection conveying sudden realization.

第二十三课　修东西
Lesson Twenty-three Fixing things

A：马桶不能冲水了，洗澡时澡盆的水也不往下流，好像[3]是水管堵住[G2]了。还有洗手池的龙头关不住，水不停地流。您能不能找人来修一下儿[4]？
Mǎtǒng bù néng chōng shuǐ le, xǐ zǎo shí zǎopén de shuǐ yě bù wǎngxià liú, hǎoxiàng[3] shì shuǐguǎn dǔzhù[G2] le. Hái yǒu xǐshǒuchí de lóngtóu guān bu zhù, shuǐ bùtíng de liú. Nín néng bu néng zhǎo rén lái xiū yíxiàr[4]?

B：好，我找人去看看[G3]。你住哪个楼，哪个房间？
Hǎo, wǒ zhǎo rén qù kànkan[G3]. Nǐ zhù nǎge lóu, nǎge fángjiān?

A：9号楼，516房。你们来修的时候[G4]，我们需要在房间等吗？
Jiǔ hào lóu, wǔ-yāo-liù fáng. Nǐmen lái xiū de shíhou[G4], wǒmen xūyào zài fángjiān děng ma?

B：你们最好[5]在房间。
Nǐmen zuìhǎo[5] zài fángjiān.

A：如果你们来的时候我有课怎么办？
Rúguǒ nǐmen lái de shíhou wǒ yǒu kè zěnme bàn?

B：我们会先打电话给你。如果你们不在，我们就不会去。
Wǒmen huì xiān dǎ diànhuà gěi nǐ. Rúguǒ nǐmen bú zài, wǒmen jiù bú huì qù.

A：我们现在不能上厕所，很不方便。我们能不能预约一个今天的时间？
Wǒmen xiànzài bù néng shàng cèsuǒ, hěn bù fāngbiàn. Wǒmen néng bu néng yùyuē yí ge jīntiān de shíjiān?

B：下午三点怎么样[G5]？
Xiàwǔ sān diǎn zěnmeyàng[G5]?

A：好，没问题。你们万一[6]不能来，可以提前通知我吗？
Hǎo, méi wèntí. Nǐmen wànyī[6] bù néng lái, kěyǐ tíqián tōngzhī wǒ ma?

B：可以，请问怎么跟你联系？
Kěyǐ, qǐngwèn zěnme gēn nǐ liánxì?

A：我的手机号是13560311322。
Wǒ de shǒujīhào shì yāo sān wǔ liù líng sān yāo yāo sān èr èr.

B：你叫什么名字？
Nǐ jiào shénme míngzi?

---

3. "好像 hǎoxiàng" (seems as if, seems as though).
4. "一下(儿) yíxià(r)" (just; for a while) is a verbal measure phrase, which is similar in function to verb repetition. Cf. in Lesson 24: 我需要在电脑上核对一下你的身份。Wǒ xūyào zài diànnǎo shang héduì yíxià nǐ de shēnfèn.
5. "最好 zuìhǎo" (best), but here used in an advisory sense, "it would be best for".
6. "万一 wànyī" , literally means "ten thousand against one [chance]" i.e. "in case, if by any chance".

真实生活汉语 3
Chinese for Living in China

A：我叫吴月。请问修厕所要收费吗?
　　Wǒ jiào Wú Yuè. Qǐngwèn xiū cèsuǒ yào shōu fèi ma?

B：不用。
　　Bú yòng.

A：谢谢您。
　　Xièxie nín.

B：不用谢。
　　Bú yòng xiè.

New Words

#				
1	吴	Wú	PropN	person's surname
2	搬进/搬進	bānjìn	V-DirC	to move in
	搬	bān	V	to move
3	同屋	tóngwū	N	roommate
4	日本人	Rìběnrén	PropN	Japanese
5	自己的	zìjǐ de	Phrase	one's own
6	书桌/書桌	shūzhuō	N	desk
7	放	fàng	V	to put down, to place; to let go, to release
8	但/但是	dàn / dànshì	Conj	but, however, yet
9	共用	gòngyòng	V	to share
10	样/樣	yàng	Meas	kind, sort, type
11	找人	zhǎo rén	VO	to find someone [to]
12	楼房/樓房	lóufáng	N	building (of more than one story)
13	管理员/管理員	guǎnlǐyuán	N	manager, person in charge
14	厕所/厠所	cèsuǒ	N	bathroom, toilet, lavatory
15	马桶/馬桶	mǎtǒng	N	toilet [bowl]
16	冲水/沖水	chōng shuǐ	VO/N	to flush, to pour water on; a flush
17	哦	ò	Intj	oh, *expressing surprise*
18	意思	yìsi	N	meaning, idea

48

Lesson Twenty-three Fixing things

19	澡盆	zǎopén	N	bathtub
20	往下	wǎngxià	Adv	downward
21	水管	shuǐguǎn	N	water pipe, water tube
22	堵住	dǔzhù	V-ResC	to be stopped up, to be blocked up
23	洗手池	xǐshǒuchí	N	tank, basin
24	龙头/龍頭	lóngtóu	N	tap, faucet
25	停	tíng	Adv	stop (不停 bùtíng: nonstop)
26	一下(儿)/一下（兒）	yíxià(r)	N	for a short while, just
27	最好	zuìhǎo	Adj/Adv	best; it would be best to..., had better
28	预约/預約	yùyuē	V	to make an appointment
29	问题/問題	wèntí	N	question, problem, issue, trouble
30	万一/萬一	wànyī	Conj	just in case, if by any chance, should there be...
31	提前	tíqián	V/Adv	to advance, to bring forward; in advance
32	联系/聯繫	liánxì	V/N	to connect, to make connection with; connection, link

Re-enacting the Dialogue

A: Yue Wu   B: Manager

The new semester started. Yue Wu moved into the college dorm. Her roommate is Japanese. The room is big; they each have their own bed, dresser and desk. The desk has a computer on it which connects to the Internet. But, they have to share the bathroom. Today, three things in the bathroom have suddenly gone wrong. Since Wu Yue's Chinese is better than her roommate's, she has to do all the calling to find someone who can fix them. First, she calls the building manager:

A: Mr. Manager, our bathroom's not working. Who(m) should I contact to fix it?
B: Your bathroom's not working?
A: No, it's not. The toilet doesn't flush.
B: Oh, you mean that there are things broken in the bathroom?
A: Yes, there are three things broken.
B: What sort of things? You can just tell me.

A: The toilet doesn't flush, and the bathtub doesn't drain – it seems that the drain's clogged. In addition, we can't turn off the tap over the sink – it's running all the time. Can you get someone over to fix these things?

B: Okay. I'll send someone to have a look. Which building, and which room are you in?

A: Building 9, room 516. Do we need to be here when you come to fix things?

B: It would be better if you were there.

A: What if I have class at that time?

B: We'll call you before we come. If you are not at home, we won't come.

A: We can't use the bathroom, which is very inconvenient. Can we schedule a time today?

B: How about 3:00 p.m.?

A: Okay, no problem. If you can't make it for some reason, would you mind letting us know in advance?

B: Sure. May I ask how I can get hold of you?

A: My phone number is 13560311322.

B: What's your name?

A: My name is Yue Wu. May I ask if there'll be a charge for fixing the bathroom?

B: No, there won't.

A: Thank you.

B: You are welcome.

Lesson Twenty-three Fixing things

Grammar

▶ G1. Existential sentences

Lesson 6 of *Volume I* 1 (G1) introduced existential sentences ("there is, there are") with verb "有 yǒu".

① 马路对面有一个超市。 There's a supermarket on the other side of the road.
　Mǎlù duìmiàn yǒu yí ge chāoshì.

In Chinese, such sentences begin with the place (or time) — that's the key, e.g.: 马路对面. Existential "有 yǒu" can, in fact, be replaced with more specific verbs, as in the following examples, but the order of elements remains the same.

Location in space or time – V – item.

② 桌子上放着电脑。 There is a computer on the desk.
　Zhuōzi shàng fàngzhe diànnǎo.

③ 宿舍里搬进了一个日本人。 A Japanese has moved in to the dormitory.
　Sùshè li bānjìnle yí ge Rìběnrén.

④ 下午三点来过一个修理工。 A repairman came by at 3 this afternoon.
　Xiàwǔ sān diǎn láiguo yí ge xiūlǐgōng.

Notice that in each case, the item introduced is marked, in English, with the indefinite article, "a": "a computer", "a Japanese [person]", etc. In the topic-comment structure that is so prominent in Chinese (cf. L20, G1), sentences almost never begin with an indefinite noun. Indefinites appear in the comment. English allows "A repairman came by at 3" (with stress on repairman to give it prominence). But Chinese reorders the statement to give "repairman" the prominence of finality: "三点来过一个修理工 Sān diǎn láiguo yí ge xiūlǐgōng."

Other than "有 yǒu", verbs that typically occur in existential sentences are verbs that express position or orientation, such as "坐 zuò" (to sit), "站 zhàn" (to stand), "住 zhù" (to stay, to live), "停 tíng" (to stop), "放 fàng" (to put, to be placed), "挂 guà" (to hang, to be hanged), "写 xiě" (to write, to be written) and so on. As the three examples above, show, where "有 yǒu" is not involved, the main verb will be followed by "着 zhe" "了 le" or "过 guò".

Negation is expressed with "没 méi/没有 méiyǒu" before the main verb:

⑤ 我们宿舍没来过管理员。 No building manager has ever come to our dorm.
　Wǒmen sùshè méi láiguo guǎnlǐyuán.

⑥ 表上没写着他的名字。 His name is not written on this form.
　Biǎo shàng méi xiězhe tā de míngzi.

⑦ 浴缸的下水道没堵过。 The drain in the bathtub has never clogged.
　Yùgāng de xiàshuǐdào méi dǔguo.

▶ G2. The resultative complements "住 zhù", "到 dào" and "开 kāi"

Resultative complements (ResC) are a limited set of verbs that can form compounds with action verbs to indicate result. *Volume II*, Lesson 11 (G3) introduced the combination "看 kàn + 懂 dǒng" (look + understand), i.e.

"understand by looking or reading", e.g.:

① 你能看懂这个课表吗？ Do you understand this class schedule?
   Nǐ néng kàndǒng zhè ge kèbiǎo ma?

This lesson introduces three more ResC: "住 zhù", "到 dào", and "开 kāi".

(1) "住 zhù", as a verb: " to live, to stay"; as a resultative complement: "so as to stop/ stay". Examples:

② 好像是水管堵住了。The pipe seems to be clogged. (obstruct-stay)
   Hǎoxiàng shì shuǐguǎn dǔzhù le.

③ 洗手池的龙头关不住了。The tap in the sink won't turn off. (close-not-stop)
   Xǐshǒuchí de lóngtóu guān bu zhù le.

④ 这两件事我都记住了。I remember these two things very well. (note-stay)
   Zhè liǎng jiàn shì wǒ dōu jìzhù le.

⑤ 站住！Freeze/ Don't move. (stand-stay)
   Zhànzhù!

⑥ 应该等公共汽车停住了才下车。
   Yīnggāi děng gōnggòng qìchē tíngzhùle cái xià chē.
   You should wait until the bus comes to a complete stop before getting off. (stop-stay)

(2) "到 dào" as a verb: " to arrive"; as a resultative complement: "to manage to, to succeed in".

⑦ 回到学校已经很晚了。 It was late when she got back to the school. (return-to)
   Huídào xuéxiào yǐjīng hěn wǎn le.

⑧ 你住得很近，七八分钟就走到我家了。
   Nǐ zhù de hěn jìn, qī-bā fēnzhōng jiù zǒudào wǒ jiā le.
   You live so close. It would only take 7 to 8 minutes to walk to my place. (walk-to)

⑨ 票已经买到了吗？/买到了。Did you succeed in getting a ticket? / I did.
   Piào yǐjīng mǎidàole ma?/ Mǎidào le.

(3) "开 kāi", as a verb: " to open, to start"; as a resultative complement: "open, open up, wide".

⑩ 请帮我把门打开。Help me open the door please! (do-open)
   Qǐng bāng wǒ bǎ mén dǎkāi.

⑪ 请大家打开书，我们今天学习第二课。
   Qǐng dàjiā dǎkāi shū, wǒmen jīntiān xuéxí dì-èr kè.
   Everyone open your books, please; we're going to study lesson 2 today. (do-open)

⑫ 屋里空气不好，可以开开窗户吗？
   Wūli kōngqì bù hǎo, kěyǐ kāikai chuānghu ma?
   The air is bad here, can we open the windows? (open-open)

▶ G3. The pivotal construction (followed by verbs in series)

Pivotal constructions were introduced in *Volume I* (L7, G8) and revisited in *Volume II* (L12, G2). Recall that verbs in a pivotal construction share a noun phrase that is the object of the first verb and the subject of the second. In the following example, "我们 wǒmen" is the pivot, acting simultaneously as object of "请 qǐng" and subject of "吃饭 chī fàn":

① 老师请我们吃饭。The teacher's invited us for a meal.
　　Lǎoshī qǐng wǒmen chī fàn.

Pivotal constructions can be followed by verbs in series. Verbs in series were also introduced earlier, in L4 (G2). Verbs in series encode two actions that happen in temporal order, one after the other. The model sentence from L4 was:

② 我去商店买东西。I'm going to the store to buy some things.
　　Wǒ qù shāngdiàn mǎi dōngxi.

When both constructions occur together, the second verb is often "去 qù", as in the example from this lesson, in which "人 rén" (someone) is the object of "找 zhǎo" and the subject of "去看看 qù kànkan" (verbs in series):

③ 我找人去看看。I will find someone to go and take a look [at it].
　　Wǒ zhǎo rén qù kànkan.

Here are two more examples:

④ 他让我们去打篮球。He asks us to go to play basketball.
　　Tā ràng wǒmen qù dǎ lánqiú.

⑤ 他请我们去商店买东西。He asked us to go to the store to buy some things.
　　Tā qǐng wǒmen qù shāngdiàn mǎi dōngxi.

▶ G4. The suffixed phrase "……的时候 de shíhou" (when ..., during ..., while ...)

"……的时候 de shíhou" means literally "the time when". As a phrase, it functions like a conjunction, meaning "when, while, during".

① 你们来修的时候，我们需要在房间等吗？
　　Nǐmen lái xiū de shíhou, wǒmen xūyào zài fángjiān děng ma?
　　Do we need to wait in the room when you come to fix things?

② 如果你们来的时候，我们有课怎么办？What should we do if we have class at that time?
　　Rúguǒ nǐmen lái de shíhou, wǒmen yǒu kè zěnme bàn?

③ 他正在着急的时候保安出现了。
　　Tā zhèngzài zháojí de shíhou bǎo'ān chūxiàn le.
　　Just as he was worrying about it, the security guard appeared.

④ 我出门儿的时候忘了带身份证。
　　Wǒ chūménr de shíhou wàngle dài shēnfènzhèng.
　　I forgot bringing my identification with me when I went out.

G5. The interrogative phrase "怎么样 zěnmeyàng" (how, how about)

"怎么样 zěnmeyàng" is an adverb that appears in questions (how, how about), and in greetings (How are you doing?).

① 下午三点怎么样？ How about 3 p.m. today?
   Xiàwǔ sān diǎn zěnmeyàng?

② 你们学校的宿舍怎么样？ How is your dorm in your college?
   Nǐmen xuéxiào de sùshè zěnmeyàng?

③ 他汉字写得怎么样？ How well does he write Chinese characters?
   Tā Hànzì xiě de zěnmeyàng?

"怎么 zěnme" appeared in *Volume I*, Lesson 6 (G1) with the meaning "how". It usually appears between subject and verb. The following examples are from this lesson:

④ 如果你们来的时候我有课怎么办？ What should I do if I'm in class when you come?
   Rúguǒ nǐmen lái de shíhou wǒ yǒu kè zěnme bàn?

⑤ 请问怎么跟你联系？ How do we contact you please?
   Qǐngwèn zěnme gēn nǐ liánxì?

⑥ 你的名字怎么写？ How do you write your name?
   Nǐ de míngzi zěnme xiě?

⑦ 可能保安已经睡了，怎么办呢？
   Kěnéng bǎo'ān yǐjīng shuì le, zěnme bàn ne?
   The security guard may already be in bed, then what should we do?

第二十三课 修东西
Lesson Twenty-three Fixing things

Consolidation & Practice

1. Existential sentences

(1) Look around and describe your surroundings using the existential pattern.

　　Hints:

　　1) 桌子上 Zhuōzi shàng _____.(放 fàng)

　　2) 椅子上 Yǐzi shàng _____.(坐 zuò)

　　3) 墙上 Qiáng shàng _____.(挂 guà，贴 tiē，画 huà)

　　4) 房间里 Fángjiān li _____.(坐 zuò，站 zhàn，躺 tǎng)

　　5) 外面的路上 Wàimian de lùshang _____.(走 zǒu，坐 zuò)

(2) Imagine you are in a beautiful café. Describe it by using the same pattern.

_____
_____
_____
_____
_____

2. The resultative complements "住 zhù", "到 dào" and "开 kāi"

(1) Provide translations for the following sentences which contain resultative compounds.

V + 住 zhù (to stay, to stick)

　　1) 水龙头关不住了，水不停地往下流。
　　　　Shuǐlóngtóu guān bu zhù le, shuǐ bùtíng de wǎng xià liú.

　　2) 马桶堵住了，水冲不下去了。
　　　　Mǎtǒng dǔzhù le, shuǐ chōng bu xiàqù le.

V+到 dào (to reach, to succeed in, to manage to)

　　1) 软卧的票今天还能买到。
　　　　Ruǎnwò de piào jīntiān hái néng mǎidào.

　　2) 他去参加了一个同学聚会，回到家已经很晚了。
　　　　Tā qù cānjiāle yí ge tóngxué jùhuì, huídào jiā yǐjīng hěn wǎn le.

V+ 开 kāi (to open, away, off)

　　1) 水龙头坏了，请你把周围的东西拿开，我现在就修。
　　　　Shuǐlóngtóu huài le, qǐng nǐ bǎ zhōuwéi de dōngxi nákāi, wǒ xiànzài jiù xiū.

2) 请你把行李箱打开，我们必须检查一下。
   Qǐng nǐ bǎ xínglixiāng dǎkāi, wǒmen bìxū jiǎnchá yíxià.

(2) Answer the following questions by using "V+住 zhù/到 dào/开 kāi".

1) 现在房间里的温度太高了，我们都快热死了，你可以把窗子＿＿＿＿＿＿＿＿吗？
   Xiànzài fángjiān li de wēndù tài gāo le, wǒmen dōu kuài rèsǐ le, nǐ kěyǐ bǎ chuāngzi ＿＿＿＿＿＿＿＿ma?

2) 昨晚他们玩电脑游戏＿＿＿＿＿＿早上两点，现在都累坏了。
   Zuówǎn tāmen wán diànnǎo yóuxì＿＿＿＿＿＿zǎoshàng liǎng diǎn, xiànzài dōu lèihuài le.

3) 拿刀的时候得特别小心，你得好好儿＿＿＿＿＿＿＿＿＿，不要掉了。
   Ná dāo de shíhou děi tèbié xiǎoxīn, nǐ děi hǎohāor＿＿＿＿＿＿＿, bú yào diào le.

4) 放心吧，你让我办的事情，我没有忘，都＿＿＿＿＿＿＿＿了。
   Fàngxīn ba, nǐ ràng wǒ bàn de shìqing, wǒ méiyǒu wàng, dōu＿＿＿＿＿＿＿le.

5) 只要你一直学汉语，＿＿＿＿＿＿＿＿第四年你就看得懂中文报了。
   Zhǐyào nǐ yìzhí xué Hànyǔ, ＿＿＿＿＿＿＿dì-sì nián nǐ jiù kàn de dǒng Zhōngwén bào le.

3. Pivotal construction and verbal construction in series used in combination

(1) List 5 classroom activities that you loved your teachers to conduct when you were a student.

1) 老师让我们 Lǎoshī ràng wǒmen＿＿＿＿＿＿＿＿＿＿＿＿＿＿＿＿。
2) 老师让我们 Lǎoshī ràng wǒmen＿＿＿＿＿＿＿＿＿＿＿＿＿＿＿＿。
3) 老师让我们 Lǎoshī ràng wǒmen＿＿＿＿＿＿＿＿＿＿＿＿＿＿＿＿。
4) 老师请我们 Lǎoshī qǐng wǒmen＿＿＿＿＿＿＿＿＿＿＿＿＿＿＿＿。
5) 老师请我们 Lǎoshī qǐng wǒmen＿＿＿＿＿＿＿＿＿＿＿＿＿＿＿＿。

(2) What would you do if you encountered the following situations?

1) 房间里水龙头坏了，怎么办？　　　　我会请＿＿＿＿＿＿＿＿＿。
   Fángjiān li shuǐlóngtóu huài le, zěnme bàn?　　Wǒ huì qǐng

2) 钥匙忘在公寓里了，怎么办？　　　　我会叫＿＿＿＿＿＿＿＿＿。
   Yàoshi wàng zài gōngyù lǐ le, zěnme bàn?　　Wǒ huì jiào

3) 误了班机了，怎么办？　　　　　　　我会找＿＿＿＿＿＿＿＿＿。
   Wùle bānjī le, zěnme bàn?　　　　　Wǒ huì zhǎo

4) 生病不能去上班了，怎么办？　　　　我会请＿＿＿＿＿＿＿＿＿。
   Shēngbìng bù néng qù shàng bān le, zěnme bàn?　　Wǒ huì qǐng

5) 在中国，钱都用完了，怎么办？　　　我会找＿＿＿＿＿＿＿＿＿。
   Zài Zhōngguó, qián dōu yòngwán le, zěnme bàn?　　Wǒ huì zhǎo

第二十三课　修东西
Lesson Twenty-three Fixing things

4. "……的时候 de shíhou"

(1) Answer the following questions by providing a complete sentence.

   1) 你什么时候最希望朋友给你来电话？
      Nǐ shénme shíhou zuì xīwàng péngyou gěi nǐ lái diànhuà?
      _____.

   2) 人们在什么时候最需要朋友的帮助？
      Rénmen zài shénme shíhou zuì xūyào péngyou de bāngzhù?
      _____.

   3) 你旅行的时候最怕发生什么事？
      Nǐ lǚxíng de shíhou zuì pà fāshēng shénme shì?
      _____.

   4) 下大雪的时候最好不要做什么？
      Xià dàxuě de shíhou zuì hǎo bú yào zuò shénme?
      _____.

   5) 在机场等飞机的时候，你多半做什么？
      Zài jīchǎng děng fēijī de shíhou, nǐ duōbàn zuò shénme?
      _____.

(2) Complete the following "……的时候 de shíhou" sentences by providing reasonable situations.

   1) _____的时候，你得把身份证拿出来给保安核对一下。
      _____de shíhou, nǐ děi bǎ shēnfènzhèng ná chūlai gěi bǎo'ān héduì yíxià.

   2) _____的时候，你可以去找办理登记手续的柜台服务员帮忙。
      _____de shíhou, nǐ kěyǐ qù zhǎo bànlǐ dēngjì shǒuxù de guìtái fúwùyuán bāng máng.

   3) _____的时候，你就给楼下的宿舍管理员打电话。
      _____de shíhou, nǐ jiù gěi lóuxià de sùshè guǎnlǐyuán dǎ diànhuà.

   4) _____的时候，你千万不要着急，可以去找航空公司失物招领处的办事员办理挂失手续。
      _____de shíhou, nǐ qiānwàn bú yào zháojí, kěyǐ qù zhǎo hángkōng gōngsī shīwù zhāolǐngchù de bànshìyuán bànlǐ guàshī shǒuxù.

   5) _____的时候，楼下的管理员会来给你修理的。
      _____de shíhou, lóu xià de guǎnlǐyuán huì lái gěi nǐ xiūlǐ de.

5. "怎么样 zěnmeyàng" (how, how about) and "怎么 zěnme" (how)

(1) Make suggestions for each situation by using "……怎么样 zěnmeyàng" or "怎么 zěnme".

   1) A：我们这次去中国坐哪家航空公司的飞机呢？
      Wǒmen zhè cì qù Zhōngguó zuò nǎ jiā hángkōng gōngsī de fēijī ne?

真实生活汉语 3
Chinese for Living in China

B：这次去中国，我们_____怎么样？
　　Zhè cì qù Zhōngguó, wǒmen _____ zěnmeyàng?

2) A：哎呀，我们房间的马桶堵住了，怎么办啊？
　　　Āiyā, wǒmen fángjiān de mǎtǒng dǔzhù le, zěnme bàn a?

B：听说老张会修，_____怎么样？
　　Tīngshuō Lǎo Zhāng huì xiū, _____ zěnmeyàng?

3) A：我们误了飞机了。
　　　Wǒmen wùle fēijī le.

B：_____? (What should we do now?)

4) A：洗手池出了什么问题了？
　　　Xǐshǒuchí chūle shénme wèntí le?

B：洗手池的龙头关不住了，_____? (Do you know how to repair it?)
　　Xǐshǒuchí de lóngtóu guān bu zhù le, _____?

5) A：谢谢你请我去你家，不过我的孩子不能一个人在家，怎么办？
　　　Xièxie nǐ qǐng wǒ qù nǐ jiā, búguò wǒ de háizi bù néng yí ge rén zài jiā, zěnme bàn?

B：那_____怎么样？
　　Nà _____ zěnmeyàng?

6) A：你想去哪儿？我能帮你吗？
　　　Nǐ xiǎng qù nǎr? Wǒ néng bāng nǐ ma?

B：我想去故宫参观，_____? (How can I get there?)
　　Wǒ xiǎng qù Gùgōng cānguān, _____?

7) 机场工作人员：你在找什么东西？
　　　　　　　　　Nǐ zài zhǎo shénme dōngxi?

旅客：我的行李找不着了，_____? (How do I file the claim for lost luggage?)
　　　Wǒ de xíngli zhǎo bu zháo le, _____?

8) 机场工作人员：请你填写这张"行李意外报告"表。
　　　　　　　　　Qǐng nǐ tiánxiě zhè zhāng "xíngli yìwài bàogào" biǎo.

旅客：_____? (How should I fill it out?)

9) 孩子：妈妈，我开车带你去超市。
　　　　Māma, wǒ kāi chē dài nǐ qù chāoshì.

妈妈：在下大雪呢，你开车我不放心，_____怎么样？
　　　Zài xià dàxuě ne, nǐ kāi chē wǒ bú fàngxīn, _____ zěnmeyàng?

10) A：怎么教室门打不开？
　　　Zěnme jiàoshì mén dǎ bu kāi?

B：教室门关了，我们_____怎么样？
　　Jiàoshì mén guān le, wǒmen _____ zěnmeyàng?

Lesson Twenty-three Fixing things

第二十三课 修东西

Listening Comprehension

1. Listen to the dialogues, then answer the questions.

John is a newly arrived English teacher. He and his roommate just moved into their apartment. Now he's phoning the manager of the apartment building:

(1) Why did John call the apartment manager?

    A. The bathtub is clogged.

    B. The basin is clogged.

    C. The toilet is clogged.

(2) Why can't the apartment manager come right away to check John's apartment?

    A. He has to check another tenant's toilet.

    B. He has to check a tenant's identification.

    C. He has to find a key for a tenant.

(3) Why did John need the manger to come right away?

    A. His roommate needs to use the toilet.

    B. His roommate needs to take a shower.

    C. His roommate needs to find his key.

(4) When did the manager agree to come to John's apartment?

    A. That afternoon.

    B. Within one hour.

    C. After half an hour.

2. Listen to the voice-message from a tenant in an apartment building and then answer the questions.

(1) Why did the person call?

A. To ask the manager to open the door for him.

B. To complain about the heater.

C. To ask for a plumber to fix the problems in the bathroom.

D. To ask for an electrician to repair the wiring.

(2) What is the caller worried about?

A. There's no hot water in the bathroom.

B. There's a flood in his apartment.

C. His apartment's experiencing a blackout.

D. There's a burglar in his apartment.

(3) On which floor is he living?

A. The 2nd floor.

B. The 3rd floor.

C. The 8th floor.

D. The 11th floor.

Lesson Twenty-three Fixing things

第二十三课 修东西

Communication Activities

Pair Work

Scenario I: Describe your apartment, and compare your facilities to those of your roommate, i.e comparing what you have and what your partner has.

Say you share an apartment. Describe what facilities, furniture, equipments and so on you are willing to share with a roommate and what you are not willing to share.

卧室	厕所	洗手间	厨房	马桶	浴缸
wòshì	cèsuǒ	xǐshǒujiān	chúfáng	mǎtǒng	yùgāng
洗手池	床	衣柜	书桌	上网	
xǐshǒuchí	chuáng	yīguì	shūzhuō	shàng wǎng	

Scenario II: Tell your partner what sort of events most upset you about living in an apartment, and why.

Examples:

房租越来越贵　fángzū yuè lái yuè guì

马桶不能冲水　mǎtǒng bù néng chōng shuǐ

东西坏了没有人来修　dōngxi huàile méiyǒu rén lái xiū

水管常常堵住　shuǐguǎn chángcháng dǔzhù

浴缸的水不往下流　yùgāng de shuǐ bù wǎngxià liú

同屋不收拾房间　tóngwū bù shōushi fángjiān

房间里的东西常常坏　fángjiān li de dōngxi chángcháng huài

不能上网　bù néng shàng wǎng

Role-Play

Scenario I: You are living in an apartment with a roommate. With limited Chinese, neither of you feels comfortable reporting to the manager about your leaking faucet. Each of you is trying to come up with excuses for not going to the manager's office. In the end, you have to decide who is going to make the report.

Scenario II: You and your roommate have some problems with your apartment. You need to come up with a repair list for the Housing Office. Because you have different work schedules and the manager is only in his office from 11:00 a.m. to 2:00 p.m. Monday through Friday, you need to decide who will submit the list and when.

Group Work

Re-enact this scenario: You're in the office of an apartment manager. Several tenants come in to ask for help. One needs an extra room key, another needs the toilet fixed and so on. To get the manager's attention, each of the tenants is trying to emphasize how serious their particular problems are. Then, once the problems have been stated, the manager also needs to prioritize the work — again, according to how serious the problems are.

Review Exercises

I. Match the following verbs to appropriate object phrases.

(1) 办理 bànlǐ   A. 看病时间 kàn bìng shíjiān

(2) 填写 tiánxiě   B. 行李托运手续 xíngli tuōyùn shǒuxù

(3) 到达 dàodá   C. 水龙头 shuǐlóngtóu

(4) 预约 yùyuē   D. 行李意外报告 xíngli yìwài bàogào

(5) 修理 xiūlǐ   E. 肯尼迪机场 Kěnnídí Jīchǎng

II. Fill in the blanks in the following paragraph with appropriate resultative completements.

(1) 你看，浴缸的水不往_____流了。
    Nǐ kàn, yùgāng de shuǐ bù wǎng_____liú le.

    A. 上   B. 下   C. 去

(2) 水龙头关不_____了，水不停地流。
    Shuǐlóngtóu guān bu_____le, shuǐ bù tíng de liú.

    A. 住   B. 到   C. 开

(3) 我出门的时候忘了带钥匙了，你可以帮我把门打_____吗？
    Wǒ chūmén de shíhou wàngle dài yàoshi le, nǐ kěyǐ bāng wǒ bǎ mén dǎ_____ma?

    A. 住   B. 到   C. 开

(4) 房间里太热了，请把窗户打_____，好吗？
    Fángjiān li tài rè le, qǐng bǎ chuānghu dǎ_____, hǎo ma?

    A. 上   B. 下   C. 开

(5) 马桶的水管堵_____了，你现在不要再冲水了。
    Mǎtǒng de shuǐguǎn dǔ_____le, nǐ xiànzài bú yào zài chōng shuǐ le.

    A. 住   B. 开   C. 下

第二十三课 修东西
Lesson Twenty-three Fixing things

III. Complete the following dialogue.

A：你看，洗手池的龙头关不住了，怎么办啊？
　　Nǐ kàn, xǐshǒuchí de lóngtóu guān bu zhù le, zěnme bàn a?

B：哎呀，我们自己不会修，最好请_____。
　　Āiyā, wǒmen zìjǐ bú huì xiū, zuìhǎo qǐng _____.

A：如果去找老张，是不是应该先给他打个电话？
　　Rúguǒ qù zhǎo Lǎo Zhāng, shì bu shì yīnggāi xiān gěi tā dǎ ge diànhuà?

B：不要紧的，_____。
　　Bú yàojǐn de, _____。 (hint: 先……如果……就……)

(打电话 Dǎ diànhuà)

A：喂，是老张吗？
　　Wèi, shì Lǎo Zhāng ma?

老张：是的，你有什么事？
　　　 Shì de, nǐ yǒu shénme shì?

A：我们的马桶堵住了，你_____(Verb＋一下)，好吗？
　　Wǒmen de mǎtǒng dǔzhù le, nǐ _____, hǎo ma?

老张：行，不过我现在正忙别的事。我_____的时候，再去找你们，怎么样？
　　　 Xíng, búguò wǒ xiànzài zhèng máng bié de shì. Wǒ _____ de shíhou, zài qù zhǎo nǐmen, zěnmeyàng?

A：好的，不过_____，可以吗？
　　Hǎo de, búguò _____, kěyǐ ma?

老张：没问题，我一定在中午前帮你们看看。
　　　 Méi wèntí, wǒ yídìng zài zhōngwǔ qián bāng nǐmen kànkan.

IV. Complete the following tasks in Chinese.

(1) You are living in Beijing this summer in a nice apartment. There are many foreigners living in the building, too. This morning, the Chinese manager knocked on your door and showed you a note that a British neighbor had given him. He explained to you, apologetically, that because it was in English, he was unable to read it, and asked if you would mind translating it for him.

> Dear Manager,
> 　　Please have someone come to my apartment to fix the following items:
> 　　1. a leaking faucet in the kitchen;
> 　　2. a plugged toilet.

真实生活汉语
Chinese for Living in China 3

> I have a dinner party at 6:00 this evening, so I'd like to have the work done by 4:00 p.m. if possible. Feel free to enter my apartment if I'm not at home.
>
> Thank you,
>
> Mike.

公寓	房间	修一下儿	厨房
gōngyù	fángjiān	xiū yíxiàr	chúfáng
水管	水不停地流	厕所马桶	堵住了
shuǐguǎn	shuǐ bù tíng de liú	cèsuǒ mǎtǒng	dǔzhù le
晚会	最好	……以前	不在家的时候
wǎnhuì	zuìhǎo	……yǐqián	bú zàijiā de shíhou

1) ....
2) ....
3) ....
4) ....
5) ....
6) ....

(2) A repairman came to fix a plugged toilet this morning and charged you ¥400. You paid him anyway, but you felt that the cost of the repairs should be covered in your rental fee. Explain the problem to the manager, and request a reimbursement.

工人修理	马桶堵住了	付钱	修理费	太贵了
gōngrén xiūlǐ	mǎtǒng dǔzhù le	fù qián	xiūlǐfèi	tài guì le
房租	管理费	把钱还给我		
fángzū	guǎnlǐfèi	bǎ qián huán gěi wǒ		

1) ....
2) ....
3) ....
4) ....
5) ....
6) ....

第二十三课　修东西
Lesson Twenty-three Fixing things

Culture Notes

1. The foreign student dorm

In most Chinese universities, the Foreign Student Dorm is separate from the Chinese Student Dorm. The former is called the "留学生宿舍 Liúxuéshēng sùshè". Only foreign students can stay at the Foreign Student Dorm, though some Chinese universities are not strict in this rule.

2. Some important rules for foreign students living in China

a. Foreign students can't move into the Foreign Students' Dorm until the day they register at the university. If they arrive earlier, they have to stay in a hotel until the day of registration. Universities usually recommend that foreign students not arrive in China earlier than two weeks before the day of registration, since student visas or X-visas are only valid for 30 days after arrival. To obtain legal status, one has to apply for a Residence Permit within those 30 days, a process that usually takes at least two weeks.

b. Unless they are staying at a hotel, foreign students must register at the local police department within 24 hours after entering China or else risk a fine.

3. International student Visas and visitor's Visas

International students who are studying in China for more than 6 months are required to obtain a Student Visa, also termed an X-Visa.

Important: Students who will be staying in China for less than 6 months are required to apply for a Visitor's Visa, also termed an F-Visa. Holders of Visitor's Visas or F-visas are not required to apply for a Residence Permit. If a student enters the country with a different visa, he/she must apply promptly for a Student or X-Visa, or a Visitor's or F-Visa.

4. Residence over the summer vacation

International students who want to stay on in China during the summer vacation must apply for summer housing at their college/department office before the end of term. Once permission is granted, they need to take their documents to the dormitory to register and obtain a "Residence Card". During the summer period, Residence Cards will be checked at the gate of the Foreign Students' Dorm.

Lesson Twenty-four Looking for the Doorman
第二十四课　找保安
Dì-èrshísì Kè　　Zhǎo bǎo'ān

In this lesson you will learn how to do the following
- Explain to the doorman that you forgot your key and can't get into your room
- Explain that you locked yourself out without any identification
- Convince someone to open the door for you after-hours

Grammar
- "要是 yàoshì ……, 就 jiù ……"(if ..., [then] ...)
- The coujunction "再说 zàishuō"(furthermore, besides)
- Expressing disbelief with "怎么没 zěnme méi + V + 过 guò"
- "不 bù……的话 dehuà, …… 可以 kěyǐ……"(if [you] don't ..., [you] can ...)
- "以为 yǐwéi", a verb meaning "have the impression that, think (erroneously)"

Culture Notes
- Security at Chinese schools
- Dorm key deposit
- School dormitory management
- Residence permits

第二十四课 找保安
Lesson Twenty-four Looking for the Doorman

Dialogue

A：保安 bǎo'ān　　**B**：金雨 Jīn Yǔ

　　金雨在深圳的一所中学教英文。他住在学校的教师宿舍。星期五晚上他去参加一个朋友的生日聚会，回到学校已经很晚了。路上一个人都没有，黑黝黝的。他真希望赶快回到屋里，可是校门已经关了。他敲保安的窗户，没有人应。可能保安已经睡了。怎么办呢？爬墙？要是被抓住可就[G1]没面子了，再说[G2]也不安全。他正在着急的时候保安出现了。

　　Jīn Yǔ zài Shēnzhèn de yì suǒ zhōngxué jiāo Yīngwén. Tā zhù zài xuéxiào de jiàoshī sùshè. Xīngqīwǔ wǎnshang tā qù cānjiā yí ge péngyou de shēngrì jùhuì, huídào xuéxiào yǐjīng hěn wǎn le. Lùshang yí ge rén dōu méiyǒu, hēiyǒuyǒu de. Tā zhēn xīwàng gǎnkuài huídào wūli, kěshì xiàomén yǐjīng guān le. Tā qiāo bǎo'ān de chuānghu, méiyǒu rén yìng. Kěnéng bǎo'ān yǐjīng shuì le. Zěnme bàn ne? Pá qiáng? Yàoshi bèi zhuāzhù kě jiù[G1] méi miànzi le, zàishuō[G2] yě bù ānquán. Tā zhèngzài zháo jí de shíhou bǎo'ān chūxiàn le.

A：您找谁？
　　Nín zhǎo shuí?

B：师傅，我是新[1]来的外教。您能不能帮我把门打开？
　　Shīfu, wǒ shì xīn[1] lái de wàijiào. Nín néng bu néng bāng wǒ bǎ mén dǎkāi?

A：新来的外教？我怎么没听说过[G3]？
　　Xīnlái de wàijiào? Wǒ zěnme méi tīngshuōguo[G3]?

B：不相信的话，可以[G4]打电话问问我们英文教研室主任。
　　Bù xiāngxìn dehuà[G4], kěyǐ dǎ diànhuà wènwen wǒmen Yīngwén jiàoyánshì zhǔrèn.

A：你们英文教研室主任是谁？
　　Nǐmen Yīngwén jiàoyánshì zhǔrèn shì shuí?

B：我们主任是刘英。
　　Wǒmen zhǔrèn shì Liú Yīng.

A：嗯[2]，这么晚了，不用了。你住哪个房间？
　　Ǹg[2], zhème wǎn le, bú yòng le. Nǐ zhù nǎge fángjiān?

Notes

1. "新 xīn" used here as an adverb: "新来的 xīnlái de" (newly arrived).
2. "嗯 ǹg" represents rising, falling or low toned interjections (ńg, ǹg or ňg), which express surprise, doubt or disapproval, as in this text: "嗯，这么晚了，不用了 Ǹg, zhème wǎn, bú yòng le."

B：我住教师宿舍楼326房。
Wǒ zhù jiàoshī sùshèlóu sān-èr-liù fáng.

A：你叫什么名字？有证³件吗？
Nǐ jiào shénme míngzi? Yǒu zhèng³jiàn ma?

B：我叫金雨。对不起，我出门儿时忘了带护照。您打开门后⁴我可以进宿舍拿给您看。
Wǒ jiào Jīn Yǔ. Duì bu qǐ, wǒ chūménr shí wàngle dài hùzhào. Nín dǎkāi mén hòu⁴ wǒ kěyǐ jìn sùshè ná gěi nín kàn.

A：你知不知道学校有规定晚上12点关校门？学生和老师都应该在12点以前回校。
Nǐ zhī bu zhīdào xuéxiào yǒu guīdìng wǎnshang shí'èr diǎn guān xiàomén? Xuésheng hé lǎoshī dōu yīnggāi zài shí'èr diǎn yǐqián huí xiào.

B：对不起。今天我的一个朋友过生日。因为是星期五，我以为^G5回来晚一点儿没关系。真对不起，下次一定不会再晚了。
Duì bu qǐ. Jīntiān wǒ de yí ge péngyǒu guò shēngrì. Yīnwèi shì xīngqīwǔ, wǒ yǐwéi^G5 huílai wǎn yìdiǎnr méi guānxi. Zhēn duì bu qǐ, xiàcì yídìng bú huì zài wǎn le.

（保安打开大门，让金雨进去了。Bǎo'ān dǎkāi dàmén, ràng Jīn Yǔ jìnqu le.）

A：请你跟我到门房里，我需要核对一下你的身份。你的名字怎么写？
Qǐng nǐ gēn wǒ dào ménfáng li, wǒ xūyào héduì yíxià nǐ de shēnfèn. Nǐ de míngzi zěnme xiě?

B：金雨，金子的金，下雨的雨⁵。
Jīn Yǔ, jīnzi de jīn, xià yǔ de yǔ⁵.

A：你的出生日期。
Nǐ de chūshēng rìqī.

B：1978年10月5号。
Yī jiǔ qī bā nián shí yuè wǔ hào.

A：你的护照号呢？
Nǐ de hùzhào hào ne?

3. "证 zhèng" can be attached to certain nouns with the meaning of "certificate of".
4. "前 qián" or "以前 yǐqián" and "后 hòu" or "以后 yǐhòu" can follow nouns to indicate location in time, or they can be independent words: "以前 yǐqián" (prior to this), "以后 yǐhòu" (from now on), as in the example of this lesson: "以后请按时回来 Yǐhòu qǐng ànshí huílai".
5. Where a particular character for a word (or name) is in question, Chinese often identify it in terms of a compound or phrase, just as the two words spelled "lead" in English can be distinguished by reference to "lead pencil" and "lead a horse".

第二十四课 找保安
Lesson Twenty-four Looking for the Doorman

B：我的护照号是44030119781051。
　　Wǒ de hùzhào hào shì sì sì líng sān líng yāo yāo jiǔ qī bā yāo líng wǔ yāo.

A：好。没问题了，你可以进去了。以后请按时回来。
　　Hǎo. Méi wèntí le, nǐ kěyǐ jìnqu le. Yǐhòu qǐng ànshí huílai.

B：一定。谢谢您。
　　Yídìng. Xièxie nín.

A：不客气。
　　Bú kèqì.

New Words

1	所	suǒ	Meas	a measure word *for houses, buildings, schools and hospitals*
2	中学/中學	zhōngxué	N	middle school, high school, secondary education
3	参加/参加	cānjiā	V	to join, to take part in, to attend
4	聚会/聚會	jùhuì	N/ V	meeting, party; to meet, to get together
5	回到	huídào	V-DirC	to return to, to come back
6	路上	lùshang	Phrase	on the road
7	黑黝黝	hēiyǒuyǒu	Adj	dim, dark
8	校门/校門	xiàomén	N	school gate
9	敲	qiāo	V	to knock (at a gate or door)
10	保安	bǎo'ān	N	entrance guard, doorman
11	窗户	chuānghu	N	window
12	应/應	yìng	V	to answer, to respond to
13	爬	pá	V	to climb a wall
14	墙/墙	qiáng	N	wall
15	抓	zhuā	V	to catch, to seize, to arrest
16	面子	miànzi	N	face ("没面子 méi miànzi" to lose face)
17	再说/再說	zàishuō	Adv/V	furthermore, besides; to put aside until
18	出现/出現	chūxiàn	V	to appear, to emerge
19	新来的/新来的	xīn lái de	Phrase	newly arrived

20	听说/聽說	tīngshuō	V	to hear, to hear it said that
21	相信	xiāngxìn	V	to believe, to believe in, to trust
22	的话/的話	dehuà	Part	if
23	教研室	jiàoyánshì	N	teaching and research office
24	主任	zhǔrèn	N	chairperson, director (系主任 xì zhǔrèn "department chair")
25	嗯	ńg, ňg, ǎg	Intj	huh?, huh!
26	证件/證件	zhèngjiàn	N	identification
27	身份	shēnfèn	N	identity
28	出门/出門	chū mén	VO	to go out
29	回校	huí xiào	VO	to go back to school
30	以为/以為	yǐwéi	V	to think (erroneously) that, to have the impression that
31	下次	xiàcì	N	next time
32	门房/門房	ménfáng	N	gatekeeper's room, porter's lodge; doorman, janitor
33	核对/核對	héduì	V	to check, to verify
34	金子	jīnzi	N	gold
35	出生	chūshēng	N/V	birth; to be born
36	按时/按時	ànshí	Adv	on time, on schedule

Re-enacting the Dialogue

A: Security guard/Doorman   B: Yu Jin

Yu Jin is teaching English at a secondary school in Shenzhen. He lives in the Teachers' Dorm at the school. On Friday evening, he goes to a friend's birthday party and by the time he gets back, it's already quite late. There's no one on the road, and it's pitch black. He's looking forward to getting back to his room as soon as possible, but the school gate's already closed. He knocks on the doorman's window, but no one answers. Could the doorman have gone to bed already? What should he do? Climb the wall? If he got caught, he'd really be humiliated. Besides, it's not safe. Just as he is getting worried, the doorman appears.

第二十四课　找保安
Lesson Twenty-four Looking for the Doorman

A: Who are you looking for?

B: Sir, I am the new foreign teacher. Could you open the gate for me?

A: The new foreign teacher? How come I haven't heard about this?

B: If you don't believe me, you may call and ask the head of our English Language Teaching and Research Department.

A: Who is the head of your English Language Teaching and Research Department?

B: Our Department Chair is Liu Ying.

A: Mm – it's so late, you don't need to call her. Which room are you in?

B: I live in the Teachers' Dorm, room 326.

A: What's your name? Do you have any identification?

B: My name is Jin Yu. I am sorry, but I forgot bringing my passport with me when I left. I can go back to my room and get it for you if you open the gate for me.

A: Are you aware that the school has a rule that the gate is closed at midnight? Students and teachers are supposed to be back before midnight.

B: I am sorry. A friend of mine had a birthday party today, Since it's Friday, I thought it would be okay to get back a little late. My apologies. I won't be late again.

(The doorman opens the gate and lets Jin Yu in.)

A: Please come with me to the office. I need to check your information. How do you write your name?

B: Jin Yu, "jin" as in "jinzi (gold)" "yu" as in "xia yu (raining)".

A: What's your birth date?

B: October 5, 1978.

A: And what's your identification number?

B: My passport number is 44030119781051.

A: Okay. No problem. You may go in. Please get back on time in the future.

B: I certainly will. Thank you.

A: You are welcome.

Grammar

▶ **G1.** "要是 yàoshi……, 就 jiù……" (if ..., [then]...)

"要是 yàoshi" marks conditional (if) clauses. It often appears in conjunction with "就 jiù" (then) in the following clause. "要是 yàoshi", a conjunction, may appear before or after the subject; but "就 jiù", an adverb, always appears directly before the verb, following the subject (if present). Here are some examples:

① 要是被抓住可就没面子了，再说也不安全。
Yàoshi bèi zhuāzhù kě jiù méi miànzi le, zài shuō yě bù ānquán.

② 要是我今天没忘了带身份证，师傅就会让我进去了。
Yàoshi wǒ jīntiān méi wàngle dài shēnfènzhèng, shīfu jiù huì ràng wǒ jìnqù le.

③ 要是我是教研室主任刘英，我就会告诉师傅让你进去。
Yàoshi wǒ shì jiàoyánshì zhǔrèn Liú Yīng, wǒ jiù huì gàosu shīfu ràng nǐ jìnqù.

④ 我是新来的外教。要是不相信的话，你就打电话问我们英文教研室主任。
Wǒ shì xīn lái de wàijiào. yàoshi bù xiāngxìn de huà, nǐ jiù dǎ diànhuà wèn wǒmen Yīngwén jiàoyánshì zhǔrèn.

"就 jiù" in the consequence clause (the second clause) is often omitted if some other adverb, such as "一定 yídìng" (certainly) or "当然 dāngrán" (of course), or an auxiliary verb, such as "可以 kěyǐ" (may, can), is present.

▶ **G2.** The conjunction "再说 zàishuō" (furthermore, besides)

"再说 zàishuō", in addition to its literal meaning of "say it again", or more idiomatically, "talk [about it] later", is also used as a unitary conjunction (appearing at the beginning of its clause) with the meaning "what's more" or "besides". Here are some examples:

① 你可不能爬墙，要是被人看见了，太没有面子了，再说也不安全。
Nǐ kě bù néng pá qiáng, yàoshi bèi rén kànjiàn le, tài méiyǒu miànzi le, zàishuō yě bù ānquán.
You really can't climb over the wall. If you were seen by someone, it would be too embarrassing, and besides, it's not safe.

② 现在去找她太晚了，再说，我路也不熟。
Xiànzài qù zhǎo tā tài wǎn le, zài shuō, wǒ lù yě bù shú.
It's too late to go and see her now. Besides, I don't know the way.

▶ **G3.** Expressing disbelief with "怎么没 zěnme méi + V + 过 guò"

This structure is used as a rhetorical question to express surprise or disbelief.

① 新来的外教？我怎么没听说过？
Xīn lái de wàijiào? Wǒ zěnme méi tīngshuōguo?
A new foreign teacher? How come I have never heard about it?

第二十四课 找保安
Lesson Twenty-four Looking for the Doorman

② 我的家乡菜？我怎么没吃过？
　　Wǒ de jiāxiāng cài? Wǒ zěnme méi chīguo?
　　My hometown dish? How come I've never eaten it then?

③ 我的好朋友？我怎么没见过他？
　　Wǒ de hǎo péngyou? Wǒ zěnme méi jiànguo tā?
　　A good friend of mine? How come I've never met him then?

▶ **G4.** "不 bù ……的话 dehuà, …… 可以 kěyǐ ……" (if [you] don't ..., [you] can...)

"的话 dehuà" acts as a clause final particle to express rather more hypothetical conditions. It is often used in conjunction with "要是 yàoshi": "要是不相信的话 yàoshi bu xiāngxìn dehuà ……" (if you don't believe me ...).

① 不相信的话，可以打电话问问你们校长。
　　Bù xiāngxìn dehuà, kěyǐ dǎ diànhuà wènwen nǐmen xiàozhǎng.
　　If you don't believe me, you can give the school principal a call.

② 不想找保安开门的话，可以给朋友打电话。
　　Bù xiǎng zhǎo bǎo'ān kāi mén dehuà, kěyǐ gěi péngyou dǎ diànhuà.
　　If you don't want to ask the security guard to open the door, you may call your friend.

③ 要是你不能参加他的生日晚会的话，我可以把你的礼物带给他。
　　Yàoshi nǐ bù néng cānjiā tā de shēngri wǎnhuì dehuà, wǒ kěyǐ bǎ nǐ de lǐwù dài gěi tā.
　　If you can't go to his birthday party, I can take your gift to him.

▶ **G5.** "以为 yǐwéi", a verb meaning "have the impression that, think (erroneously)"

"以为 yǐwéi" (literally "take to-be") implies an erroneous assumption: "to think, incorrectly as it turns out, that something is the case".

① 因为是星期五，我以为回来晚一点儿没关系，可是没想到，宿舍关门了。
　　Yīnwèi shì xīngqīwǔ, wǒ yǐwéi huílai wǎn yìdiǎnr méi guānxi, kěshì méi xiǎngdào, sùshè guān mén le.
　　Since it was Friday, I thought it would be okay to get back a little late, but much to my surprise, the dorm gates were closed.

② 我以为他是法国人，原来他是非洲人。
　　Wǒ yǐwéi tā shì Fǎguórén, yuánlái tā shì Fēizhōurén.
　　I thought he was French, but it turns out that he's an African.

③ 她以为教英文很容易，后来才知道很难。
　　Tā yǐwéi jiāo Yīngwén hěn róngyì, hòulái cái zhīdào hěn nán.
　　She thought teaching English would be easy. Later, she realized how difficult it was.

Consolidation & Practice

1. Practice the conditional pattern, with "要是 yàoshi ……, 就 jiù ……"

(1) Complete the following sentences by adding a clause with "就 jiù".

   Example：要是我有一百万，我就带着家人去世界各地旅行。
   　　　　 Yàoshi wǒ yǒu yìbǎi wàn, wǒ jiù dàizhe jiārén qù shìjiè gèdì lǚxíng.

   1) 要是地球上没有水，_____。
      Yàoshi dìqiú shang méiyǒu shuǐ, _____.

   2) 要是出门忘了带钥匙，_____。
      Yàoshi chūmén wàngle dài yàoshi, _____.

   3) 要是马桶堵住了，_____。
      Yàoshi mǎtǒng dǔzhù le, _____.

   4) 要是找不到朋友的家，_____。
      Yàoshi zhǎo bu dào péngyou de jiā, _____.

   5) 要是误机了，_____。
      Yàoshi wù jī le, _____.

(2) Complete the following dialogues by adding a "就 jiù" clause.

   1) A：我明天可能去不了张同学家的聚会了。
         Wǒ míngtiān kěnéng qù bu liǎo Zhāng tóngxué jiā de jùhuì le.

      B：要是你_____。
         Yàoshi nǐ _____.

   2) A：我的行李不在行李转盘上，怎么办?
         Wǒ de xíngli bú zài xíngli zhuànpán shang, zěnme bàn?

      B：要是你_____。
         Yàoshi nǐ _____.

   3) A：海关可能不让我带这个东西进中国，怎么办?
         Hǎiguān kěnéng bú ràng wǒ dài zhè ge dōngxi jìn Zhōngguó, zěnme bàn?

      B：要是海关_____。
         Yàoshi hǎiguān _____.

   4) A：厨房的水龙头关不住，水不停地流啊!
         Chúfáng de shuǐlóngtóu guān bu zhù, shuǐ bù tíng de liú a!

      B：要是水龙头_____。
         Yàoshi shuǐlóngtóu _____.

第二十四课 找保安
Lesson Twenty-four Looking for the Doorman

5) A：我的房门钥匙忘了带出来了，怎么办？
　　Wǒ de fángmén yàoshi wàngle dài chūlái le, zěnme bàn?

　B：要是钥匙_____。
　　Yàoshi yàoshi_____.

2. Practice using the conjunction "再说 zàishuō"

(1) Complete the following dialogues by providing several reasons, and using "再说 zàishuō" before the last one.

Example：学生：老师，今天我请您喝咖啡吧。
　　　　　Xuésheng: Lǎoshī, jīntiān wǒ qǐng nín hē kāfēi ba.

　　　　老师：不不不，今天让我请你喝咖啡吧！你来看我，你是客人，再说，我是你的老师。
　　　　　Lǎoshī: Bù bù bù, jīntiān ràng wǒ qǐng nǐ hē kāfēi ba! Nǐ lái kàn wǒ, nǐ shì kèrén, zàishuō, wǒ shì nǐ de lǎoshī.

1) A：我好累，不想出去散步了。
　　Wǒ hǎo lèi, bù xiǎng chūqu sàn bù le.

　B：我们还是出去散散步吧，_____。
　　Wǒmen háishì chūqu sànsan bù ba, _____.

2) A：我们出去跑步，好吗？
　　Wǒmen chūqu pǎo bù, hǎo ma?

　B：这么晚出去不太安全吧？_____。
　　Zhème wǎn chūqu bú tài ānquán ba? _____.

3) A：晚会的时间快到了，我们走吧。
　　Wǎnhuì de shíjiān kuài dào le, wǒmen zǒu ba.

　B：今晚的酒会你自己去吧，_____。
　　Jīnwǎn de jiǔhuì nǐ zìjǐ qù ba, _____.

4) 儿子：爸爸，你可以把车借给我吗？我要送一个朋友去机场。
　　Érzi: Bàba, nǐ kěyǐ bǎ chē jiè gěi wǒ ma? Wǒ yào sòng yí ge péngyou qù jīchǎng.

　父亲：我不能把车借给你，_____。
　　Fùqin: Wǒ bù néng bǎ chē jiè gěi nǐ, _____.

5) A：明天我开车送你去机场，好吗？
　　Míngtiān wǒ kāi chē sòng nǐ qù jīchǎng, hǎo ma?

　B：谢谢你，不用了，你这么忙，_____。
　　Xièxie nǐ, bú yòng le, nǐ zhème máng, _____.

75

(2) Answer the following questions based on your real situation and including "再说 zàishuō".

   1) 你为什么现在学习汉语？
      Nǐ wèi shénme xiànzài xuéxí Hànyǔ?
      _____.

   2) 你为什么愿意 / 不愿意在中国教书？
      Nǐ wèi shénme yuànyi / bú yuànyi zài Zhōngguó jiāo shū?
      _____

   3) 你为什么想 / 不想现在就结婚？
      Nǐ wèi shénme xiǎng / bù xiǎng xiànzài jiù jié hūn?
      _____

   4) 你为什么认为学习中文对你找工作有帮助？
      Nǐ wèi shénme rènwéi xuéxí Zhōngwén duì nǐ zhǎo gōngzuò yǒu bāngzhù?
      _____

   5) 你为什么每次回家都带那么多的行李？
      Nǐ wèi shénme měi cì huí jiā dōu dài nàme duō de xíngli?
      _____

3. Practice using the expression "怎么没 zěnme méi + V + 过 guò" to show disbelief

(1) Comment on the statements below by using the rhetorical question "怎么没 zěnme méi".

   1) A：国外的中餐馆里都有"幸运饼干"，我特别喜欢吃。
        Guówài de Zhōngcānguǎn li dōu yǒu "xìngyùn bǐnggān", wǒ tèbié xǐhuan chī.

     B：是吗？_____(How come I've never had them in China?)
        Shì ma?_____?

   2) A：小张，我听说那个男明星下个月要结婚了。
        Xiǎo Zhāng, wǒ tīngshuō nàge nán míngxīng xià ge yuè yào jié hūn le.

     B：是真的吗？_____(How come I've never heard of it?)
        Shì zhēn de ma? _____?

   3) A：我是在你们学校教英语的老师。
        Wǒ shì zài nǐmen xuéxiào jiāo Yīngyǔ de lǎoshī.

     B：你也在这所学校教英语吗？_____ (How come I haven't met you before?)
        Nǐ yě zài zhè suǒ xuéxiào jiāo Yīngyǔ ma?_____?

   4) A：听说我们班的马克是一个很有名的画家。
        Tīngshuō wǒmen bān de Mǎ Kè shì yí ge hěn yǒumíng de huàjiā.

     B：是吗？_____(How come I've never seen his paintings?)
        Shì ma? _____?

Lesson Twenty-four Looking for the Doorman

5) 儿子：爸爸，我决定不去工作了。
   Érzi: Bàba, wǒ juédìng bú qù gōngzuò le.

   父亲：没有工作，你靠什么生活啊？ _____ (Haven't you thought about that?)
   Fùqin: Méiyǒu gōngzuò, nǐ kào shénme shēnghuó a? _____ ?

4. Practice the pattern of "不 bù ……的话 dehuà, ……可以 kěyǐ ……"

(1) Complete the following sentences with the pattern "不 bù……的话 dehuà".

1) 你_____的话，可以找你同屋陪你一块儿去他家。
   Nǐ _____ dehuà, kěyǐ zhǎo nǐ tóngwū péi nǐ yíkuàir qù tā jiā.

2) 夜里在床上躺了很长时间，_____的话，可以起来看看电视。
   Yèli zài chuángshang tǎngle hěn cháng shíjiān, _____ dehuà, kěyǐ qǐlai kànkan diànshì.

3) 我们晚上当然可以出宿舍，但是_____的话，可以早点儿回来，别过了12点才回。
   Wǒmen wǎnshang dāngrán kěyǐ chū sùshè, dànshì _____ dehuà, kěyǐ zǎodiǎnr huílai, bié guòle shí'èr diǎn cái huí.

4) _____的话，别着急，可以填写一张"行李意外报告"表给机场的办事人员。
   _____ dehuà, bié zháo jí, kěyǐ tiánxiě yì zhāng "xíngli yìwài bàogào" biǎo gěi jīchǎng de bànshì rényuán.

5) _____的话，可以托运行李的。
   _____ dehuà, kěyǐ tuōyùn xíngli de.

(2) Complete the following dialogues.

1) A：出门要是不知道怎么走，那怎么办啊？
   Chū mén yàoshi bù zhīdào zěnme zǒu, nà zěnme bàn a?
   B：_____。
   (If you go out and don't know the way, you can ask a policeman to give you directions.)

2) A：这种事说出去了，很不好的。
   Zhè zhǒng shì shuō chuqu le, hěn bù hǎo de.
   B：_____。
   (If you don't want others to know, you shouldn't tell me.)

3) A：谢谢你请我看电影，不过我实在对看电影不感兴趣。
   Xièxie nǐ qǐng wǒ kàn diànyǐng, búguò wǒ shízài duì kàn diànyǐng bù gǎn xìngqu.
   B：不要紧的，_____。(If..., you may ...)
   Bú yàojǐn de, _____.

4) 孩子：爸爸，我毕业以后想去旅行，不想马上去工作。
　　Háizi: Bàba, wǒ bìyè yǐhòu xiǎng qù lǚxíng, bù xiǎng mǎshang qù gōngzuò.
　　父亲：_____。(If ..., you can ...)
　　Fùqīn: _____.

5) 旅客：你好，我的行李可能超重了。
　　Lǚkè: Nǐ hǎo, wǒ de xíngli kěnéng chāozhòng le.
　　空服人员：_____。(If ..., you need to ...)
　　Kōngfú rényuán: _____.

5. Practice using "以为 yǐwéi"

(1) Using "以为 yǐwéi", list five misconceptions that people often have.

　　Example：外国人以为中国人的数学都很好。
　　　　　　　Wàiguórén yǐwéi Zhōngguórén de shùxué dōu hěn hǎo.

1) 大学生_____。
　　Dàxuéshēng _____.

2) 来中国做生意的人_____。
　　Lái Zhōngguó zuò shēngyi de rén _____.

3) 去美国留学的学生_____。
　　Qù Měiguó liúxué de xuéshēng _____.

4) 到 Las Vegas 的游客_____。
　　Dào Las Vegas de yóukè _____.

5) 买豪车的人_____。
　　Mǎi háo chē de rén _____.

(2) Complete the following dialogues by using "以为 yǐwéi".

1) A：你是美国人，你一定会教英文吧?
　　　Nǐ shì Měiguórén, nǐ yídìng huì jiāo Yīngwén ba?

　　B：大家都以为_____，其实不见得。
　　　Dàjiā dōu yǐwéi _____, qíshí bú jiàn de.

2) A：中国人都是黄皮肤，黑眼睛吧?
　　　Zhōngguórén dōu shì huáng pífū, hēi yǎnjing ba?

　　B：外国人以为_____。
　　　Wàiguórén yǐwéi _____.

3) A：天下的问题只要有钱就都能解决了吧?
　　　Tiānxià de wèntí zhǐyào yǒu qián jiù dōu néng jiějuéle ba?

　　B：大家都以为_____。
　　　Dàjiā dōu yǐwéi _____.

第二十四课　找保安
Lesson Twenty-four Looking for the Doorman

4) A：孩子长大了，问题就越来越少了吧？
　　　Háizi zhǎngdà le, wèntí jiù yuè lái yuè shǎole ba?

　　B：父母以为_____。
　　　Fùmǔ yǐwéi _____.

5) A：周末可以休息了吗？
　　　Zhōumò kěyǐ xiūxile ma?

　　B：我以为_____。
　　　Wǒ yǐwéi _____.

Listening Comprehension

1. Lisa and Yang Lin are roommates. Listen to their conversation, then answer the questions.

   (1) Where was Yang Lin when Lisa called?
      A. She was in her dorm.
      B. She was on her way to a movie theatre.
      C. She was in a bookstore.
      D. She was on her way back to her dorm.

   (2) Why did Lisa call Yang Lin?
      A. Lisa needed a ride to the movie theatre.
      B. Lisa needed Yang Lin to show Lisa's ID to the guard.
      C. Lisa wanted Yang Lin to see a movie with her.
      D. Lisa wanted Yang Lin to bring her the key.

   (3) When does Lisa plan to return to the dorm?
      A. Before 1:00 a.m.
      B. After 1:00 a.m.
      C. Before 12:00 a.m.

   (4) What time does Yang Lin say she'll go to bed?
      A. No later than 1:00 a.m.
      B. No later than 12:00 a.m.
      C. No later than 10:00 p.m.

第二十四课　找保安
Lesson Twenty-four Looking for the Doorman

2. Listen to the telephone conversation, then answer the questions.

(1) At approximately what time does the phone conversation take place?
　　A. 12:00 a.m.
　　B. 10:00 a.m.
　　C. 2:00 p.m.

(2) What is the purpose of the phone call?
　　A. To ask the security guard to open an office door.
　　B. To ask the security guard to look for a lost key.
　　C. To ask the security guard to check whether Professor Wang is safe or not.

(3) Why couldn't a security guard be dispatched immediately?
　　A. Because all the security guards were busy.
　　B. Because there was only one security guard on duty that day.
　　C. Because it wasn't their responsibility to provide such services.

Communication Activities

Pair Work

Scenario I: Tell your language partner about an incident that happened at the dorm you were living in earlier.

Scenario II: Describe a particularly interesting doorman that you encountered. Mention his appearance and manners, and other things that made him interesting.

宿舍 sùshè	保安 bǎo'ān	像……一样…… xiàng……yíyàng……	忘了带…… wàngle dài……
身份证 shēnfènzhèng	钥匙 yàoshi	关门 guān mén	

Role-Play

Scenario I: You're a tenant who just moved into an apartment. You come back from doing an errand and find that your key doesn't work. Telephone the housing office and try to arrange to get a new one.

钥匙 yàoshi	开不开门 kāi bu kāi mén	怎么办 zěnme bàn	以为 yǐwéi	如果……的话……，可以…… rúguǒ……dehuà……, kěyǐ……

Scenario II:

A. You're locked out of your apartment/office so you phone the house manager to try to get him to come and open the door for you.

没有钥匙　méiyǒu yàoshi

忘了带钥匙　wàngle dài yàoshi

门锁上了　mén suǒshàng le

请让我进来　qǐng ràng wǒ jìnlai

帮我把门打开　bāng wǒ bǎ mén dǎkāi

B. You are the house manager. You're watching an exciting football game on TV so you don't want to deal with any house problems right away. So when you get a phone call, you try some delaying tactics:

不知道学校的规定　bù zhīdào xuéxiào de guīdìng

12点关门　shí'èr diǎn guān mén

核对你的身份　héduì nǐ de shēnfèn

必须有身份证　bìxū yǒu shēnfènzhèng

第二十四课 找保安
Lesson Twenty-four Looking for the Doorman

Group Work

Divide yourselves into two groups, a group of doormen, and a group of tenants. The doormen have different personalities: some are shy, some are irritable, others lazy, busy, distracted, and so on. The tenants, on the other hand, all have issues: some have locked themselves out, others have arrived back after "curfew" and can't get in the front gate; still others have plumbing, electrical or other problems. Doormen and tenants meet in pairs, one at a time, each getting two minutes to sort out their issues. In the end, the class votes for the best pair.

Review Exercises

I. Match the following verbs to appropriate object phrases.

(1) 核对 héduì   A. 窗户 chuānghu

(2) 参加 cānjiā   B. 生日聚会 shēngrì jùhuì

(3) 带 dài   C. 宿舍大门 sùshè dàmén

(4) 敲 qiāo   D. 你的护照 nǐ de hùzhào

(5) 爬 pá   E. 你的身份 nǐ de shēnfèn

II. Fill in the blanks with the appropriate word.

(1) 你是新来的外教？我怎么没有听说_____？
    Nǐ shì xīn lái de wàijiào? Wǒ zěnme méiyǒu tīngshuō _____?

   A. 出 chū   B. 起 qǐ   C. 过 guò

(2) 今年我在上海的一_____中学里当保安。
    Jīnnián wǒ zài Shànghǎi de yī _____ zhōngxué li dāng bǎo'ān.

   A. 所 suǒ   B. 间 jiān   C. 把 bǎ

(3) 我出门的时候忘了带钥匙了，你可以帮我把门打_____吗？
    Wǒ chū mén de shíhou wàngle dài yàoshi le, nǐ kěyǐ bāng wǒ bǎ mén dǎ _____ ma?

   A. 住 zhù   B. 到 dào   C. 开 kāi

(4) 房间里太热了，请把窗户打_____，好吗？
    Fángjiān li tài rè le, qǐng bǎ chuānghu dǎ _____, hǎo ma?

   A. 上 shàng   B. 下 xià   C. 开 kāi

(5) 明天是我室友的生日，我们打算给他_____生日。
    Míngtiān shì wǒ shìyǒu de shēngrì, wǒmen dǎsuàn gěi tā _____ shēngrì.

   A. 到 dào   B. 过 guò   C. 带 dài

III. Fill in the blanks with the appropriate words listed below.

按时 ànshí	打开 dǎkāi	核对 héduì
敲敲 qiāoqiao	关上 guānshàng	

同学A：你看，你看，现在已经晚上12点半了，宿舍大门早就_____了，进不去了。
Tóngxué A: Nǐ kàn, nǐ kàn, xiànzài yǐjīng wǎnshang shí'èr diǎn bàn le, sùshè dàmén zǎo jiù _____ le, jìn bu qù le.

同学B：哎哟，真是太晚了，我们快点回去吧。
Tóngxué B: Āiyō, zhēnshi tài wǎn le, wǒmen kuài diǎn huíqu ba.

同学A：到了宿舍，我们还是进不去啊。怎么办？
Tóngxué A: Dàole sùshè, wǒmen háishì jìn bu qù a. Zěnme bàn?

同学B：不要紧的，我们去_____保安的窗户，把他叫起来。
Tóngxué B: Bú yàojǐn de, wǒmen qù _____ bǎo'ān de chuānghu, bǎ tā jiào qilai.

同学A：大叔，大叔，麻烦您把大门_____，好吗？
Tóngxué A: Dàshū, dàshū, máfan nín bǎ dàmén _____, hǎo ma?

保安：这么晚了才回来！把你们的学生证拿出来，我得_____一下。
Bǎo'ān: Zhème wǎnle cái huílai! Bǎ nǐmen de xuéshēngzhèng ná chulai, wǒ děi _____ yí xia.

同学A&B：我们的学生证在这儿，请您看看。
Tóngxué A&B: Wǒmen de xuéshēngzhèng zài zhèr, qǐng nín kànkan.

保安：今天晚上我给你们开门，以后你们得晚上12点前_____回来啊。
Bǎo'ān: Jīntiān wǎnshàng wǒ gěi nǐmen kāi mén, yǐhòu nǐmen děi wǎnshang shí'èr diǎn qián _____ huílai a.

IV. Describe the following situations in Chinese.

(1) Today, a friend from Shanghai is visiting you. (S)he's planning to arrive at your place at about 3:00 p.m., when you're in class. Explain to the doorman that you'd like to leave the key with him/her so he/she can give it to your friend. You'll be returning at around 5:00 p.m.

(2) You're meeting at a bar this evening to celebrate a friend's birthday. You don't think you'll be able to get back to the dorm before midnight, when the gates are locked. Explain the situation to the doorman, and ask if he would mind letting you in when you get back. Bear in mind that you might have to wake him up.

第二十四课　找保安

Lesson Twenty-four Looking for the Doorman

参加生日聚会　cānjiā shēngrì jùhuì

回来晚一点　huílai wǎn yìdiǎn

12点以后才会回来　shí'èr diǎn yǐhòu cái huì huílai

已经关门了　yǐjīng guān mén le

如果……的话，你可以……吗？　rúguǒ…… dehuà, nǐ kěyǐ…… ma?

帮我把门打开　bāng wǒ bǎ mén dǎkāi

1) ....
2) ....
3) ....
4) ....
5) ....
6) ....

Culture Notes

1. Security at Chinese schools

Chinese schools usually have walls surrounding the campus for security. The dorm area is usually in a separate compound with a gate or in special apartment blocks, with a security system. The gates of the campus or apartment building usually have guards on duty 24 hours a day. At some time in the evening, the gates of the school and the dorm will be locked, and it's difficult to get in after that time. Security personal are responsible for checking the grounds after hours. They have keys that allow students to enter facilities, including dorm rooms.

2. Dorm key deposit

Chinese university dormitories require you to submit a deposit for the key when you check-in. Your deposit is returned when you check out. If you lose your key, you will have to pay another deposit to get a new one.

3. School dormitory management

Dorm rooms for foreign teachers and students are usually assigned by the school's General Office (总务处 Zǒngwùchù). Each school has its own set of regulations. These usually include rules such as not allowing guests to stay in your room, or requiring teachers and students to be back in the dorm by a certain time at night. If foreign teachers or students want to have guests stay with them, they need to get permission from the General Office.

4. Residence permits

All foreigners who live in China are required to register at the local Public Security Bureau within 24 hours of arrival. If a foreigner stays in a hotel, the hotel will automatically register him/her.

X-visa students should apply for a residence permit through the International Students' Office of their school within ten days of arrival. Foreigners with Z-visas need to apply for a residence permit immediately on entering China and need to obtain it within 30 days. Foreign students and employees should not, therefore, arrive earlier than their designated date.

The following documents need to be submitted to obtain a residence permit. Different types of visas may wary:

a. A student ID card or work contract;

b. A valid passport;

c. The original copy of the university's notification of admission;

d. The approved visa application form for foreign students studying in China (also known as a JW202/JW201 form);

e. Residence permit application form completed in black ink;

f. Valid proof of the students' living or housing arrangements or an Accommodation Certificate from the local police station (not required for students living on campus);

g. A 3.5×5.3 cm full face recent photo with white background.

h. Physical examination results

Lesson Twenty-five   House Hunting
第二十五课   找房子
Dì-èrshíwǔ Kè   Zhǎo fángzi

In this lesson you will learn how to do the following
- Find out if there's an apartment or room for rent
- Find out if utilities are included in the rent
- Find out if bedding is provided
- Convince the landlord to let you move in before classes begin

Grammar
- "越来越 yuè lái yuè……" (more and more ...)
- "中 zhòng" used as a verb complement
- "其中 qízhōng" (one of, among [them])
- "不如 bùrú" (not as [good] as)
- Paired indefinite pronouns "谁 shuí……谁 shuí……" (anyone who ..., who[m]ever ...)

Culture Notes
- The Rental Agreement
- The rental deposit
- Using an intermediary

Dialogue

A：黄大为 Huáng Dàwéi   **B**：房东 fángdōng

　　黄大为要在北京外贸大学交流一个学期。他想到学校外面自己去租房住。学校留学生办公室告诉他：他可以通过¹房产中介机构查询租房的信息。离开学的时间越来越^{G1}近了，他得赶快找到²一个住的地方。他看到校门外有一家房产中介机构，就进去问问租房的情况。他选中^{G2}了一家租金可以接受，又离学校不远的公寓。房产中介机构的人让他直接打电话跟这家房东联系。

　　Huáng Dàwéi yào zài Běijīng Wàimào Dàxué jiāoliú yí ge xuéqī. Tā xiǎng dào xuéxiào wàimian zìjǐ qù zū fáng zhù. Xuéxiào liúxuéshēng bàngōngshì gàosu tā: Tā kěyǐ tōngguò¹ fángchǎn zhōngjiè jīgòu cháxún zū fáng de xìnxī. Lí kāi xué de shíjiān yuè lái yuè^{G1} jìn le, tā děi gǎnkuài zhǎodào² yí ge zhù de dìfang. Tā kàndào xiàomén wài yǒu yì jiā fángchǎn zhōngjiè jīgòu, jiù jìnqu wènwen zū fáng de qíngkuàng. Tā xuǎnzhòng^{G2} le yì jiā zūjīn kěyǐ jiēshòu, yòu lí xuéxiào bù yuǎn de gōngyù. Fángchǎn zhōngjiè jīgòu de rén ràng tā zhíjiē dǎ diànhuà gēn zhè jiā fángdōng liánxì.

A：喂，我是北京外贸大学的留学生。我需要在校外租房子，一家房产中介给了我您的电话。请问您是不是有房出租³？
　　Wéi, wǒ shì Běijīng Wàimào Dàxué de liúxuéshēng. Wǒ xūyào zài xiào wài zū fángzi, yì jiā fángchǎn zhōngjiè gěile wǒ nín de diànhuà. Qǐngwèn nín shì bu shì yǒu fáng chūzū³?

B：是。我有一个两室一厅的公寓出租。
　　Shì. Wǒ yǒu yí ge liǎng shì yì tīng de gōngyù chūzū.

A：请问房租多少钱？
　　Qǐngwèn fángzū duōshǎo qián?

B：4000块一个月。
　　Sìqiān kuài yí ge yuè.

Notes

1. "通过 tōngguò" can be a full verb meaning "to get through" or "to pass [a motion]"; but here, it functions as a preposition meaning "by [means of, way of], through".
2. "到 dào", whose independent meaning is "to arrive", follows action verbs, with the general meaning of "to reach a certain place as a result of the action". With motion verbs, "到 dào" corresponds to English "to" before a destination "跑到火车站 pǎo dào huǒchēzhàn" (to run to the station); following process verbs, "到 dào" indicates that the process has come to a successful conclusion: "找 zhǎo" (to search), "找到 zhǎodào" (to find).
3. "有房出租 yǒu fáng chūzū" can be a set phrase meaning "Room(s) for rent". But here it can be read literally: "是不是有房出租 shì bu shì yǒu fáng chūzū "is [it] the case [or not] there are rooms to-out-rent"", i.e. "Do you have rooms to rent?"

第二十五课 找房子
Lesson Twenty-five House Hunting

A：我只是一个人，可不可以租其中^{G3}一间房？
　　Wǒ zhǐshì yí ge rén, kě bu kěyǐ zū qízhōng^{G3} yì jiān fáng?

B：可以。租一间房就2000块一个月。
　　Kěyǐ. Zū yì jiān fáng jiù liǎngqiān kuài yí ge yuè.

A：2000块包括不包括水电费？
　　Liǎngqiān kuài bāokuò bù bāokuò shuǐdiànfèi?

B：如果你每个月用的水电不超过200块，水电费就不用另⁴付。超过200块的部分你得自己付。
　　Rúguǒ nǐ měi ge yuè yòng de shuǐdiàn bù chāoguò èrbǎi kuài, shuǐdiànfèi jiù bú yòng lìng^4 fù. Chāoguò èrbǎi kuài de bùfen nǐ děi zìjǐ fù.

A：怎么才可以不超过200块？
　　Zěnme cái kěyǐ bù chāoguò èrbǎi kuài?

B：只要你出门就把电视、电灯、电脑、空调都关上，就不会超过200块。如果你一天到晚都开着，肯定会超过。
　　Zhǐyào nǐ chū mén jiù bǎ diànshì、diàndēng、diànnǎo、kōngtiáo dōu guānshàng, jiù bú huì chāoguò èrbǎi kuài. Rúguǒ nǐ yìtiān dàowǎn dōu kāizhe, kěndìng huì chāoguò.

A：您的公寓离外贸大学有多远？
　　Nín de gōngyù lí Wàimào Dàxué yǒu duō yuǎn?

B：走路10分钟。
　　Zǒu lù shí fēnzhōng.

A：那我现在可不可以过去看看？
　　Nà wǒ xiànzài kě bu kěyǐ guòqu kànkan?

B：可以。你过来吧。
　　Kěyǐ. Nǐ guòlai ba.

（在出租房里　Zài chūzū fáng li）

A：您好。我是黄大为，是来看房的。
　　Nín hǎo. Wǒ shì Huáng Dàwéi, shì lái kàn fáng de.

B：你好。你是哪国人？
　　Nǐ hǎo. Nǐ shì nǎ guó rén?

---
4. "另 lìng," here, is used as an adverb meaning "separately", as in "to pay separately".

A: 我是美国人。这个卧室不小，客厅也不错。厨房里没有做饭的东西，我需要自己买吗？
Wǒ shì Měiguórén. Zhège wòshì bù xiǎo, kètīng yě bú cuò. Chúfáng li méiyǒu zuò fàn de dōngxi, wǒ xūyào zìjǐ mǎi ma?

B: 对。这个公寓出租带家具[5]，但不带厨具。楼对面就是超市，你可以去那儿买。这周围的商店饭馆也很多，住在这儿非常方便。
Duì. Zhège gōngyù chūzū dài jiājù[5], dàn bú dài chújù. Lóu duìmiàn jiùshi chāoshì, nǐ kěyǐ qù nàr mǎi. Zhè zhōuwéi de shāngdiàn fànguǎn yě hěn duō, zhù zài zhèr fēicháng fāngbiàn.

A: 床上用品您也不提供吗？
Chuángshàng yòngpǐn nín yě bù tígōng ma?

B: 床上用品你也需要自己买。不过，超市的东西都很便宜。
Chuángshàng yòngpǐn nǐ yě xūyào zìjǐ mǎi. Búguò, chāoshì de dōngxi dōu hěn piányi.

A: 如果公寓里有东西坏了，您免费修吗？
Rúguǒ gōngyù li yǒu dōngxi huài le, nín miǎnfèi xiū ma?

B: 当然。这个楼比较新，东西一般不会坏的。
Dāngrán. Zhège lóu bǐjiào xīn, dōngxi yìbān bú huì huài de.

A: 好。我决定租您的房了。我是不是需要交定金？
Hǎo. Wǒ juédìng zū nín de fáng le. Wǒ shì bu shì xūyào jiāo dìngjīn?

B: 对。我们需要签一个租约，签约时你要交一个月的定金。
Duì. Wǒmen xūyào qiān yí ge zūyuē, qiān yuē shí nǐ yào jiāo yí ge yuè de dìngjīn.

A: 我什么时候可以搬进来？我希望能在九月一号开学前搬进来。
Wǒ shénme shíhou kěyǐ bān jìnlai? Wǒ xīwàng néng zài jiǔyuè yī hào kāi xué qián bān jìnlai.

B: 我们签了约，你交了定金后就可以搬进来了。
Wǒmen qiānle yuē, nǐ jiāole dìngjīn hòu jiù kěyǐ bān jìnlai le.

A: 我下午就可以来签约，交定金。那另一间房会是谁来住呢？
Wǒ xiàwǔ jiù kěyǐ lái qiān yuē, jiāo dìngjīn. Nà lìng yì jiān fáng huì shì shuí lái zhù ne?

B: 你不如[G4]自己找个室友。不然谁先来我就租给谁[G5]。
Nǐ bùrú[G4] zìjǐ zhǎo ge shìyǒu. Bùrán shuí xiān lái wǒ jiù zūgěi shuí[G5].

---

5. "这个公寓出租带家具 Zhège gōngyù chūzū dài jiājù"(this apartment is rented out furnished). "带 dài," usually "to bring or take [with you]", in this context, can be glossed as "to include, to come with".

第二十五课 找房子
Lesson Twenty-five House Hunting

A：好吧⁶，我希望能找到一位同学一起住。下午见。
Hǎo ba⁶, wǒ xīwàng néng zhǎodào yí wèi tóngxué yìqǐ zhù. Xiàwǔ jiàn.

B：再见。
Zàijiàn.

New Words

1	租房	zū fáng	VO	to rent (apartment/house)
2	留学生办公室/留學生辦公室	liúxuéshēng bàngōngshì	Phrase	International Students' Office
3	通过/通過	tōngguò	V/Prep	to pass through; by (way of, means of)
4	房产/房產	fángchǎn	N	house (as property), real estate
5	中介	zhōngjiè	N	intermediary, medium; broker, agent
6	机构/機構	jīgòu	N	organization, agency
7	查询/查詢	cháxún	V/N	to inquire into, to ask about; a query
8	信息	xìnxī	N	information, news, message
9	越来越/越來越	yuè lái yuè	Adv	more and more, increasingly
10	情况/情況	qíngkuàng	N	situation, circumstances
11	选中/選中	xuǎnzhòng	V-ResC	to select, to settle on
12	租金	zūjīn	N	rent, rental, rental fees
13	接受	jiēshòu	V	to accept, to receive, to take
14	直接	zhíjiē	Adj/Adv	direct; directly
15	房东/房東	fángdōng	N	house owner, landlord, landlady
16	没地方	méi dìfang	Exp	no space (to...)
17	校外	xiàowài	N	off campus
18	出租	chūzū	V	to rent out, to hire
19	厅/廳	tīng	N	living room, hall (两室一厅 liǎng shì yì tīng = two bedrooms and one living room)

6. "吧 ba" is a sentence-final particle associated with concensus or agreement. It may appear in suggestions: "走吧 Zǒu ba" (Shall we go?), or assumptions: "你是黄大为吧 Nǐ shi Huáng Dàwéi ba" (You are Huang Dawei, right?).

20	只是	zhǐshì	V	to only be, to be just, to be nothing but
21	其中	qízhōng	Pron	one of, among (them)
22	包括	bāokuò	V	to include, to consist of, to comprise
23	超过/超過	chāoguò	V	to surpass, to exceed
24	部分	bùfen	N	part, section, portion
25	电灯/电燈	diàndēng	N	light, electric light
26	一天到晚	yìtiān dàowǎn	Phrase	all day long
27	肯定	kěndìng	V/Adv	to affirm, to confirm; definitely, certainly
28	走路	zǒu lù	VO	to walk, to travel on foot
29	厨具/廚具	chújù	N	kitchenware
30	床上用品	chuángshàng yòngpǐn	Phrase	bedding
	用品	yòngpǐn	N	appliance, article
31	当然/當然	dāngrán	Adv	of course, naturally
32	比较/比較	bǐjiào	V/Adv	to compare; relatively, rather
33	定金	dìngjīn	N	down payment, deposit
34	租约/租約	zūyuē	N	lease, rental agreement
35	签约/簽約	qiān yuē	VO	to sign a treaty or contract
36	不然	bùrán	Conj	or else, otherwise, if not

Re-enacting the Dialogue

A: Dawei Huang   B: the landlord

Dawei Huang will be studying at Beijing Foreign Trade University for a semester. He would like to rent housing off campus. The university's Office for Foreign Students Affairs tells Huang to check for rental information through a real-estate agent. It is getting closer and closer to the beginning of classes, so he needs to find a place to live in a hurry. He sees that there's a real estate agent outside the main gate of the campus, so he walks in to ask about the rental situation. He settles on an apartment that is not too far away from school and is reasonably priced. The real estate agent tells him to call the apartment owner directly:

Lesson Twenty-five House Hunting

A: Hello. I am a foreign student at the Beijing Foreign Trade University. The university doesn't have dorm space for me, so I need to rent a room off-campus. A real estate agent gave me your phone number. Do you have any apartments for rent?

B: Yes, I do. I have a two-bedroom apartment for rent.

A: May I ask how much the rent is?

B: ¥4000 per month.

A: I am only one person. May I just rent one room?

B: Sure. One room is ¥2000 a month.

A: Does the rent include utilities?

B: So long as your utility bill is not over ¥200 per month, you won't need to pay extra. You pay if you go over ¥200.

A: How can I make sure I don't go over ¥200?

B: As long as you turn off the TV, the lights, your computer and the air conditioner when you are not using them, you won't go over ¥200. But if you leave them on all day long, you're definitely going to go over.

A: How far is the apartment from the Beijing Foreign Trade University?

B: Ten minutes' walk.

A: Can I come over and take a look right now?

B: Sure, come on over.

(Inside the rental apartment)

A: How do you do. I am Huang Dawei. I've come to see the apartment.

B: Hi. Which country are you from?

A: I am from the U.S. This bedroom is quite large, and the living room is good, too. There are no cooking utensils in the kitchen. Do I have to buy my own?

B: Yes. The rent on the apartment covers furniture, but not kitchen ware. There is a supermarket across the street from this building. You can buy things there. There are also a lot of shops and restaurants around. It's very convenient to live here.

A: You don't provide bedding, either?

B: You also need to bring your own bedding. However, things at the supermarket are very cheap.

A: If something in the apartment breaks, will you fix it free of charge?

B: Sure. This is a relatively new building. Things don't usually break.

A: Okay. I've decided to rent it. Do I need to pay a deposit?

B: Yes. We need to sign a lease. When you sign the lease, you pay a one-month deposit.

A: When can I move in? I hope I can move in before school starts on September 1.

B: After we sign the contract and you pay the deposit, you can move in.

A: I can come over and sign the lease and pay the deposit this afternoon. Who will be renting the other room?

B: It would be best if you find a roommate yourself. Otherwise, I will rent to the first person who shows up.

A: Okay. I hope I can find a schoolmate to live with. See you this afternoon.

B: See you.

Grammar

▶ G1. "越来越 yuè lái yuè……" (more and more...)

"越来越 yuè lái yuè" is an adverbial construction that precedes adjectives with the meaning of "more and more". Often the whole phrase will be followed by "了 le", to underscore the shift to a "new situation".

① 离开学的时间越来越近了，他得赶快找到一个住的地方。
Lí kāi xué de shíjiān yuè lái yuè jìn le, tā děi gǎnkuài zhǎodào yí ge zhù de dìfang.
It's getting closer and closer to the beginning of term. He needs to find a place to live as quickly as possible.

② 中国近来经济发展得很快，来学习外贸的外国学生越来越多了。
Zhōngguó jìnlái jīngjì fāzhǎn de hěn kuài, lái xuéxí wàimào de wàiguó xuéshēng yuè lái yuè duō le.
The Chinese economy has been growing very fast recently, and more and more foreign students have been coming to China to study foreign trade.

▶ G2. "中 zhòng" used as a verb complement

In northern colloquial Mandarin, "中 zhòng" may follow a small number of verbs, such as "选 xuǎn" (to select, to choose) and "看 kàn" (to see, to view), to indicate success, in much the same way that the adjectival verb "好 hǎo" may follow verbs with much the same meaning. Thus "选中 xuǎnzhòng" or "选好 xuǎnhǎo", both "pick, decide, settle on". (There is also a third option with "定 dìng" [to decide], e.g. "选定 xuǎndìng" [to pick, etc.]) Here are some examples:

① 他选中了一家租金可以接受，又离学校不远的公寓。
Tā xuǎnzhòngle yì jiā zūjīn kěyǐ jiēshòu, yòu lí xuéxiào bù yuǎn de gōngyù.
He has chosen an apartment with a rent that he can accept, plus it is near the college.

② 亲戚朋友给他介绍了很多女朋友他都不满意，最后自己看中了一位日本姑娘。
Qīnqi péngyou gěi tā jièshàole hěn duō nǚpéngyou tā dōu bù mǎnyì, zuìhòu zìjǐ kànzhòngle yí wèi Rìběn gūniang.
He wasn't happy with any of the girls that friends and relatives introduced to him. In the end, he found a Japanese girlfriend on his own.

③ 他篮球打得非常好，十二岁时就被国家队选中了。
Tā lánqiú dǎ de fēicháng hǎo, shí'èr suì shí jiù bèi guójiāduì xuǎnzhòng le.
He's plays basketball extremely well. He was selected for the national team when he was twelve.

▶ G3. "其中 qízhōng" (one of, among [them])

"其中 qízhōng" (literally, "its within") is a pronoun that refers back to collection or group. "我只是一个人，可不可以租其中一间房？Wó zhǐ shì yí ge ren, kě bu kěyǐ zū qízhōng yì jiān fáng?" (I'm just one person only. Can I rent one of those rooms?) Here are some more examples:

① 中国有名的大学不少，上海中医药大学就是其中之一。
Zhōngguó yǒumíng de dàxué bùshǎo, Shànghǎi Zhōngyīyào Dàxué jiùshì qízhōng zhīyī.
There are quite a few famous universities in China. Shanghai University of Traditional Chinese Medicine is one of them.

② 这所大学有很多留学生，其中百分之三十是日本人。
Zhè suǒ dàxué yǒu hěn duō liúxuéshēng, qízhōng bǎi fēnzhī sānshí shì Rìběnrén.
There are many foreign students at this university. 30% of them are Japanese.

③ 他有很多外国朋友，其中有一位是非洲人。
Tā yǒu hěn duō wàiguó péngyou, qízhōng yǒu yí wèi shì Fēizhōurén.
He has a lot of foreign friends, one of whom is African.

▶ G4. "不如 bùrú" (not as [good] as)

"不如 bùrú" (literally, "not like") is a verbal phrase, slightly formal in its usage, used in comparisons rather like the "没有 méiyǒu……那么 nàme" pattern (not as... as). Used without further adjectival modification, its meaning is "not as good as, it would be better to" or more literally "not equal to":

① 你不如自己找个室友。
Nǐ bùrú zìjǐ zhǎo ge shìyǒu.
Better you find your own roommate.

② 租房子不如买房子，但是没钱怎么能买房子呢？
Zū fángzi bùrú mǎi fángzi, dànshì méi qián zěnme néng mǎi fángzi ne?
Renting a house isn't as good as purchasing one, but how can you buy a house without money?

Additional specification can be made by placing an adjective at the foot of the sentence ("大 dà" in the first example below, "安全 ānquán" in the second.)

③ 上海不如北京大。
Shànghǎi bùrú Běijīng dà.
Shanghai's not as big as Beijing.

④ 到学校外面租房住不如住在校内安全。
Dào xuéxiào wàimian zū fáng zhù bùrú zhù zài xiàonèi ānquán.
Living in a rental place off campus isn't as safe as living on campus.

▶ G5. Paired indefinite pronouns "谁 shuí…… 谁 shuí……" (anyone who..., who[m]-ever...)

"谁 shuí", like other interrogative pronouns, can function as both as a question word and as an indefinite:

① 你找谁？
Nǐ zhǎo shuí?
Who(m) are you looking for?

② 我不找谁。
Wǒ bù zhǎo shuí.
I'm not looking for anyone.

Interrogative pronouns can also be paired in consecutive clauses, as the example in the main dialogue illustrates:

③ 谁先来我就租给谁。I'll rent to whoever comes first.
   Shuí xiān lái wǒ jiù zūgěi shuí.

Literally, the Chinese reads "Whoever comes first, then I'll rent to whomever [that is]". Here is another example:

④ 我们可以周末一起吃饭，谁有时间谁做。
   Wǒmen kěyǐ zhōumò yìqǐ chī fàn, shuí yǒu shíjiān shuí zuò.
   We can eat together on the weekend. Whoever is free will cook for us.

How would you say the following, then? "Whoever loses will treat." ("to lose" is "输 shū"; "to treat" is "请客 qǐng kè"). The answer is "谁输，谁请客 shuí shū, shuí qǐng kè". Finally, here is a last example:

⑤ 这儿的公寓谁想租谁租，不管是外国人还是中国人。
   Zhèr de gōngyù shuí xiǎng zū shuí zū, bùguǎn shì wàiguórén háishi Zhōngguórén.
   Whoever wants to rent an apartment here will be OK — regardless of whether (s)he's Chinese or a foreigner.

第二十五课　找房子
Lesson Twenty-five House Hunting

Consolidation & Practice

1. **越来越** yuè lái yuè + Adj + (了 le)

(1) Complete the following sentences using "越来越 yuè lái yuè……"

　　1) 电费越来越高了，结果房租也_____了。
　　　　Diànfèi yuè lái yuè gāo le, jiéguǒ fángzū yě _____ le.

　　2) 老百姓的生活水平提高了，买车的人也_____了。
　　　　Lǎobǎixìng de shēnghuó shuǐpíng tígāo le, mǎi chē de rén yě _____ le.

　　3) 从上个月开始工作就非常忙，结果在家做饭的时间就_____了。
　　　　Cóng shàng ge yuè kāishǐ gōngzuò jiù fēicháng máng, jiéguǒ zài jiā zuòfàn de shíjiān jiù
　　　　_____ le.

　　4) 天气越来越热，房间里的空调温度就_____了。
　　　　Tiānqì yuè lái yuè rè, fángjiān li de kōngtiáo wēndù jiù _____ le.

　　5) 汽油的价格_____了。
　　　　Qìyóu de jiàgé _____ le.

(2) Complete the following dialogues by using "越来越 yuè lái yuè……"

　　1) A：你怎么要搬走了呢？
　　　　　Nǐ zěnme yào bānzǒule ne?

　　　　B：这里的房租_____，我租不起了，所以决定要搬走。
　　　　　Zhèli de fángzū _____, wǒ zūbuqǐ le, suǒyǐ juédìng yào bānzǒu.

　　2) 房东：你有什么事？
　　　　　Fángdōng: Nǐ yǒu shénme shì?

　　　　房客：你可以给我们的房间装个空调吗？天气_____，我们
　　　　　　　晚上都热得睡不好觉。
　　　　　Fángkè: Nǐ kěyǐ gěi wǒmen de fángjiān zhuāng ge kōngtiáo ma? Tiānqì _____,
　　　　　　　wǒmen wǎnshang dōu rè de shuìbuhǎo jiào.

　　3) A：你今天怎么连最喜欢的冰激凌也不吃了？
　　　　　Nǐ jīntiān zěnme lián zuì xǐhuan de bīngjīlíng yě bù chī le?

　　　　B：我发现最近自己_____，所以决定减肥，不吃冰激凌了。
　　　　　Wǒ fāxiàn zuìjìn zìjǐ _____, suǒyǐ juédìng jiǎn féi, bù chī bīngjīlíng le.

4) A：你的房子看起来真不错啊。
   Nǐ de fángzi kàn qilai zhēn bú cuò a.

   B：是的，看起来不错，但是厨房、厕所、地板都_____了，我想明年把厨房、厕所重新装修一下。
   Shì de, kàn qilai bú cuò, dànshì chúfáng、cèsuǒ、dìbǎn dōu _____ le, wǒ xiǎng míngnián bǎ chúfáng、cèsuǒ chóngxīn zhuāngxiū yíxià.

5) A：春节快到了，我还没买回家的机票，你买了吗？
   Chūnjié kuài dào le, wǒ hái méi mǎi huí jiā de jīpiào, nǐ mǎile ma?

   B：我的机票已经买了。离春节_____(getting closer)，机票_____(harder to get)了。你最好快点去买吧。
   Wǒ de jīpiào yǐjīng mǎile. Lí Chūnjié _____ , jīpiào _____ le. Nǐ zuìhǎo kuài diǎn qù mǎi ba.

2. Verb + 中 zhòng

(1) Complete the following sentences with the pattern "Verb + 中 zhòng".

1) 我们这儿有市中心的现代公寓，有两室一厅不带家具的，有两室一厅带家具的，有三室两厅不带家具的，请看看，你喜欢哪种？
   Wǒmen zhèr yǒu shì zhōngxīn de xiàndài gōngyù, yǒu liǎng shì yì tīng bú dài jiājù de, yǒu liǎng shì yì tīng dài jiājù de, yǒu sān shì liǎng tīng bú dài jiājù de, qǐng kànkan, nǐ xǐhuan nǎ zhǒng?
   _____.

2) 请看这些行李箱，黑颜色/布面/长方形，红颜色/皮面/长方形，花颜色/皮面/正方形，你想买哪种？
   Qǐng kàn zhè xiē xínglixiāng, hēi yánsè / bù miàn / chángfāngxíng, hóng yánsè / pí miàn / chángfāngxíng, huā yánsè / pí miàn / zhèngfāngxíng, nǐ xiǎng mǎi nǎ zhǒng?
   _____

3) 你去家具店买沙发，选中了哪种款式的？
   Nǐ qù jiājùdiàn mǎi shāfā, xuǎnzhòngle nǎ zhǒng kuǎnshì de?
   _____

4) 这是今年新出来的秋装，觉得怎么样？
   Zhè shi jīnnián xīn chūlai de qiūzhuāng, jué de zěnmeyàng?
   _____

5) 今天你看了车展，各种名牌都在那儿，你最喜欢哪种？
   Jīntiān nǐ kànle chēzhǎn, gè zhǒng míngpái dōu zài nàr, nǐ zuì xǐhuan nǎ zhǒng?
   _____

第二十五课　找房子
Lesson Twenty-five House Hunting

(2) Complete the following sentences.

1) 笔记本电脑的种类很多，我选来选去，终于_____(will choose a computer that is light and small)。
Bǐjìběn diànnǎo de zhǒnglèi hěn duō, wǒ xuǎn lái xuǎn qù, zhōngyú_____.

2) 车展上各式各样的汽车真不少，我看来看去，结果_____(selected a Mini Cooper)。
Chēzhǎn shàng gèshì gèyàng de qìchē zhēn bù shǎo, wǒ kàn lái kàn qù, jiéguǒ_____.

3) 房产中介中心有很多租房的信息，他_____(selected the one that is near his school and in a quiet neighborhood)。
Fángchǎn zhōngjiè zhōngxīn yǒu hěnduō zūfáng de xìnxī, tā_____.

4) 他在很多认识的女孩子里_____(he favored Ms. Zhang, who is smart and pretty)。
Tā zài hěn duō rènshi de nǚháizi li_____.

5) 他篮球打得非常好，高中时就_____(was chosen by a university)。
Tā lánqiú dǎ de fēicháng hǎo, gāozhōng shí jiù_____.

3. Practice with using "其中 qízhōng"

(1) Complete the following sentences with "其中 qízhōng".

1) 这个公寓有三间卧室，我只是一个人，可以_____(rent one of the three rooms)吗？
Zhège gōngyù yǒu sān jiān wòshì, wǒ zhǐshì yí ge rén, kěyǐ_____ ma?

2) 这次来中国留学的同学有25位，_____(four of them are recently graduated high school students)。
Zhè ci lái Zhōngguó liúxué de tóngxué yǒu èrshíwǔ wèi,_____.

3) 我每个月的工资是两千元，_____(750 *yuan* will cover my rent)。
Wǒ měi ge yuè de gōngzī shì liǎngqiān yuán,_____.

4) 我的行李里装了很多礼物，_____(most of them for my granddaughter)。
Wǒ de xíngli lǐ zhuāngle hěn duō lǐwù,_____.

5) 他有三栋房子，_____(one of them is a present for his daughter's wedding)。
Tā yǒu sān dòng fángzi,_____.

(2) Use "其中 qízhōng" to cite the statistics in the following sentences.

Example：我们的中文课一共有60个学生：28个男生，32个女生。
Wǒmen de Zhōngwén kè yígòng yǒu liùshí ge xuésheng: èrshíbā ge nánshēng, sānshí'èr ge nǚshēng.

You can say：我们的中文课一共有60个学生，其中28个人是男生，32个是女生。
Wǒmen de Zhōngwén kè yígòng yǒu liùshí ge xuésheng, qízhōng èrshíbā ge rén shì nánshēng, sānshí' èr ge shì nǚshēng.

1) 小王每个月的工资是怎么花的：
   Xiǎo Wáng měi ge yuè de gōngzī shì zěnme huā de:

   > 1/3 付房租　sān fēn zhī yī fù fángzū
   > 1/3 买食物、去饭馆吃饭、买外卖　sān fēn zhī yī mǎi shíwù, qù fànguǎn chī fàn, mǎi wàimài
   > 1/6 其他开支　liù fēn zhī yī qítā kāizhī
   > 1/6 存款　liù fēn zhī yī cúnkuǎn

2) 中国出国留学生一共54万人：
   Zhōngguó chū guó liúxuéshēng yígòng wǔshísì wàn rén:

   > 前去美国30万人　qián qù Měiguó sānshí wàn rén
   > 前去英国7万人　qián qù Yīngguó qīwàn rén
   > 前去澳大利亚7万人　qián qù Àodàlìyà qīwàn rén
   > 前去日本、欧洲其他国家10万人　qián qù Rìběn, Ōuzhōu qítā guójiā shí wàn rén

3) 今年大学毕业生的去向统计：
   Jīnnián dàxué bìyèshēng de qùxiàng tǒngjì:

   > 找到理想工作⋯⋯⋯⋯⋯50%
   > zhǎodào lǐxiǎng gōngzuò⋯⋯⋯⋯bǎifēnzhī wǔshí
   >
   > 找到工作，但认为不算理想⋯⋯⋯⋯⋯20%
   > zhǎodào gōngzuò, dàn rènwéi bú suàn lǐxiǎng⋯⋯⋯⋯bǎifēnzhī èrshí
   >
   > 还在找工作⋯⋯⋯⋯⋯15%
   > hái zài zhǎo gōngzuò⋯⋯⋯⋯bǎifēnzhī shíwǔ
   >
   > 计划去研究所学习⋯⋯⋯⋯⋯15%
   > jìhuà qù yánjiūsuǒ xuéxí⋯⋯⋯⋯bǎifēnzhī shíwǔ

4) 小李每天的时间安排：
   Xiǎo Lǐ měitiān de shíjiān ānpái:

   > 工作————8小时　　　　Gōngzuò————bā xiǎoshí
   > 睡觉————8小时　　　　Shuì jiào————bā xiǎoshí
   > 上网和休闲————4小时　　Shàng wǎng hé xiūxián————sì xiǎoshí
   > 吃饭————2小时　　　　Chī fàn————liǎng xiǎoshí
   > 其他活动————2小时　　　Qítā huódòng————liǎng xiǎoshí

4. "不如 bùrú"

(1) Provide a comparison, along the lines of the example.

　Example：学中文 / 学英文 →　　　　　学中文不如学英文容易。
　　　　　　xué Zhōngwén / xué Yīngwén　　Xué Zhōngwén bùrú xué Yīngwén róngyì.

第二十五课　找房子
Lesson Twenty-five House Hunting

1) 租房子住 / 买房子住→_____
　　zū fángzi zhù / mǎi fángzi zhù

2) 住宿舍 / 住公寓→_____
　　zhù sùshè / zhù gōngyù

3) 自己修马桶 / 请工人修马桶→_____
　　zìjǐ xiū mǎtǒng / qǐng gōngrén xiū mǎtǒng

4) 爬墙进校门 / 找保安开校门→_____
　　pá qiáng jìn xiàomén / zhǎo bǎo'ān kāi xiàomén

(2) Complete the following dialogues with "不如 bùrú".

1) A：我现在住的公寓虽然不错，但是离学校实在太远了。
　　Wǒ xiànzài zhù de gōngyù suīrán bú cuò, dànshì lí xuéxiào shízài tài yuǎn le.

　B：如果是这样的话，那你_____。
　　Rúguǒ shì zhèyàng dehuà, nà nǐ _____.

2) A：我的同屋不洗碗、不收拾屋子，我真没法和他住了。
　　Wǒ de tóngwū bù xǐ wǎn、bù shōushí wūzi, wǒ zhēn méi fǎ hé tā zhù le.

　B：如果是那样的话，那_____。
　　Rúguǒ shì nàyàng dehuà, nà _____.

3) A：我在中国工作，可是女朋友在英国，她不想来中国，怎么办？
　　Wǒ zài Zhōngguó gōngzuò, kěshì nǚpéngyǒu zài Yīngguó, tā bù xiǎng lái Zhōngguó, zěnme bàn?

　B：你_____。
　　Nǐ _____.

4) A：最近我的房东又要涨房租了，我快要租不起了。
　　Zuìjìn wǒ de fángdōng yòu yào zhǎng fángzū le, wǒ kuàiyào zū bu qǐ le.

　B：是吗？那你_____。
　　Shì ma? Nà nǐ _____.

5) A：我看上了一个离我们公司很近的公寓，设备很好，可是房租太高了。
　　Wǒ kàn shàngle yíge lí wǒmen gōngsī hěn jìn de gōngyù, shèbèi hěn hǎo, kěshì fángzū tài gāo le.

　B：那么你_____。
　　Nàme nǐ _____.

5. "谁 shuí……谁 shuí……"

(1) Complete the following sentences with the pattern "谁 shuí……谁 shuí……":

1) 想住这栋公寓的规定就是，谁_____。
　　Xiǎng zhù zhè dòng gōngyù de guīdìng jiùshì, shuí _____.

真实生活汉语 3
Chinese for Living in China

2) 谁把水管堵住了？在我看来，_____谁就该找人修。
   Shuí bǎ shuǐguǎn dǔzhù le? Zài wǒ kàn lái, _____ shuí jiù gāi zhǎo rén xiū.

3) 那本书对在中国生活很有用。_____，谁就应该买一本。
   Nà běn shū duì zài Zhōngguó shēnghuó hěn yǒuyòng. _____, shuí jiù yīnggāi mǎi yì běn.

4) 谁想在中国做生意，谁_____。
   Shuí xiǎng zài Zhōngguó zuò shēngyi, shuí _____.

5) 谁_____，我就想和谁做朋友。
   Shuí _____, wǒ jiù xiǎng hé shuí zuò péngyou.

(2) Complete the following dialogues.

1) A：今天晚上谁洗碗啊？
   Jīntiān wǎnshang shuí xǐ wǎn a?

   B：_____。(Whoever has time will wash the dishes.)

2) A：你想跟什么样的人结婚？
   Nǐ xiǎng gēn shénmeyàng de rén jié hūn?

   B：_____.(I'll marry whoever is nice to me.)

3) A：你可以把房子租给我吗？
   Nǐ kěyǐ bǎ fángzi zū gěi wǒ ma?

   B：那不一定，_____。(I'll rent the apartment to whoever pays the deposit first.)
   Nà bù yídìng _____.

4) A：小李朋友好多，但是关心他的人好像不多。
   Xiǎo Lǐ péngyou hǎo duō, dànshì guānxīn tā de rén hǎoxiàng bù duō.

   B：是啊，他说，_____，(whoever has money is his friend)但是有钱的朋友不一定是关心他的朋友。
   Shì a, tā shuō, _____, dànshì yǒu qián de péngyou bù yídìng shì guānxīn tā de péngyou.

5) A：你找到要租的房子了吗？
   Nǐ zhǎodào yào zū de fángzile ma?

   B：还没有呢，我告诉中介，_____，(I'd like to find an apartment which doesn't require a deposit)可是所有的都得先交定金。
   Hái méiyǒu ne, wǒ gàosù zhōngjiè, _____, kěshì suǒyǒu de dōu děi xiān jiāo dìngjīn.

第二十五课　找房子
Lesson Twenty-five House Hunting

Listening Comprehension

1. Listen to the conversation between the two roommates, then answer the questions.

    (1) What is the main topic of conversation?
        A. The schedule for using the bathroom.
        B. The amount each person should pay for water and electricity.
        C. Ways of reducing utility expenses.

    (2) According to the conversation, which of the following statements is correct?
        A. The landlord covers the electricity and water bill up to ¥800.
        B. The landlord covers the electricity and water bill up to ¥400.
        C. The landlord covers the electricity and water bill up to ¥200.

2. Listen to the following phone conversation then answer the questions.

    (1) According to this dialogue, why did Li Zhong need to look for roommates?
        A. Because he found a new apartment recently.
        B. Because his current roommates are leaving for England.
        C. Because his roommates are not happy with the condition of the apartment.

    (2) Why did Zhang Qi prefer the small room?
        A. Because she can't afford the big one.
        B. Because she is single.
        C. Because the big one is not available.

    (3) Why couldn't they meet immediately?
        A. Because Zhang Qi had to work.
        B. Because Li Zhong was on vacation and wouldn't be back until next week.
        C. Because Zhang Qi wanted her friend Wang Zhi to accompany him.

Communication Activities

Pair Work

Scenario I: Tell your partner how you found your current apartment or house, and explain why you chose to live there. (For example: the neighborhood is good, it's close to where you are working/studying, and so on.)

离办公室 / 教室 / 公司 / 学校……很近 / 很远
lí bàngōngshì / jiàoshì / gōngsī / xuéxiào …… hěn jìn / hěn yuǎn

附近　　　　周围
fùjìn　　　　zhōuwéi

很吵 / 很安静 / 很多公园
hěn chǎo / hěn ānjìng / hěn duō gōngyuán

有超市 / 饭馆 / 商店
yǒu chāoshì / fànguǎn / shāngdiàn

Scenario II: Describe what facilities your current apartment or house have, and what additional things you'd like to add, and why.

……室……厅，(两室一厅 liǎng shì yì tīng, etc.)
…… shì …… tīng

带 / 不带家具 / 厨具
dài / bú dài jiājù / chújù

厨房 / 厕所 / 客厅 / 卧室
chúfáng / cèsuǒ / kètīng / wòshì

空调 / 网络
kōngtiáo / wǎngluò

房租包括 / 不包括水电费 / 上网费
fángzū bāokuò / bù bāokuò shuǐdiànfèi / shàngwǎngfèi

Role-Play

Scenario I:

Tenant: You've been keeping two pet fish in your apartment. Unfortunately, the landlord doesn't allow pets. Try to explain to him/her why fish should be an exception.

Landlord: You find out that your tenant has pet fish, which is against your rules. Explain to the tenant, and suggest solutions for him/her.

第二十五课 找房子
Lesson Twenty-five House Hunting

Scenario II:

Two roommates are talking about how they should seperate the rent and other costs of their apartment. Roommate A has an hourly paid job but s/he does not a lot of savings. S/he has to be frugal.
Roommate B is partially supported by his/her wealthy parents. S/he's not worried about money.

Group Work

Divide the class into two groups, landlords and potential tenants. Prepare two types of slips: one type, selected by each person in the landlord group, lists things that the landlord is looking for in a tenant; the other lists things that tenants are looking for in an apartment. The two groups intermingle and try to form compatible pairs within ten minutes.

Review Exercises

I. Match the verbs to the object phrases.

(1) 交 jiāo   A. 床上用品 chuángshàng yòngpǐn

(2) 查询 cháxún   B. 信息 xìnxī

(3) 关 guān   C. 租约 zūyuē

(4) 签 qiān   D. 定金 dìngjīn

(5) 提供 tígōng   E. 空调 kōngtiáo

II. Fill in the blanks with the words provided.

| 家具 jiājù | 地铁站 dìtiězhàn | 两室一厅 liǎng shì yì tīng | |
| 超市 chāoshì | 房租 fángzū | 附近 fùjìn | 不远 bù yuǎn |

(1) 今年 夏天 我 在 上海 实习，开始 上班 前，我 已经 租到了 一个
Jīnnián xiàtiān wǒ zài Shànghǎi shíxí, kāishǐ shàng bān qián, wǒ yǐjīng zūdàole yí ge

_____带 家具 的 公寓，_____可 不低，但是 包括 水电费，还能
_____dài jiājù de gōngyù, _____kě bù dī, dànshì bāokuò shuǐdiànfèi, hái néng

上网。这个 公寓 离 我的 办公室_____，走路 到_____10 分钟，
shàng wǎng. Zhège gōngyù lí wǒ de bàngōngshì _____, zǒu lù dào _____ shí fēnzhōng,

再 坐 地铁 10分钟，下了 车 走 5 分钟 就 到办公室 了。房东 说，虽然
zài zuò dìtiě shí fēnzhōng, xiàle chē zǒu wǔ fēnzhōng jiù dào bàngōngshì le. Fángdōng shuō, suīrán

提供_____，但是 不 提供 床上 用品 和 厨具。我 想 没有
tígōng _____, dànshì bù tígōng chuángshàng yòngpǐn hé chújù. Wǒ xiǎng méiyǒu

厨具 不要紧，因为_____饭馆 很 多，我 不必 自己 做 饭，但是
chújù bú yàojǐn, yīnwèi _____ fànguǎn hěn duō, wǒ búbì zìjǐ zuò fàn, dànshì

床上　　　　用品 我 一定 得 买。 明天 我 就 去＿＿＿＿＿＿看看。
chuángshàng yòngpǐn wǒ yídìng děi mǎi. Míngtiān wǒ jiù qù ＿＿＿＿＿ kànkan.

| 定金 dìngjīn | 接受 jiēshòu | 大小 dàxiǎo | 中介 zhōngjiè |
| 选中 xuǎn zhòng | 租约 zūyuē | | |

(2) 通过　　　房产＿＿＿＿＿机构，我 已经＿＿＿＿＿了 一 个 很 好 的 公寓，
Tōngguò fángchǎn ＿＿＿＿＿ jīgòu, wǒ yǐjīng ＿＿＿＿＿ le yí ge hěn hǎo de gōngyù,

租金 虽然 不 低， 但是 可以＿＿＿＿。 今天 下午 我 交了＿＿＿＿＿，
zūjīn suīrán bù dī, dànshì kěyǐ ＿＿＿＿. Jīntiān xiàwǔ wǒ jiāole ＿＿＿＿,

再 过 两 天， 我 签 好 了＿＿＿＿＿，就 能 拿到 钥匙 搬 进去 了。
zài guò liǎng tiān, wǒ qiānhǎole ＿＿＿＿＿, jiù néng nádào yàoshi bān jìnqu le.

这 是 一 个 不 带 家具 的 公寓，我 第一天 开门 进去， 得 先 看看 房间 的
Zhè shì yí ge bú dài jiājù de gōngyù, wǒ dì-yī tiān kāi mén jìnqu, děi xiān kànkan fángjiān de

＿＿＿＿＿， 再 决定 买 多大 的 床 和 书桌。
＿＿＿＿＿, zài juédìng mǎi duōdà de chuáng hé shūzhuō.

III. Complete the following dialogues.

王先生：请问您这儿有房出租吗？
Wáng xiānsheng: Qǐngwèn nín zhèr yǒu fáng chūzū ma?

中介：有的，我们有一室一厅的，也有两室一厅的，还有三室两厅的，＿＿＿＿＿＿
＿＿＿＿＿(Among them, the one-bedroom type is probably the most suitable for you)。
Zhōngjiè: Yǒu de, wǒmen yǒu yí shì yì tīng de, yě yǒu liǎng shì yì tīng de, hái yǒu sān shì liǎng
tīng de, ＿＿＿＿＿＿＿＿＿＿＿＿＿＿＿＿＿.

王先生：请问一室一厅的房型＿＿＿＿＿＿＿＿＿＿？ (How much for the rent?)
Wáng xiānsheng: Qǐngwèn yí shì yì tīng de fángxíng ＿＿＿＿＿＿＿＿＿＿＿.

中介：那种房型＿＿＿＿＿＿＿＿＿＿＿＿。(¥3000/month)
Zhōngjiè: Nà zhǒng fángxíng ＿＿＿＿＿＿＿＿＿＿＿.

王先生：房租包括水电费吗？
Wáng xiānsheng: Fángzū bāokuò shuǐdiànfèi ma?

中介：房租不包括水费，不过＿＿＿＿＿＿＿。(the electricity is included in the rent.)
Zhōngjiè: Fángzū bù bāokuò shuǐfèi, búguò ＿＿＿＿＿＿＿＿＿＿＿.

王先生：如果是这样，那么我每个月房租加电费就差不多要3500块钱，实在太贵了！
Wáng xiānsheng: Rúguǒ shì zhèyàng, nàme wǒ měi ge yuè fángzū jiā diànfèi jiù chà bu duō yào
sānqiān wǔbǎi kuài qián, shízài tài guì le!

Lesson Twenty-five House Hunting

中介：如果太贵了的话，_____。(you might as well find a roommate and rent a two-bedroom apartment.)

Zhōngjiè: Rúguǒ tài guìle dehuà, _____.

王先生：这个主意不错。明天我去问问朋友，_____。(Whoever is willing to pay a monthly rent of ¥1500 can be my roommate.)

Wáng xiānsheng: Zhè ge zhǔyì bú cuò. Míngtiān wǒ qù wènwen péngyou, _____.

IV. Complete the following tasks in Chinese.

(1) You are relocating from Beijing to Shanghai. Your new job is based in the Pudong district, and the salary is ¥7000 per month. Since you've been living in Beijing for 4 years, you have quite a few nice pieces of furniture. You also have 2 cats. You go to a property rental office and describe what kind of rental property you would like.

很多家具	两只猫	可以养猫	房租
hěn duō jiājù	liǎng zhī māo	kěyǐ yǎng māo	fángzū
付得起/付不起			
fù de qǐ / fù bu qǐ			

1) ………………………………………………………………………………
2) ………………………………………………………………………………
3) ………………………………………………………………………………
4) ………………………………………………………………………………
5) ………………………………………………………………………………
6) ………………………………………………………………………………

(2) Your landlord is a nice person. But today, you've finally decided to terminate your rental agreement for the following reasons:

a. You can't afford the rent increase.

b. When repairs are needed, the manager doesn't respond quickly enough. Usually you have to wait a week, and you also have to pay for the repairs yourself.

c. The manager refused to install an air conditioner in the apartment.

d. You have a new job and the office is too far away —— it takes an hour by bus to get to the office.

For these reasons, you'd like to terminate the agreement and move out within 30 days from now.

房租越来越高	付不起	租不起	东西坏了	修理
fángzū yuè lái yuè gāo	fù bu qǐ	zū bu qǐ	dōngxi huài le	xiūlǐ
等……才……	自己付修理费	给我们装空调		
děng …… cái ……	zìjǐ fù xiūlǐfèi	gěi wǒmen zhuāng kōngtiáo		
离办公室太远	坐公交车	不租了		
lí bàngōngshì tài yuǎn	zuò gōngjiāochē	bù zū le		

……以后搬出去
…… yǐhòu bān chuqu

1) ....
2) ....
3) ....
4) ....
5) ....
6) ....

Culture Notes

1. The Rental Agreement

a. The landlord will ask for a copy of the renter's Identification Document and will check its authenticity at the Public Security Bureau.

b. The tenant will need a copy of the landlord's Identity Document and a Certificate of Property Rights. The authenticity of these documents will need to be checked at the Public Security Bureau.

c. A Rental Agreement needs to be drawn up and signed. To this, the signatory should attach copies of: his/her Identity Document; the landlord's Identity Document; and the Certificate of Property Rights.

d. For a joint rental, the landlord needs to attach a signed agreement acknowledging the joint rental.

2. The rental deposit

The rental deposit should not be more than 20% of the monthly rent.

3. Using an intermediary

If an intermediary company is used, it is necessary to do the following:

a. Check the license of the intermediary company to make sure it is not a "black market intermediary". Black market intermediaries often have no permanent business offices or business licenses. They may cheat consumers and disappear.

b. Make sure that all the charges and fees are stated. It is best to put these in a formal agreement, with all parties affixing their signatures.

Lesson Twenty-six   Looking for a Roommate
第二十六课   找室友
Dì-èrshíliù Kè   Zhǎo shìyǒu

In this lesson you will learn how to do the following
- Describe an apartment to a potential roommate
- Make arrangements to see an apartment

Grammar
- "的 de" functioning as a nominalizer: one who ..., ones that ..., etc.
- The compound directional complement "出来 chūlai"
- "一半 yíbàn…… 一半 yíbàn……" (half [of them, etc.]... and half [of them]...)
- "…… 左右 zuǒyòu" (approximately) after expressions of quantity
- "哪儿 nǎr + 都 dōu ……" (anywhere [at all], nowhere [at all])

Culture Notes
- How to find a roommate in China
- Things you need to know when looking for a roommate
- Lease
- Rental agents

第二十六课　找室友
Lesson Twenty-six Looking for a Roommate

Dialogue

A：黄大为　Huáng Dàwéi　　　　**B**：江易　Jiāng Yì

　　黄大为想：最好找一个中国人同住。这样天天[1]说中文，一个学期的进步会很大。他去学校留学生办公室问能不能帮他找一个中国同学做室友，留办建议他去学校的布告栏贴个广告。他就写了一个广告贴出去：

　　Huáng Dàwéi xiǎng: Zuìhǎo zhǎo yí ge Zhōngguórén tóng zhù. Zhè yàng tiāntiān[1] shuō Zhòngwén, yí ge xuéqī de jìnbù huì hěn dà. Tā qù xuéxiào liúxuéshēng bàngōngshì wèn néng bu néng bāng tā zhǎo yí ge Zhōngguó tóngxué zuò shìyǒu, liúbàn jiànyì tā qù xuéxiào de bùgàolán tiē ge guǎnggào. Tā jiù xiěle yí ge guǎnggào tiē chuqu:

寻室友
Xún Shìyǒu

　　本人[2]是美国留学生。我要找一个室友，合租附近两室一厅的公寓。房租2000元/人/月。条件：本校学生，男，不吸烟。说标准普通话的[G1]优先。联系电话：13708827828。

　　Běnrén[2] shì Měiguó liúxuéshēng. Wǒ yào zhǎo yí ge shìyǒu, hézū fùjìn liǎng shì yì tīng de gōngyù. Fángzū liǎngqiān yuán / rén / yuè. Tiáojiàn: Běnxiào xuéshēng, nán, bù xī yān. Shuō biāozhǔn Pǔtōnghuà de[G1] yōuxiān. Liánxì diànhuà: yāo sān qī líng bā bā èr qī bā èr bā.

　　广告贴出去后，有五个人给他打电话。电话访谈后，他最满意一个叫江易的，要求和他在校园里见面。

　　Guǎnggào tiē chuqu hòu, yǒu wǔ ge rén gěi tā dǎ diànhuà. Diànhuà fǎngtán hòu, tā zuì mǎnyì yí ge jiào Jiāng Yì de, yāoqiú hé tā zài xiàoyuán li jiàn miàn.

B：你好。你是黄大为吧？外国人很容易认出来[G2]。我是江易。
　　　Nǐ hǎo. Nǐ shì Huáng Dàwéi ba? Wàiguórén hěn róngyì rèn chulai[G2]. Wǒ shì Jiāng Yì.

A：你好。你为什么愿意跟一个外国人住呢？
　　　Nǐ hǎo. Nǐ wèi shénme yuànyì gēn yí ge wàiguórén zhù ne?

Notes

1. "天天 tiāntiān" (everyday): "天 tiān" (day), like "年 nián" (year), is a measure word. Single-syllable measure words can be reduplicated to mean "every": "天天 tiāntiān" is more or less synonymous with "每天 měitiān".
2. "本人 běnrén" means the person in question — literally, the "root person" — or in this case, "I".

B：因为我是学国际贸易的。你知道美国现在是中国最大的贸易伙伴,所以我们可以互相学习。
Yīnwèi wǒ shì xué guójì màoyì de. Nǐ zhīdao Měiguó xiànzài shì Zhōngguó zuì dà de màoyì huǒbàn, suǒyǐ wǒmen kěyǐ hùxiāng xuéxí.

A：对。我也是这样想的。我来中国是想提高我的中文。我想你学国际贸易一定也希望英文好。所以我们还可以在语言上互相帮助。
Duì. Wǒ yě shì zhèyàng xiǎng de. Wǒ lái Zhōngguó shì xiǎng tígāo wǒ de Zhōngwén. Wǒ xiǎng nǐ xué guójì màoyì yídìng yě xīwàng Yīngwén hǎo. Suǒyǐ wǒmen hái kěyǐ zài yǔyán shang hùxiāng bāngzhù.

B：当然可以。我们可以每天一半说中文,一半[G3]说英文。
Dāngrán kěyǐ. Wǒmen kěyǐ měitiān yíbàn shuō Zhōngwén, yíbàn[G3] shuō Yīngwén.

A：好。你是北京人吗?
Hǎo. Nǐ shì Běijīngrén ma?

B：不是。我是河北人,离北京不远。我已经在北京住了四年,我的普通话很标准。
Bú shì. Wǒ shì Héběirén, lí Běijīng bù yuǎn. Wǒ yǐjing zài Běijīng zhùle sì nián, wǒ de Pǔtōnghuà hěn biāozhǔn.

A：听得出来。你在北京有亲戚吗?
Tīng de chūlái. Nǐ zài Běijīng yǒu qīnqi ma?

B：没有。我父母和一个妹妹都住在老家。以后我们在一起住,我们就像是一家人了。
Méiyǒu. Wǒ fùmǔ hé yí ge mèimei dōu zhù zài lǎojiā. Yǐhòu wǒmen zài yìqǐ zhù, wǒmen jiù xiàng shì yì jiā rén le.

A：我们不是"一家人",我们是"室友"。在美国两个男的住在一起,如果你说是"一家人",别人会以为我们是同性恋。
Wǒmen bú shì "yì jiā rén", wǒmen shì "shìyǒu". Zài Měiguó liǎng ge nán de zhù zài yìqǐ, rúguǒ nǐ shuō shì "yì jiā rén", biérén huì yǐwéi wǒmen shì tóngxìngliàn.

B：我说错了,看来[3]我还应该多学习美国文化。
Wǒ shuōcuò le, kànlái[3] wǒ hái yīnggāi duō xuéxí Měiguó wénhuà.

A：我也要多学中国文化。你有什么样的作息习惯?
Wǒ yě yào duō xué Zhōngguó wénhuà. Nǐ yǒu shénme yàng de zuòxī xíguàn?

---

3. "看来 kànlái" is short for "看起来 kàn qilai" (to look as if, to look like, to seem that). "看样子 kàn yàngzi" has more or less the same meaning.

第二十六课　找室友
Lesson Twenty-six Looking for a Roommate

B：我每天白天都有课。下午下课后我去锻炼，晚上我做作业、上网。我一般十点睡觉。
Wǒ měitiān báitiān dōu yǒu kè. Xiàwǔ xià kè hòu wǒ qù duànliàn, wǎnshang wǒ zuò zuòyè、shàng wǎng. Wǒ yìbān shí diǎn shuì jiào.

A：我也不喜欢晚睡。看来我们的生活习惯差不多。你怎么锻炼呢？
Wǒ yě bù xǐhuan wǎn shuì. Kànlái wǒmen de shēnghuó xíguàn chà bu duō. Nǐ zěnme duànliàn ne?

B：我喜欢走路。我每天走一个小时左右[G4]。
Wǒ xǐhuan zǒu lù. Wǒ měitiān zǒu yí ge xiǎoshí zuǒyòu[G4].

A：你自己做饭吗？
Nǐ zìjǐ zuò fàn ma?

B：我一般在学校食堂吃。周末食堂不开门，就自己做饭。可是如果周末学习太忙，没有时间，我就叫外卖。
Wǒ yìbān zài xuéxiào shítáng chī. Zhōumò shítáng bù kāi mén, jiù zìjǐ zuò fàn. Kěshì rúguǒ zhōumò xuéxí tài máng, méiyǒu shíjiān, wǒ jiù jiào wàimài.

A：那好。我们公寓有一个厨房，我们可以周末一起做饭。谁有时间谁做，好吗？
Nà hǎo. Wǒmen gōngyù yǒu yí ge chúfáng, wǒmen kěyǐ zhōumò yìqǐ zuò fàn. Shuí yǒu shíjiān shuí zuò, hǎo ma?

B：太好了。这样我们可以省很多钱。
Tài hǎo le. Zhèyàng wǒmen kěyǐ shěng hěn duō qián.

A：周末你不应该都用来学习，也需要休息休息。
Zhōumò nǐ bù yīnggāi dōu yònglái xuéxí, yě xūyào xiūxi xiūxi.

B：对。你刚来北京，哪儿都[G5]没去过。我可以带你去长城、故宫。
Duì. Nǐ gāng lái Běijīng, nǎr dōu[G5] méi qùguo. Wǒ kěyǐ dài nǐ qù Chángchéng、Gùgōng.

A：那太谢谢你了。你要不要一起去看看房子？如果你同意了，我们今天就交定金、签约。
Nà tài xièxie nǐ le. Nǐ yào bu yào yìqǐ qù kànkan fángzi? Rúguǒ nǐ tóngyì le, wǒmen jīntiān jiù jiāo dìngjīn、qiān yuē.

B：好。Let's go.
Hǎo. Let's go.

A："Let's go"中文怎么说？
"Let's go" Zhōngwén zěnme shuō?

B：我们走吧。
Wǒmen zǒu ba.

New Words

1	同住	tóngzhù	V	to live under the same roof
2	进步/進步	jìnbù	N/V/Adj	progress, advance; to make progress; progressive (politics)
3	建议/建議	jiànyì	V/N	to suggest, to recommend; proposal, suggestion
4	布告栏/佈告欄	bùgàolán	N	bulletin board
5	贴/貼	tiē	V	to paste, to stick
6	广告/廣告	guǎnggào	N	advertisement
7	寻/尋	xún	V	to seek, to look for
8	本人	běnrén	N	the person in question, I, me, oneself
9	合租	hézū	Phrase	to rent jointly
10	条件/條件	tiáojiàn	N	condition, term
11	本校	běnxiào	Phrase	this school
12	吸烟/吸菸	xī yān	VO	to smoke
13	标准/標準	biāozhǔn	N/Adj	standard, criterion; be standard
14	普通话/普通話	Pǔtōnghuà	PropN	Standard Spoken Chinese, Mandarin
15	优先/優先	yōuxiān	V/Adj	to have priority, to take precedence; preferential
16	访谈/訪談	fǎngtán	V	to visit for talks, to interview
17	满意	mǎnyì	Adj	be satisfied, pleased
18	要求	yāoqiú	V/N	to ask for, to request; requirement, demand
19	校园/校園	xiàoyuán	N	campus, school yard, school compound
20	认/認	rèn	V	to recognize, to know, to distinguish
21	愿意/願意	yuànyì	V	to be willing, to wish, to want
22	国际/國際	guójì	Attr	international
23	贸易/貿易	màoyì	N	trade
24	互相	hùxiāng	Adv	mutually, each other

第二十六课 找室友
Lesson Twenty-six Looking for a Roommate

25	提高	tígāo	V	to raise, to increase, to enhance
26	语言/語言	yǔyán	N	language
27	河北	Héběi	PropN	Hebei (Province)
28	亲戚/親戚	qīnqi	N	relatives
29	像	xiàng	V	to be like, to resemble
30	同性恋/同性戀	tóngxìngliàn	N	homosexuality, homosexual
31	文化	wénhuà	N	culture
32	作息	zuòxī	N	work and rest
33	习惯/習慣	xíguàn	N/V	habit, custom; to get used to
34	白天	báitiān	N	daytime; day
35	锻炼/鍛鍊	duànliàn	V	to exercise, to work out
37	生活	shēnghuó	N/V	life, living; to live
38	外卖/外賣	wàimài	N	take-out food
39	省钱/省錢	shěng qián	VO	to save money
40	同意	tóngyì	V	to agree, to approve

Re-enacting the Dialogue

A: Dawei Huang   B: Yi Jiang

Dawei Huang thought, "It would be best if I found a Chinese to share the apartment. Then I could speak Chinese everyday, and I'd make a lot of progress over the semester." He went to the International Students' Office to ask if they could help him find a Chinese student as roommate. They suggested that he put a notice on the university bulletin board. He wrote an ad which read:

Seeking Roommate

I am an American student. I am looking for a roommate to share a two-bedroom apartment nearby. The rent is 2000 yuan per person per month. Requirements: a student from this university; male; non-smoker; preference given to standard Mandarin speakers. Contact number: 13708827828.

After he put up the ad, five people phoned him. After talking to them, the one he liked best was a person named Yi Jiang. He asked to meet him on campus.

B: Hi, you must be Dawei Huang. It's easy to recognize foreigners. I am Yi Jiang.

A: How do you do. Why do you want to live with a foreigner?

B: Because I'm studying international trade. You're aware that the U.S. is the biggest trading partner of China these days, so we can learn from each other.

A: Right, that's the way I feel too. I came to China because I wanted to improve my Chinese. You must also want to improve your English since you're studying international trade. So we can help each other with our languages.

B: Sure. We can speak half Chinese and half English everyday.

A: Great. Are you from Beijing?

B: No. I am from Hebei, not far from Beijing. I have been living in Beijing for four years. My Mandarin's standard.

A: I can tell. Do you have relatives in Beijing?

B: No. My parents and a younger sister all live in my hometown. Later, you and I will be living together, so we will be like a family.

A: We won't be a "family", we'll be "roommates". In the U.S., when two men are living together, if you say they're a "family", people will think they are homosexuals.

B: My mistake. It seems I still have to learn more about American culture.

A: I have to learn more about Chinese culture, too. What is your daily schedule like?

B: I have classes during the day. In the afternoon, after class, I work out. And in the evening, I do my homework and go online. I usually go to bed at 10:00 p.m.

A: I don't like to go to bed too late, either. Looks like our life styles are quite alike. What do you do to work out?

B: I like to walk. I walk about an hour a day.

A: Do you cook for yourself?

B: Generally, I eat in the school cafeteria. On weekends, when the cafeteria is closed, I cook for myself. But if I have too much work to do and don't have time to cook, then I will order some takeout.

A: That's good. We have a kitchen in our apartment, we can cook together on the weekends. Whoever's free can cook, okay?

B: Great. In that way, we can save lots of money.

A: You shouldn't work on all weekends, you also need to rest.

B: You're right. You've just arrived in Beijing and haven't been anywhere yet. I can take you to the Great Wall and the Forbidden City.

A: Thank you for that. Do you want to go together to see the apartment? If you agree, we can sign the lease and pay the deposit today.

B: OK. Let's go.

A: How do you say "let's go" in Chinese?

B: Wǒmen zǒu ba.

第二十六课 找室友
Lesson Twenty-six Looking for a Roommate

Grammar

▶ G1. "的 de" functioning as a nominalizer: one who..., ones that..., etc.

The general function of "的 de" is to signal modification (see L6 G5 and L7 G3). Thus, it may form possessive phrases: "你的房间 nǐ de fángjiān" (your room), or other kinds of modifying phrases: "临街的房间 lín jiē de fángjiān" (a room facing the street). Note that the latter are often quite differently ordered in the two languages: "a room facing the street" versus "a facing-the-street room".

If the context allows it, the noun — or noun phrase — following "的 de" can be omitted: "你的 nǐ de" (yours); "临街的 lín jiē de" (one facing the street). This lesson contains several examples in which a long modifying phrase ends with "的 de" and the modified noun has to be supplied from context: "说标准普通话的（人） shuō biāozhǔn Pǔtōnghuà de (rén)" (those [applicants] who speak standard Mandarin). Here are some other examples.

① 说标准普通话的优先。
Shuō biāozhǔn Pǔtōnghuà de yōuxiān.
Standard Mandarin speakers get preference. (i.e. Those who speak standard Mandarin get preference.)

② 一室一厅的太小，两室一厅的又有点儿贵。
Yí shì yì tīng de tài xiǎo, liǎng shì yì tīng yòu yǒu diǎnr guì.
The ones with one bedroom and one dining room are too small, while the ones with two bedroms and one dining room are too expensive.

③ 因为我是学国际贸易的，所以希望能把英文学好。
Yīnwèi wǒ shì xué guójì màoyì de, suǒyǐ xīwàng néng bǎ Yīngwén xuéhǎo.
Since I'm studying international trade, I'm hoping to be able to learn English well.

The last example with "学 xué" is typical. The nominalized construction with "的 de" is particularly appropriate for biographical descriptions or other types of characterization.

④ 我是学数学的。
Wǒ shì xué shùxué de.
I study mathematics.

⑤ 她是从日本来的。
Tā shì cóng Rìběn lái de.
She's from Japan.

▶ G2. The compound directional complement "出来 chūlai"

Complex Directional Complements were introduced in Lesson 23. Some of the directional complements have extended meanings. "出来 chūlai", for example, appears after verbs of perception and cognition, such as "看 kàn" "想 xiāng" "认 rèn" and "听 tīng" with the meaning "to figure out" or "to recognize". The following sentences illustrate:

① 外国人很容易认出来。 Foreigners are easy to pick out.
Wàiguórén hěn róngyì rèn chūlai.

② 你的普通话很标准，我听得出来你是北方人。
Nǐ de Pǔtōnghuà hěn biāozhǔn, wǒ tīng de chūlai nǐ shì běifāngrén.
Your Mandarin is good, I can tell you're a northerner.

③ 这个学生证是假的，一点儿都看不出来！
Zhège xuéshengzhèng shì jiǎ de, yìdiǎnr dōu kàn bu chūlái!
This is a counterfeit students ID, you can't tell at all!

④ 这个主意真好，是谁想出来的？
Zhège zhǔyi zhēn hǎo, shì shuí xiǎng chūlai de?
This is a great idea, who thought it up?

▶ **G3.** "一半 yíbàn ……一半 yíbàn……" (half [of them, etc.]... and half [of them]...)

"半 bàn" can be a numeral, as in "半个苹果 bàn ge píngguǒ" (half an apple), "半个小时 bàn ge xiǎoshí" (half an hour), "半天 bàntiān" (half a day). It can also act as a type of measure word meaning "half of [something]": "切成两半 qiē chéng liǎng bàn" (to cut into two halves). But more often, it appears in combination with "一": "一半 yí bàn" (a half [of a quantity]):

① 中文班的学生一半都是韩国人。 Half of the students in Chinese class are from Korean.
Zhōngwén bān de xuésheng yíbàn dōu shì Hánguórén.

② 他一半的时间住在北京。 Half of the time, he lives in Beijing.
Tā yíbàn de shíjiān zhù zài Běijīng.

③ 他说中文我一半都不懂。 I don't understand half of what he says when he speaks Chinese.
Tā shuō Zhōngwén wǒ yíbàn dōu bù dǒng.

▶ **G4.** "……左右 zuǒyòu" (approximately) after expressions of quantity

"左右 zuǒyòu", literally "left-right", appears after an expression of quantity to mean "approximately, more or less".

① 他走了已经有一个小时左右了，怎么还不回来？
Tā zǒule yǐjīng yǒu yí ge xiǎoshí zuǒyòu le, zěnme hái bù huílai?
It's already about an hour since he left, how come he's not back yet?

② 昨天来参加晚会的有二百人左右。
Zuótiān lái cānjiā wǎnhuì de yǒu èrbǎi rén zuǒyòu.
There were approximately 200 people at the party yesterday.

③ 他去纽约了，三天左右就回来。
Tā qù Niǔyuē le, sān tiān zuǒyòu jiù huílai.
He's gone to New York and will be back in about three days.

▶ **G5.** "哪儿 nǎr + 都 dōu ……" (anywhere [at all], nowhere [at all])

Interrogative pronouns ("question words") have two faces in Chinese: they can be used in questions, and they can also be used as indefinite pronouns. In this lesson you have the example of "哪儿 nǎr" (or "哪里 nǎ lǐ"): as an interrogative, it corresponds to English "where"; as an indefinite, it corresponds to "anywhere, everywhere, etc.". Here are some examples. Notice that in each case, "哪儿 nǎr" appears at the head of the sentence, and is buttressed by a following inclusive adverb — "都 dōu" to give the sense of "anywhere at all" — though, as shown, the actual

第二十六课　找室友
Lesson Twenty-six Looking for a Roommate

English translation may be more idiomatic.

① 他刚来北京，哪儿都没去过。
Tā gāng lái Běijīng, nǎr dōu méi qùguo.
He has only just arrived in Beijing so he hasn't been anywhere.

② 在北京住了十年了，哪儿她都熟。
Zài Běijīng zhùle shí nián le, nǎr tā dōu shóu.
She's lived in Beijing for ten years, so she's familiar with everywhere.

③ 春节放假的时候，哪儿都是人。最好别出门。
Chūnjié fàng jià de shíhou, nǎr dōu shì rén. Zuìhǎo bié chū mén.
People are everywhere during the Chinese Spring Festival holiday. Better not to go out.

Consolidation & Practice

1. "的 de" functioning as a nominalizer

(1) Make the following sentences more natural by removing redundant nouns.

1) 我在房产中介机构查到不少房型，有一室一厅的公寓，也有两室一厅的公寓，还有三室两厅的公寓。
   Wǒ zài fángchǎn zhōngjiè jīgòu chádào bù shǎo fángxíng, yǒu yí shì yì tīng de gōngyù, yě yǒu liǎng shì yì tīng de gōngyù, hái yǒu sān shì liǎng tīng de gōngyù.

2) 来中国的外国人不一定都是来学习汉语的外国人，有来工作的外国人，有来旅游的外国人，当然也有来学习汉语的外国人。
   Lái Zhōngguó de wàiguórén bù yídìng dōu shì lái xuéxí Hànyǔ de wàiguórén, yǒu lái gōngzuò de wàiguórén, yǒu lái lǚyóu de wàiguórén, dāngrán yě yǒu lái xuéxí Hànyǔ de wàiguórén.

3) 我想找的同屋必须是女学生，会说标准普通话的女学生优先。
   Wǒ xiǎng zhǎo de tóngwū bìxū shì nǚ xuéshēng, huì shuō biāozhǔn Pǔtōnghuà de nǚ xuéshēng yōuxiān.

4) 你听说过华为手机吗？据说现在是在中国手机市场卖得最好的手机。
   Nǐ tīngshuōguo Huáwéi shǒujī ma? Jùshuō xiànzài shì zài Zhōngguó shǒujī shìchǎng mài de zuì hǎo de shǒujī.

5) 想找到一个合适的公寓真不容易，离学校太远的公寓不方便，房租太高的公寓住不起，没有空调的公寓太不舒服。
   Xiǎng zhǎodào yí ge héshì de gōngyù zhēn bù róngyì, lí xuéxiào tài yuǎn de gōngyù bù fāngbiàn, fángzū tài gāo de gōngyù zhù bu qǐ, méiyǒu kōngtiáo de gōngyù tài bù shūfu.

(2) Complete the following dialogues.

1) A：这两种房型的房租是多少？
   Zhè liǎng zhǒng fángxíng de fángzū shì duōshao?

   B：_____(furnished ones)每个月2500块钱，_____ (non-furnished ones)每个月1800块钱。
   _____měi ge yuè liǎngqiān wǔbǎi kuài qián _____ měi ge yuè yīqiān bābǎi kuài qián.

2) A：你在这儿工作了10年了，怎么还没有买房？
   Nǐ zài zhèr gōngzuòle shí nián le, zěnme hái méiyǒu mǎi fáng?

   B：办公室附近的房子太贵了，_____(the ones that are far away from my office)交通又太不方便了，所以我还没有买房子。
   Bàngōngshì fùjìn de fángzi tài guì le, _____ jiāotōng yòu tài bù fāngbiàn le, suǒyǐ wǒ hái méiyǒu mǎi fángzi.

第二十六课　找室友
Lesson Twenty-six Looking for a Roommate

3) A：你找到室友了吗？
　　Nǐ zhǎodào shìyǒule ma?

　B：还没有呢。_____。(The ones who speak Mandarin smoke and the ones who don't smoke cannot speak Mandarin.)
　　Hái méiyǒu ne. _____.

4) A：请你看看这几个行李，哪件是你的？
　　Qǐng nǐ kànkan zhè jǐ ge xíngli, nǎ jiàn shì nǐ de?

　B：_____(The large, black rectangular shaped one) 是我的。
　　_____ shì wǒ de.

5) A：照片上的两位年轻女孩是谁？
　　Zhàopiàn shàng de liǎng wèi niánqīng nǚhái shì shuí?

　B：_____(the one wearing a red skirt) 是我的妹妹，_____
　　_____(the one wearing blue sneakers) 是她的好朋友。
　　_____ shì wǒ de mèimei, _____ shì tā de hǎo péngyou.

2. 出来 chūlái, with verbs of perception.

(1) Fill in each of the blanks in the sentences below with one of the follwing options.

看得出来	看不出来	认得出来	认不出来
kàn de chūlái	kàn bu chūlái	rèn de chūlái	rèn bu chūlái
听得出来	听不出来	吃得出来	吃不出来
tīng de chūlái	tīng bu chūlái	chī de chūlái	chī bu chūlái
闻得出来	闻不出来		
wén de chūlái	wén bu chūlái		

1) 你是从美国东部来的吧？你的口音我_____。
　　Nǐ shì cóng Měiguó dōngbù lái de ba? Nǐ de kǒuyīn wǒ _____.

2) 他说话没有口音，我_____他其实不是中国人。
　　Tā shuō huà méiyǒu kǒuyīn, wǒ _____ tā qíshí búshì Zhōngguórén.

3) 你问他问题，他却不说话。_____他不想和你打交道。
　　Nǐ wèn tā wèntí, tā què bù shuō huà. _____ tā bù xiǎng hé nǐ dǎ jiāodào.

4) 他是你弟弟吧？你们长得很像，我一看就_____。
　　Tā shì nǐ dìdi ba? Nǐmen zhǎng de hěn xiàng, wǒ yí kàn jiù _____.

5) 一年不见，你长得这么高，我都_____了。
　　Yì nián bú jiàn, nǐ zhǎng de zhème gāo, wǒ dōu _____ le.

3. 一半 yíbàn ……一半 yíbàn ……

(1) Complete the following sentences with "一半 yíbàn……一半 yíbàn ……".

1) 我的工作很忙，一半是和同事打交道，_____(dealing with patients)。
   Wǒ de gōngzuò hěn máng, yíbàn shì hé tóngshì dǎ jiāodào, _____.

2) 这个班上的学生，一半要参加高考，_____(study abroad)。
   Zhège bān shang de xuésheng, yíbàn yào cānjiā gāokǎo, _____.

3) 这门文言文课，一半的学生会说汉语，_____(only recognize Chinese characters)。
   Zhè mén wényánwén kè, yíbàn de xuésheng huì shuō Hànyǔ, _____.

4) 在上海租房太贵了，工资的一半用来租房，_____(buy food)。
   Zài Shànghǎi zū fáng tài guì le, gōngzī de yíbàn yòng lái zū fáng, _____.

5) 这部电影一半说的是普通话，_____(Cantonese)，很少有人都听得懂的。
   Zhè bù diànyǐng yíbàn shuō de shì Pǔtōnghuà, _____, hěn shǎo yǒu rén dōu tīng de dǒng de.

(2) Complete the following dialogues with this pattern.

1) A：我想和你练习说中文。
   Wǒ xiǎnEg hé nǐ liànxí shuō Zhōngwén.

   B：我想和你练习说英文。
   Wǒ xiǎng hé nǐ liànxí shuō Yīngwén.

   A：这样吧，我们每次见面，_____。
   Zhèyàng bc, wǒmen měi cì jiàn miàn   (Hint: half of the time ...)

2) 父亲：现在你每个月的工资够用吗？
   Fùqin: Xiànzài nǐ měi ge yuè de gōngzī gòu yòng ma?

   儿子：够用的，每个月_____。
   Érzi: Gòu yòng de, měi ge yuè   (Hint: half for the rent and the other half for food)

3) A：你们班上的学生都是从哪儿来的？
   Nǐmen bān shang de xuésheng dōu shì cóng nǎr lái de?

   B：我们班上的学生_____。
   Wǒmen bān shang de xuésheng   (Hint: 50% are Chinese, 50% are Koreans.)

4) A：听说你最近换了新工作，怎么样？喜欢吗？
   Tīngshuō nǐ zuìjìn huànle xīn gōngzuò, zěnmeyàng? Xǐhuan ma?

   B：喜欢是喜欢，就是常常得开会，我_____。
   Xǐhuan shì xǐhuan, jiùshì chángcháng děi kāi huì, wǒ   (Hint: half of the office time is spent at meetings.)

第二十六课　找室友
Lesson Twenty-six Looking for a Roommate

5) A：小王生了孩子以后还上班吗？
　　　Xiǎo Wáng shēngle háizi yǐhòu hái shàng bān ma?

　B：小王还上班，不过_____。
　　　Xiǎo Wáng hái shàng bān, búguò (Hint: half of her time is spent looking after her child.)

4. Number + 左右 zuǒyòu

(1) Provide Chinese equivalents with "左右 zuǒyòu".

　1) Around 3:00 p.m.

　2) About 200 students.

　3) It's about 2 miles from my office to your apartment.

　4) She looks like she's about 40 years old.

　5) The trip is about 1000 miles long.

(2) Complete the following dialogues with "……左右 zuǒyòu".

　1) A：那个公寓的房租差不多要多少钱？
　　　Nàge gōngyù de fángzū chà bu duō yào duōshao qián?

　　B：_____不便宜呢！
　　　_____bù piányi ne!

　2) A：申请一本护照差不多要多长时间？
　　　Shēnqǐng yì běn hùzhào chà bu duō yào duō cháng shíjiān?

　　B：_____
　　　_____。

　3) A：从你住的公寓走到办公大楼差不多要多长时间？
　　　Cóng nǐ zhù de gōngyù zǒu dào bàngōng dàlóu chà bu duō yào duō cháng shíjiān?

　　B：_____
　　　_____。

　4) A：请问你要找的那位老师大概多大年纪？
　　　Qǐngwèn nǐ yào zhǎo de nàwèi lǎoshī dàgài duōdà niánjì?

　　B：他看上去_____。
　　　Tā kàn shangqu _____。

　5) A：请你看看，我的行李超重了吗？
　　　Qǐng nǐ kànkan, wǒ de xíngli chāo zhòng le ma?

　　B：你的行李现在_____。相当重了。
　　　Nǐ de xíngli xiànzài _____. Xiāngdāng zhòng le.

5. 哪儿 nǎr + 都 dōu ……

(1) Read the following sentences aloud and familiarize yourself with the use of "哪儿 nǎr + 都 dōu ……".

   1) 近年来在北京哪儿都看得到外国学生。
      Jìnnián lái zài Běijīng nǎr dōu kàn de dào wàiguó xuésheng.

   2) 因为工作太忙，我虽然在上海已经一个月了还是哪儿都没有去过。
      Yīnwèi gōngzuò tài máng, wǒ suīrán zài Shànghǎi yǐjing yí ge yuè le háishì nǎr dōu méiyǒu qùguo.

   3) 他在北京开出租车有10年了，对哪儿都相当熟。
      Tā zài Běijīng kāi chūzūchē yǒu shí nián le, duì nǎr dōu xiāngdāng shú.

   4) 在北京学院路附近哪儿都贴着"寻室友"的广告。
      Zài Běijīng Xuéyuàn Lù fùjìn nǎr dōu tiēzhe "Xún Shìyǒu" de guǎnggào.

   5) 现在美国哪儿都需要会说汉语的美国人。
      Xiànzài Měiguó nǎr dōu xūyào huì shuō Hànyǔ de Měiguórén.

(2) Now complete the following dialogues with "哪儿 nǎr + 都 dōu ……".

   1) A：上海的南京路热闹吗？
         Shànghǎi de Nánjīng Lù rènào ma?

      B：上海的南京路非常热闹，尤其在步行街上，_____。 (people are everywhere)
         Shànghǎi de Nánjīng Lù fēicháng rènào, yóuqí zài bùxíngjiē shang, _____.

   2) A：下午的那场雨大不大？
         Xiàwǔ de nà chǎng yǔ dà bu dà?

      B：下午那场雨大极了，弄得_____。 (there's water everywhere)
         Xiàwǔ nà chǎng yǔ dà jí le, nòng de _____.

   3) A：住在大城市里好不好？
         Zhù zài dà chéngshì li hǎo bu hǎo?

      B：住在大城市里好是好，但是太贵了，_____。 (you need money everywhere)
         Zhù zài dà chéngshì li hǎo shi hǎo, dànshì tài guì le, _____.

   4) A：你住的公寓条件怎么样？
         Nǐ zhù de gōngyù tiáojiàn zěnmeyàng?

      B：真不好，水龙头、马桶常坏，空调又旧，唉，_____。 (there are things to be fixed everywhere)
         Zhēn bù hǎo, shuǐlóngtóu, mǎtǒng cháng huài, kōngtiáo yòu jiù, āi, _____.

5) A：住在美国不会开车问题大吗？
　　Zhù zài Měiguó bú huì kāi chē wèntí dà ma?

　B：问题可大了，在美国＿＿＿＿＿＿＿＿＿＿＿＿＿＿＿(wherever you go, you need to drive there)。不会开车就像没有腿一样。
　　Wèntí kě dà le, zài Měiguó ＿＿＿＿＿＿＿＿＿＿＿. Bú huì kāi chē jiù xiàng méiyǒu tuǐ yíyàng.

Listening Comprehension

1. Listen to the conversation (involving two females) and answer the questions.

   New words: 养 yǎng (to raise)

   (1) Which of the following statements is correct?
       A. The apartment is unfurnished.
       B. Li Yun has kitchen utensils that she's willing to share.
       C. The two of them will share a bedroom.

   (2) Why did Zhang Li decide not to rent the apartment?
       A. She wanted her own bathroom.
       B. She didn't want to live with someone who smokes.
       C. She needed a roommate who doesn't mind cats.

2. Listen to the conversation between two males and answer the questions.

   New words: 耳机 ěrjī (earphones)　　戴 dài (to wear)

   (1) What's the reason for the conversation?
       A. One of the guys is disturbed by the noise.
       B. One of the guys wants to talk about football.
       C. One of the guys has just purchased a set of ear-phones.

   (2) When does this conversation take place?
       A. At noon.
       B. At midnight.
       C. At dinner time.

真实生活汉语
Chinese for Living in China 3

Communication Activities

Pair Work

Scenario I: Describe a roommate to your partner. Your description can include:

(1) Where s/he is from.

(2) What kind of place you both lived in.

(3) Whether s/he is a good roommate and why.

(4) If you have a choice, would you be willing to choose him/her as your roommate again, and why?

Scenario II: You and your partner are talking about the ideal roommate. When you finish your discussion, one of you should present your conclusions to the class.

Group Work

Scenario I: Discuss: "the advantages and disadvantages of having a roommate".

| 好处 | 周末 | 互相帮助 | 聊天 | 一起做饭 |
| hǎochù | zhōumò | hùxiāng bāngzhù | liáo tiān | yìqǐ zuò fàn |

Scenario II: Divide the class into two groups. Group A consists of people looking for roommates, Group B are possible roommates. Group A people are looking for certain things in a roommate — age, profession, hobbies, habits, etc. Talk to each other and try to place the roommates appropriately.

Review Exercises

I. Match the verbs in the left-hand list with nouns in the right-hand one.

(1) 贴 tiē   A. 房租租约 fángzū zūyuē

(2) 寻 xún   B. 租房广告 zūfáng guǎnggào

(3) 签 qiān   C. 房租定金 fángzū dìngjīn

(4) 交 jiāo   D. 烟 yān

(5) 吸 xī   E. 室友 shìyǒu

第二十六课　找室友
Lesson Twenty-six Looking for a Roommate

II. Fill in the blanks with the words listed below.

省 shěng	外卖 wàimài	吸烟 xī yān	以为 yǐwéi
睡觉 shuì jiào	关系 guānxi	室友 shìyǒu	这样 zhèyàng
锻炼 duànliàn	生活习惯 shēnghuó xíguàn		

我 和 现在 的 这 位 _____ 已经 合住了 两年 了, 现在 我们 两个人 的
Wǒ hé xiànzài de zhè wèi _____ yǐjīng hézhùle liǎngnián le, xiànzài wǒmen liǎng ge rén de

_____ 就 像 兄弟 一样。可能 你 _____ 我们 本来 就是 好 朋友,
_____ jiù xiàng xiōngdì yíyàng. Kěnéng nǐ _____ wǒmen běnlái jiùshì hǎo péngyou,

其实 不是 _____ 的。我们 的 _____ 很 不 一样。我 喜欢 早睡 早起,
qíshí bú shì _____ de. Wǒmen de _____ hěn bù yíyàng. Wǒ xǐhuan zǎoshuì zǎoqǐ,

晚上 十 点 左右 就 上 床 _____ 了; 可是 我 的 室友 习惯 晚睡
wǎnshang shí diǎn zuǒyòu jiù shàng chuáng _____ le; kěshi wǒ de shìyǒu xíguàn wǎnshuì

晚起, 他 好像 晚上 十 点 才 刚 开始 一天 的 生活。他 喜欢 _____ ,
wǎnqǐ, tā hǎoxiàng wǎnshang shí diǎn cái gāng kāishǐ yìtiān de shēnghuó. Tā xǐhuan _____ ,

但 不是 到 公寓 外 的 路上 走路, 而是 在 客厅 里 的 跑步机 上 走路, 而且
dàn búshì dào gōngyù wài de lùshang zǒu lù, érshì zài kètīng li de pǎobùjī shang zǒu lù, érqiě

一边 走路 一边 听 音乐, 有时 高兴 了 还 跟着 大声 唱! 为了 能 睡
yìbiān zǒu lù yìbiān tīng yīnyuè, yǒushí gāoxìngle hái gēnzhe dàshēng chàng! Wèile néng shuì

得 好, 我 每天 睡觉 前 一定 把 耳机 戴上。他 不 喜欢 自己 做饭, 而是 喜欢
de hǎo, wǒ měitiān shuì jiào qián yídìng bǎ ěrjī dàishang. Tā bù xǐhuan zìjǐ zuò fàn, érshì xǐhuan

去 餐馆 买 _____ 吃。我 呢, 更 喜欢 自己 在 家 做饭, 因为 这样 能
qù cānguǎn mǎi _____ chī. Wǒ ne, gèng xǐhuan zìjǐ zài jiā zuò fàn, yīnwèi zhèyàng néng

_____ 不少 钱。我 的 室友 _____ , 不过 因为 知道 我 对 烟味儿
_____ bù shǎo qián. Wǒ de shìyǒu _____ , búguò yīnwèi zhīdào wǒ duì yānwèir

过敏, 他 从来 不 在 房间 里 吸。
guòmǐn, tā cónglái bú zài fángjiān li xī.

III. Complete the following dialogue with the patterns or hints provided.

A: 听说你在找室友,怎么找了两个星期还没有找着?
　　Tīngshuō nǐ zài zhǎo shìyǒu, zěnme zhǎole liǎng ge xīngqī hái méiyǒu zhǎozháo?

B: 找室友不容易啊,来申请的人_____(among them, half of them smoke and the other half have cats), 所以_____(I am not satisfied with any of the applicants)。
　　Zhǎo shìyǒu bù róngyì a, lái shēnqǐng de rén _____, suǒyǐ
　　_____.

A：_____(If this is the case)，我想你应该改一改你的"寻室友"广告。在广告上一定要写着，你不要_____(smoking)和_____(having cats)的人。

　　_____, wǒ xiǎng nǐ yīnggāi gǎi yi gǎi nǐ de "Xún Shìyǒu" guǎnggào. Zài guǎnggào shang yídìng yào xiězhe, nǐ bú yào _____ hé _____ de rén.

B：你说的有道理，在校园里一定有_____(people like me who don't like cats and don't smoke)。谢谢你！

　　Nǐ shuō de yǒu dàolǐ, zài xiàoyuán li yídìng yǒu _____. Xièxie nǐ!

IV. Complete the following tasks in Chinese.

(1) You just arrived in a city and need to tell a realtor what kind of apartment you'd like. Explain to the realtor that, because you can't afford a whole apartment on your own, you'll need to find a roommate. Explain what kind of person you'd like.

1) ....
2) ....
3) ....
4) ....
5) ....
6) ....

(2) Explain to a landlord what you'd do in exchange for reducing the rent: tutoring English, house-sitting, etc.

1) ....
2) ....
3) ....
4) ....
5) ....
6) ....

(3) Read the following three advertisements of looking for a roommate and explain which one you prefer and why.

1) ....
2) ....
3) ....
4) ....
5) ....
6) ....

第二十六课　找室友
Lesson Twenty-six Looking for a Roommate

寻室友 一

本人男，是一个美国留学生。我要找两位室友，合租一个在大学附近的三室一厅的公寓。房租￥3000元/人/月。条件：大学男生或女生都可以，可以养猫或狗，可吸烟。

寻室友 二

本人是一个报社的工作者，平时白天睡觉晚上上班。我要找一个室友，合租一个两室一厅的公寓。必须爱干净，白天很安静。房租￥1000/月，不包括电费。

寻室友 三

本人是一个电脑程序设计师，需要经常出差。我要找一位喜欢猫的室友，在我出差的时候帮我照顾我的两只猫。房租￥500/月，包括水电。

Culture Notes

1. How to find a roommate in China

a. You can post advertisements on notice boards. It is best to leave contact information rather than your actual name.

b. You can post a notice on a real estate website.

c. You can ask friends to help — that way you'll know more about the person.

2. Things you need to know when looking for a roommate

a. It's quite common for visitors to show up to stay with people without advance notice in China. So you might want to ask a potential roommate if they are likely to have a lot of visitors, and if so, please let you know in advance.

b. Try to make sure that your roommate has adequate finances. Roommates have been known not to pay the rent on time, or not to pay back money borrowed from you.

3. Lease

a. Before signing a rental contract, you should ask the landlord to show proof of ownership. Make sure the signature on the lease is that of the owner, not a representative.

b. If it's a joint rental, then the owner should provide a signed agreement stipulating that it is indeed a joint rental.

4. Rental agents

Rental agencies can be used for finding a house or apartment to rent. But you should be sure that:

a. The agent is properly licensed by the government.

b. Fees are clear from the beginning. There should be a one-time agent fee, with no additional fees. Some agents may try to add on fees for visiting the apartment or house, for consultation, and so on.

c. The rental contract should also be explicit about what sort of charges can be taken out of your rental deposit, in order to be sure that you aren't charged for damage that you didn't do.

Lesson Twenty-seven   At the Bank

第二十七课   在银行
Dì-èrshíqī Kè   Zài yínháng

In this lesson you will learn how to do the following

- Ask about opening a bank account
- Find out what the difference is between a debit card and a credit card
- Make arrangements to wire or transfer money between China and the U.S.

Grammar

- "多 duō" (more than, over) in number expressions
- Verb phrases in series
- The construction "既 jì……也 yě……" (both… and…, either… or…)
- Adverbial phrases formed with "从 cóng……中 zhōng" (from, out of [an amount, fund] etc.)

Culture Notes

- Personal checks
- Traveler's checks in foreign currency

真实生活汉语 3
Chinese for Living in China

Dialogue

A：周月 Zhōu Yuè　　**B**：保安 bǎo'ān　　**C**：营业员 yíngyèyuán

周月来中国时带了两千美元的现金和一张支票。钱放在宿舍里怕不安全，支票也应该尽快存入银行。今天下午没课，周月想去一家银行开个账户，把钱和支票存进去，另外，再办一张信用卡。有了信用卡，以后出门就方便了。周围有四家银行：中国工商银行，中国建设银行，中国银行和中国农业银行。听说中国银行在美国有分行，可能办理外汇方便些。她决定去中国银行开户。她刚一进银行的门，门口一个穿制服的保安就过来问她：

Zhōu Yuè lái Zhōngguó shí dàile liǎngqiān Měiyuán de xiànjīn hé yì zhāng zhīpiào. Qián fàng zài sùshè li pà bù ānquán, zhīpiào yě yīnggāi jǐnkuài cúnrù yínháng. Jīntiān xiàwǔ méi kè, Zhōu Yuè xiǎng qù yì jiā yínháng kāi ge zhànghù, bǎ qián hé zhīpiào cún jìnqu, lìngwài, zài bàn yì zhāng xìnyòngkǎ. Yǒule xìnyòngkǎ, yǐhòu chū mén jiù fāngbiàn le. Zhōuwéi yǒu sì jiā yínháng: Zhōngguó Gōngshāng Yínháng, Zhōngguó Jiànshè Yínháng, Zhōngguó Yínháng hé Zhōngguó Nóngyè Yínháng. Tīngshuō Zhōngguó Yínháng zài Měiguó yǒu fēnháng, kěnéng bànlǐ wàihuì fāngbiàn xiē. Tā juédìng qù Zhōngguó Yínháng kāi hù. Tā gāng yí jìn yínháng de mén, ménkǒu yí ge chuān zhìfú de bǎo'ān jiù guòlai wèn tā:

B：请问，您办什么业务？
　　Qǐngwèn, nín bàn shénme yèwù?

A：我想开户存款。
　　Wǒ xiǎng kāi hù cún kuǎn.

B：先在这个取号机上拿一个"个人业务"的号，填好这张存款单，然后坐在那边的椅子上等着。
　　Xiān zài zhège qǔhàojī shang ná yí ge "gèrén yèwù" de hào, tiánhǎo zhè zhāng cúnkuǎndān, ránhòu zuò zài nà biān de yǐzi shang děngzhe.

周月拿的是11号，坐在椅子上填了存款单。等了十多[G1]分钟，就听到广播里叫："11号请到3号窗口。"她走到3号窗口，把填好的存款单通过窗口放在[G2]营业员面前：

Zhōu Yuè ná de shì shíyī hào, zuò zài yǐzi shang tiánle cúnkuǎndān. Děngle shí duō[G1] fēnzhōng, jiù tīngdào guǎngbō li jiào: "Shíyī hào qǐng dào sān hào chuāngkǒu." Tā zǒudào sān hào chuāngkǒu, bǎ tiánhǎo de cúnkuǎndān tōngguò chuāngkǒu fàng zài[G2] yíngyèyuán miànqián:

第二十七课　在银行
Lesson Twenty-seven At the Bank

A：我想开一个账户。
Wǒ xiǎng kāi yí ge zhànghù.

C：您开什么账户？人民币的还是美元的？
Nín kāi shénme zhànghù? Rénmínbì de háishi Měiyuán de?

A：可以两个都开吗？
Kěyǐ liǎng ge dōu kāi ma?

C：可以，就办"活期一本通"吧。您只需要一张存折就可以同时办理人民币和多种外币活期储蓄存款[1]，还可以办境内、境外汇款。
Kěyǐ, jiù bàn "huóqī yìběntōng" ba. Nín zhǐ xūyào yì zhāng cúnzhé jiù kěyǐ tóngshí bànlǐ Rénmínbì hé duō zhǒng wàibì huóqī chǔxù cúnkuǎn[1], hái kěyǐ bàn jìngnèi、jìngwài huìkuǎn.

A：好。我还想办一张信用卡。
Hǎo. Wǒ hái xiǎng bàn yì zhāng xìnyòngkǎ.

C：您开户后，我们给您一张银行卡。这张卡是"借记卡"。借记卡是指[2]您先在我们银行存了钱，然后消费。您既可以在银行和自动取款机取现金，也[G3]可以在商户消费。
Nín kāi hù hòu, wǒmen gěi nín yì zhāng yínhángkǎ. Zhè zhāng kǎ shì "jièjìkǎ". Jièjìkǎ shì zhǐ[2] nín xiān zài wǒmen yínháng cúnle qián, ránhòu xiāofèi. Nín jì kěyǐ zài yínháng hé zìdòng qǔkuǎnjī qǔ xiànjīn, yě[G3] kěyǐ zài shānghù xiāofèi.

A：什么是商户消费？
Shénme shì shānghù xiāofèi?

C：商户消费就是说[3]：您可以用这张卡在商店买东西、住宾馆、在餐馆吃饭时付款用。
Shānghù xiāofèi jiùshi shuō[3]: Nín kěyǐ yòng zhè zhāng kǎ zài shāngdiàn mǎi dōngxi、zhù bīnguǎn、zài cānguǎn chī fàn shí fù kuǎn yòng.

A：借记卡和信用卡有什么不同？
Jièjìkǎ hé xìnyòngkǎ yǒu shénme bù tóng?

Notes

1. "储蓄存款 chǔxù cúnkuǎn", literally "saving deposit", referring to accounts that pay interest and can be withdrawn on demand.
2. In *Volume II*, Lesson 16, "指 zhǐ" is used in the sense of "to point". Here, the sense is more abstract: "to indicate".
3. "就是说 jiùshi shuō" means "that is to say, in other words".

C：信用卡一般是透支消费。就是您先跟银行借钱花，然后下个月全额还款，或者付利息分期还款。外国人我们不给透支的信用额度。也就是说您在银行存多少钱，您用信用卡时只能花到那个额度。用信用卡提现金手续费比较高。

Xìnyòngkǎ yìbān shì tòuzhī xiāofèi. Yě jiùshì nín xiān gēn yínháng jiè qián huā, ránhòu xià ge yuè quán'é huán kuǎn, huòzhě fù lìxī fēnqī huán kuǎn. Wàiguórén wǒmen bù gěi tòuzhī de xìnyòng édù. Yě jiùshì shuō nín zài yínháng cún duōshao qián, nín yòng xìnyòngkǎ shí zhǐ néng huādào nàge édù. Yòng xìnyòngkǎ tí xiànjīn shǒuxùfèi bǐjiào gāo.

A：也就是说，外国人开的信用卡和借记卡没有太大区别？

Yě jiùshì shuō, wàiguórén kāi de xìnyòngkǎ hé jièjìkǎ méiyǒu tài dà qūbié?

C：有区别。如果您要在网上买东西，比如买机票，您只能用信用卡，不能用借记卡。您如果有美国信用卡，在中国也可以用，跟中国的信用卡一样。

Yǒu qūbié. Rúguǒ nín yào zài wǎngshang mǎi dōngxi, bǐrú mǎi jīpiào, nín zhǐ néng yòng xìnyòngkǎ, bù néng yòng Jièjìkǎ. Nín rúguǒ yǒu Měiguó xìnyòngkǎ, zài Zhōngguó yě kěyǐ yòng, gēn Zhōngguó de xìnyòngkǎ yíyàng.

A：好。我就开"活期一本通"和一张借记卡。

Hǎo. Wǒ jiù kāi "huóqī yìběntōng" hé yì zhāng jièjìkǎ.

C：您带身份证件了吗？

Nín dài shēnfèn zhèngjiànle ma?

A：这是我的护照。开户要不要手续费？

Zhè shì wǒ de hùzhào. Kāi hù yào bu yào shǒuxùfèi?

C：要。这里开户要交10元的工本费，而且最少要存500块钱。

Yào. Zhèli kāi hù yào jiāo shí yuán de gōngběnfèi, érqiě zuì shǎo yào cún wǔbǎi kuài qián.

A：没问题。我要存两千块，还有一张美元的支票。请问，用卡在取款机取款要手续费吗？

Méi wèntí. Wǒ yào cún liǎngqiān kuài, hái yǒu yì zhāng Měiyuán de zhīpiào. Qǐngwèn, yòng kǎ zài qǔkuǎnjī qǔ kuǎn yào shǒuxùfèi ma?

C：不用。但不能取美元，只能取人民币。每天不超过两万元。你可以在银行柜台取美元，每人每天的外币现钞[4]取款不能超过一万美元。每人每天到柜台提取人民币现金超过五万元的，需要提前预约。

---

4. "外币现钞 wàibì xiànchāo" means "cash in foreign currency".

第二十七课　在银行
Lesson Twenty-seven At the Bank

Bú yòng. Dàn bù néng qǔ Měiyuán, zhǐ néng qǔ Rénmínbì. Měitiān bù chāoguò liǎng wàn yuán. Nǐ kěyǐ zài yínháng guìtái qǔ Měiyuán. Měirén měitiān de wàibì xiànchāo[4] qǔ kuǎn bù néng chāoguò yíwàn Měiyuán. Měirén měitiān dào guìtái tíqǔ Rénmínbì xiànjīn chāoguò wǔwàn yuán de, xūyào tíqián yùyuē.

A：可以从美国汇款到这个账户吗？
Kěyǐ cóng Měiguó huì kuǎn dào zhège zhànghù ma?

C：可以。您把您的"活期一本通"账号、户名、开户银行的英文名称，还有路径号码，告诉要给您汇款的美国亲友，就可以了。到账时间一般是三到七个工作日。
Kěyǐ. Nín bǎ nín de "huóqī yìběntōng" zhànghào、hùmíng、kāihù yínháng de Yīngwén míngchēng, hái yǒu lùjìng hàomǎ, gàosu yào gěi nín huì kuǎn de Měiguó qīnyǒu, jiù kěyǐ le. Dàozhàng shíjiān yìbān shì sān dào qī ge gōngzuòrì.

A：好，谢谢。这是两千块现金和我的支票。您就从存款中[G4]扣除开户手续费吧。
Hǎo, xièxie. Zhè shì liǎngqiān kuài xiànjīn hé wǒ de zhīpiào. Nín jiù cóng cúnkuǎn zhōng[G4] kòuchú kāi hù shǒuxùfèi ba.

C：好。请您输入密码。（周月输入密码）请再输一次。好了。这是您的护照和收据，还有存折和银行卡拿好。再见。
Hǎo. Qǐng nín shūrù mìmǎ. (Zhōu Yuè shūrù mìmǎ) Qǐng zài shū yí cì. Hǎo le. Zhè shì nín de hùzhào hé shōujù, hái yǒu cúnzhé hé yínhángkǎ ná hǎo. Zàijiàn.

A：谢谢。再见。
Xièxie. Zàijiàn.

New Words

1	营业员/營業員	yíngyèyuán	N	shop employee, clerk
2	现金/現金	xiànjīn	N	(ready) cash
3	支票	zhīpiào	N	a check
4	账户/賬户	zhànghù	N	bank account, an account

真实生活汉语 3
Chinese for Living in China

5	信用卡	xìnyòngkǎ	N	credit card
6	存	cún	V	to deposit (money)
7	中国工商银行/中國工商銀行	Zhōngguó Gōngshāng Yínháng	PropN	China Industry and Commercial Bank
8	中国建设银行/中國建設銀行	Zhōngguó Jiànshè Yínháng	PropN	China Construction Bank
9	中国农业银行/中國農業銀行	Zhōngguó Nóngyè Yínháng	PropN	China Agricultural Bank
10	分行	fēnháng	N	branch (of a bank, etc.)
11	外汇/外匯	wàihuì	N	foreign currency, foreign exchange
12	开户/開戶	kāi hù	VO	to open a bank account
13	制服	zhìfú	N	uniform
14	业务/業務	yèwù	N	business, affairs, professional work
15	存款	cúnkuǎn	VO/N	to deposit money; deposit account, bank savings
	款	kuǎn	N	money, case, funds
16	取号机/取號機	qǔhàojī	N	machine that issues numbers
17	存款单/存款單	cúnkuǎndān	N	deposit slip
18	广播/廣播	guǎngbō	V/N	to broadcast; a broadcast
19	面前	miànqián	N	in front of (someone), in the face of, before
20	活期（存款）	huóqī	Attr	current (deposit), due on demand
21	一本通	yīběntōng	N	an all-in-one (bankbook)
22	存折	cúnzhé	N	deposit book, bankbook
23	多种/多種	duōzhǒng	N	many kinds, varieties
	种/種	zhǒng	Meas	kind
24	活期储蓄/活期儲蓄	huóqīchǔxù	N	current savings
25	转账/轉賬	zhuǎn zhàng	VO	to wire-transfer, to make an electronic transfer
26	境内	jìngnèi	N	within the country
27	境外	jìngwài	N	outside the country, abroad

第二十七课 在银行
Lesson Twenty-seven At the Bank

28	汇款/匯款	huì kuǎn	VO/N	to remit money; remittance
29	银行卡/銀行卡	yínhángkǎ	N	bank card, cash card
30	借记卡/借記卡	jièjìkǎ	N	debit card
31	消费/消費	xiāofèi	V	to consume, to expend
32	自动取款机/自動取款機	zìdòng qǔkuǎnjī	Phrase	ATM
	自动/自動	zìdòng	Attr	automatic
	取款机/取款機	qǔkuǎnjī	N	teller machine
	机/機	jī	BF	machine
33	商户	shānghù	N	merchant, business household
34	透支	tòuzhī	V	to overdraw (an account), overspend
35	借钱/借錢	jiè qián	VO	to borrow money
36	还款/還款	huán kuǎn	VO	to return money, to repay a sum
37	分期	fēnqī	Adv	by stages
38	利息	lìxī	N	interest (on loans, etc.)
39	信用额度/信用額度	xìnyòng édù	N	credit amount
	信用	xìnyòng	N	credit, trustworthiness
	额度/額度	édù	N	amount
40	提现/提現	tí xiàn	VO	to withdraw cash (short form of "提取现金 tíqǔ xiànjīn")
41	手续费/手續費	shǒuxùfèi	N	handling charges, service charge
42	区别/區別	qūbié	V/N	to distinguish; difference
43	工本费/工本費	gōngběnfèi	N	card issuing fee, handling charge
	工本	gōngběn	N	cost of production
44	取款	qǔ kuǎn	VO	to withdraw money
45	现钞/現鈔	xiànchāo	N	cash
46	提取	tíqǔ	V	to withdraw (money, etc.), to pick up
47	路径号码/路徑號碼	lùjìng hàomǎ	Phrase	swift code, routing number
	路径/路徑	lùjìng	N	path, route, way

48	亲友/親友	qīnyǒu	N	relatives and friends
49	扣除	kòuchú	V	to deduct, to withhold (e.g from wages)
50	密码/密碼	mìmǎ	N	pin number

Re-enacting the Dialogue

A: Yue Zhou   B: Bank guard   C: Bank clerk

Yue Zhou brought $2000 in cash and a check when she came to China. Since there is no class this afternoon, she has decided to go to the bank to open an account and deposit her cash and check, as well as to get a credit card. It'll be much more convenient to go out once she has a credit card. There are four banks in the vicinity: the China Industrial and Commercial Bank, the China Construction Bank, the Bank of China and the China Agricultural Bank. She's heard that the Bank of China has branches in the U.S., which should make it easier to handle foreign currency. So she decided to open an account at the Bank of China. She walked into the door of the bank, and a guard in uniform came over and asked her:

B: Excuse me. Can I help you?
A: I'd like to open an account and deposit some money.
B: First, get a "personal account" number from this machine and fill out this deposit form. Then have a seat on the bench over there and wait.

Yue Zhou got number 11 and sat on the bench and filled out the deposit form. She waited a little over ten minutes and then heard an announcement: "Number 11, please come to window 3." She walked to window 3, and put the completed deposit slip through the window and in front of the clerk:

A: I'd like to open an account.
C: What kind of account? A RMB account, or a dollar account?
A: May I open both types of accounts?
C: Sure. You can open an "all-in-one" account. Then you can handle both RMB and foreign currency with only one deposit bankbook. You can also use it to transfer money in and out of China.
A: Okay. And I'd like a credit card as well.
C: We will give you a bank card after you open the account. That card is a "debit card". A debit card means that you deposit money in our bank first, and then you can use it. You can not only withdraw money in a bank or from an ATM, but also use it for commercial expenses.
A: What is commercial expenses?
C: Commercial expenses means you can use the card to go shopping at stores or pay for hotels and restaurants.
A: What is the difference between a debit card and a credit card?
C: In general, you can use a credit card to overdraw from your account. In other words, you borrow the money

from the bank to spend first, and then you pay it back next month or in increments. However, you need to pay interest on it. We don't give foreigners extra credit. It means that you can only use your credit card up to the amount of money you deposit in the bank. If you use the credit card to withdraw cash, the bank fees will be higher.

A: That means that for a foreigner, there isn't any difference between a bank card and a credit card?

C: There is a difference. If you want to shop online, such as when you buy a plane ticket, you can only use a credit card, instead of a debit card. If you have an American credit card with you, you can also use it in China. It is as convenient as a Chinese credit card.

A: Okay. I will just open an all-in-one bank account and get a debit card.

C: Do you have a photo ID?

A: This is my passport. Is there a charge for opening an account?

C: Yes. You have to pay ¥10 as card issuing fee for opening an account. You also need to deposit at least ¥500.

A: No problem. I'll deposit $2000 and a check. May I ask if there is a service charge for withdrawing from ATM?

C: No. You can't withdraw dollars from the ATM though. You can only withdraw RMB under ¥20,000 per day. You can withdraw dollars at the counter in the bank. You can withdraw no more than $10,000 in cash per day. If you withdraw more than ¥50,000 per day, you'll need to make an appointment with the bank in advance.

A: Can I wire money from the U.S. to this account?

C: Yes. You just need to tell your relatives or friends who are wiring the money to you your account number, the name of the bank, and the routing number. It usually takes 3 to 7 week days for transfer.

A: Good. Thanks. Here's is $2000 and my check. You can deduct the bank fee from this.

C: Okay. Please enter your pin number. (Zhou Yue inputs the number.) Again, please. Okay. Don't forget your passport, the receipt the bankbook and your debit card. Bye.

A: Thank you. Bye.

Grammar

G1. "多 duō" (more than, over) in number expressions

"多 duō" follows multiples of ten to mean "more than, over".

① 等了十多分钟 waited more than 10 minutes
děngle shí duō fēnzhōng

② 来了三百多人 more than 300 people came
láile sānbǎi duō rén

Less commonly, "多 duō" may also appear after the measure word in a "number + measure" word phrase.

③ 三年多   more than three years

sān nián duō

The two options have different implications. When "多 duō" appears after a multiple of ten, it modifies the multiple, i.e. if "十多 shí duō", then 11, 12, 13 or so; if "三百多 sānbǎi duō", then 310, 320, 330 or so. However, when "多 duō" appears after the measure word (which is rarer), its scope is reduced: "三年多 sānnián duō" implies more than three years but less than four years. So:

④ 十多年 is "11, 12, 13 ... years".

⑤ 十年多 is "10 years plus 1, 2, 3 or so months".

G2. Verb phrases in series

"Verbs in series" were first introduced in *Volume I*, Lesson 4, G2, and encountered again, following pivotal constructions in *Volume III*, Lesson 23, G3. This chapter provides additional, more complicated examples, involving verbs and their objects.

In English, a sequence of verb phrases expressing actions that follow each other in time are generally linked together with prepositions such as "to". But, in Chinese, the comparable verb phrases are simply juxtaposed, with no explicit linkage.

① 我今天下午去银行开个户。
Wǒ jīntiān xiàwǔ qù yínháng kāi ge hù.
This afternoon, I'm going to the bank to open an account.

In effect, Chinese says "go bank open account". Such VO-VO (verb-plus-object sequences) phases are often referred to as "verb phrases in series" (or simply "verbs in series"). Typically, such sequences have a single overarching subject, such as tā in example.

② 她去银行汇款给美国的亲友。
Tā qù yínháng huì kuǎn gěi Měiguó de qīnyǒu.
She went to the bank to transfer money to her relatives and friends in the U.S.

③ 请你坐在椅子上填好表到3号窗口来。
Qǐng nǐ zuò zai yǐzi shang tiánhǎo biǎo dào sān hào chuāngkǒu lái.
Please sit down on the chair and fill out the form and come to window 3.

▶ **G3.** The construction "既 jì…… 也 yě……" (both... and..., either... or...)

"既 jì" can be paired with "也 yě" to connect clauses, with the meaning of "either ... or ..." "both ... and …" "as well as", etc. "既 jì" can also be paired with "又 yòu", with slightly more emphasis.

① 既经济又实惠   both economical and good
jì jīngjì yòu shíhuì

② 你既可以在银行和ATM取现金，也可以在商户消费。
Nǐ jì kěyǐ zài yínháng hé ATM qǔ xiànjīn, yě kěyǐ zài shānghù xiāofèi.
You can either use it to get money from an ATM, or to pay for purchases in stores.

③ 你既可以坐飞机去上海，也可以坐火车去。
Nǐ jì kěyǐ zuò fēijī qù Shànghǎi, yě kěyǐ zuò huǒchē qù.
You can either fly to Shanghai, or take a train.

④ 留学生既可以住学校宿舍，也可以出去租房子。
Liúxuéshēng jì kěyǐ zhù xuéxiào sùshè, yě kěyǐ chūqu zū fángzi.
Foreign students can either live in the school dorms or rent housing off campus.

▶ **G4.** Adverbial phrases formed with "从 cóng ……中 zhōng" (from, out of [an ameunt, fund] etc)

The construction "从 cóng (from) ……中 zhōng (center, middle)" forms adverbial phrases having the sense of "from, out of [an amount, fund, etc.]".

① 您就从存款中扣除开户手续费吧。
Nín jiù cóng cúnkuǎn zhōng kòuchú kāihù shǒuxùfèi ba.
You can deduct the service charges from the deposit.

② 父亲从他的账户中转了一些钱给我。
Fùqin cóng tā de zhànghù zhōng zhuǎnle yìxiē qián gěi wǒ.
My father transferred some money to me out of his bank account.

Consolidation & Practice

1. "多 duō" in number expressions

(1) Translate the following phrases into Chinese.

   1) More than 10 minutes →

   2) More than 200 students →

   3) More than 50 dollars →

   4) More than 1000 guests →

   5) More than 2 hours →

(2) Complete the dialogues, following the hints provided.

   1) A：这个手续需要多长时间能办好？
        Zhège shǒuxù xūyào duō cháng shíjiān néng bànhǎo?

     B：这个手续只需要_____(10$^+$ minutes)就能办好。
        Zhège shǒuxù zhǐ xūyào _____ jiù néng bànhǎo.

   2) A：昨天有人来问租房的事吗？
        Zuótiān yǒu rén lái wèn zūfáng de shì ma?

     B：很多人来问呢，有_____(10$^+$ people)。
        Hěn duō rén lái wèn ne, yǒu _____.

   3) A：他有多少张信用卡？
        Tā yǒu duōshao zhāng xìnyòngkǎ?

     B：他有_____(10$^+$ credit cards)，实在太多了。
        Tā yǒu _____ , shízài tài duō le.

   4) A：你收到他寄的包裹了吗？
        Nǐ shōudào tā jì de bāoguǒle ma?

     B：我等了_____(20$^+$ days)了，还没有收到他寄来的包裹。
        Wǒ děngle _____ le, hái méiyǒu shōudào tā jì lái de bāoguǒ.

   5) A：洗脸盆的水龙头是不是坏了？
        Xǐliǎnpén de shuǐlóngtóu shì bu shì huài le?

     B：洗脸盆的水龙头已经坏了_____(10$^+$ days)了，请快找人来修理吧。
        Xǐliǎnpén de shuǐlóngtóu yǐjing huài le _____ le, qǐng kuài zhǎo rén lái xiūlǐ ba.

Lesson Twenty-seven At the Bank

2. Verb phrases in series: Subj. + VO - VO

(1) Combine the verb phrases in each entry.

1)	去中国工商银行 qù Zhōngguó Gōngshāng Yínháng	请人帮忙 qǐng rén bāng máng	开活期储蓄账户 kāi huóqí chúxù zhànghù
2)	用信用卡 yòng xìnyòngkǎ	上网 shàng wǎng	买手机 mǎi shǒujī
3)	站在柜台 zhàn zài guìtái	填表 tián biǎo	提现金1000元 tí xiànjīn yìqiān yuán
4)	在取款机 zài qǔkuǎnjī	用银行卡 yòng yínhángkǎ	取钱 qǔ qián
5)	去商店 qù shāngdiàn	买圣诞礼物 mǎi shèngdàn lǐwù	送给朋友 sòng gěi péngyou

(2) Answer the questions, using the English hints.

1) A：周月下午去哪儿了？
   Zhōu Yuè xiàwǔ qù nǎr le?

   B：下午，周月去_____。
   Xiàwǔ, Zhōu Yuè qù   (Hint: Bank of China; opened an account)

2) A：李老师用联邦快递寄什么东西？
   Lǐ lǎoshī yòng Liánbāng Kuàidì jì shénme dōngxi?

   B：李老师用联邦快递_____。
   Lǐ lǎoshī yòng Liánbāng Kuàidì   (Hint: mailed a package; to his son)

3) A：他把存款单填好了吗？
   Tā bǎ cúnkuǎndān tiánhǎole ma?

   B：他填了存款单_____。
   Tā tiánle cúnkuǎndān   (Hint: handed it to an officer; asked him to process it)

4) A：黄大为取了钱了吗？
   Huáng Dàwéi qǔle qiánle ma?

   B：他_____。
   Tā   (Hint: ATM; withdrew ¥2000)

5) A：陈丽莎到哪儿去了？
   Chén Lìshā dào nǎr qù le?

   B：她_____。
   Tā   (Hint: went to the post office; mailed a package to the States.)

3. The construction "既 jì …… 也 yě ……"

(1) Complete the following sentences with the pattern.

1) 他_____(didn't bring cash or credit card)，什么都不能买。
   Tā , _____, shénme dōu bù néng mǎi.

2) 陈老师去银行_____(wired some money, and deposited money, too)。
   Chén lǎoshī qù yínháng _____.

3) 学校附近_____(there's an express delivery service and a post office)。
   Xuéxiào fùjìn _____.

4) 她今年圣诞节_____(didn't go home or send any gifts)。
   Tā jīnnián Shèngdàn Jié _____.

5) 那个留学生_____(has paid the rent and the utility bill)，房东很高兴。
   Nàge liúxuéshēng _____, fángdōng hěn gāoxìng.

(2) Complete the following short dialogues with the pattern.

1) A：申请一个银行借记卡有什么好处？
   Shēnqǐng yí ge yínháng jièjìkǎ yǒu shénme hǎochù?

   B：好处很多的，你_____。
   Hǎochù hěn duō de, nǐ _____.

2) A：外国人只能在中国银行开户吗？
   Wàiguórén zhǐ néng zài Zhōngguó Yínháng kāi hù ma?

   B：不是的，你_____。
   Bú shì de, nǐ _____.

3) A：从北京怎么去上海？
   Cóng Běijīng zěnme qù Shànghǎi?

   B：你_____。
   Nǐ _____.

4) A：你新租的这个公寓怎么样？
   Nǐ xīn zū de zhège gōngyù zěnmeyàng?

   B：好极了，_____。
   Hǎojíle, _____.

5) A：开个"活期一本通"有什么用？
   Kāi ge "huóqī yìběntōng" yǒu shénme yòng?

   B：用处可多了，你_____。
   Yòngchù kě duō le, nǐ _____.

第二十七课　在银行
Lesson Twenty-seven At the Bank

4. Adverbial phrases formed with "从 cóng……中 zhōng……"

(1) Complete the sentences, using the hints provided.

1) 我没有现金交手续费，请_____(deduct it from my savings account)。
   Wǒ méiyǒu xiànjīn jiāo shǒuxùfèi, qǐng _____.

2) 这个行李超重了，你得_____(remove some clothes from your luggage)。
   Zhège xíngli chāo zhòng le, nǐ děi _____.

3) 周月_____(chose the Bank of China out of 4 banks in Shanghai)。
   Zhōu Yuè _____.

4) 她_____(withdrew $1000 from her savings account)。
   Tā _____.

5) 我_____(learned a lot from reading historical stories)。
   Wǒ _____.

(2) Answer the following questions using "从 cóng……中 zhōng".

1) A：你怎么找到现在住的这个房子的？
   Nǐ zěnme zhǎodào xiànzài zhù de zhège fángzi de?

   B：我从_____。
   Wǒ cóng _____.

2) A：你觉得这次来中国三个月值得吗？
   Nǐ juéde zhè cì lái Zhōngguó sān ge yuè zhídé ma?

   B：非常值得，我_____学到了_____。
   Fēicháng zhídé, wǒ _____ xuédàole _____.

3) 银行营业员：开户需要交15块钱的开户手续费，你打算怎么付？
   Yínháng yíngyèyuán: Kāi hù xūyào jiāo shíwǔ kuài qián de kāi hù shǒuxùfèi, nǐ dǎsuàn zěnme fù?

   客户：我打算_____。
   Kèhù: Wǒ dǎsuàn _____.

4) A：你每个月都存钱吗？
   Nǐ měi ge yuè dōu cún qián ma?

   B：是的，我每个月_____。
   Shì de, wǒ měi ge yuè _____.

5) A：你怎么有那么多钱买新车？
   Nǐ zěnme yǒu nàme duō qián mǎi xīnchē?

   B：除了我自己的钱以外，我父亲_____。
   Chúle wǒ zìjǐ de qián yǐwài, wǒ fùqin _____.

真实生活汉语
Chinese for Living in China 3

Listening Comprehension

1. Listen to the voice-message and then answer the questions.

    (1) What's the connection between Zhang Yuan and Xiao Li?
        A. They're classmates.
        B. They're colleagues.
        C. They're roommates.

    (2) What's the problem?
        A. Students can't open bank accounts.
        B. He didn't bring his passport.
        C. He needs someone to sign for him.

2. Listen to the voice message and answer the questions.

    (1) What's the main thing the student is asking the teacher about?
        A. Whether he should open a bank account or not.
        B. Whether he should study in China or not.
        C. How much cash he should bring with him to China.

    (2) From the conversation, we understand that:
        A. It is convenient to withdraw money from ATM in Shanghai.
        B. You can use a Visa card anywhere in China.
        C. In China, you can only use a Visa card.

第二十七课　在银行

Lesson Twenty-seven At the Bank

Communication Activities

Pair Work

Scenario I: You are at a branch office of the Bank of China. You want to open an account so that you can deposit $2000 in cash and the check in dollars that you brought with you to China.

(1) Tell the teller why you are here and what you want to do.

(2) Ask three or four questions about the various accounts the bank offers and which one would be the best for you.

Group Work

Scenario I: Discuss whether it's necessary to open an account at a Chinese bank, particularly if you already have had an account at an American bank and a U.S. credit card.

Scenario II: Share your thoughts about the best way of dealing with money while in China. Should you have a credit card, or not? Why? Which bank to choose, and why? And so on.

Review Exercises

I. Match the verbs on the left with the nouns on the right.

(1) 提取 tíqǔ   A. 开户手续费 kāi hù shǒuxùfèi

(2) 输入 shūrù   B. 账户里的存款 zhànghù li de cúnkuǎn

(3) 扣除 kòuchú   C. 新账户 xīn zhànghù

(4) 开 kāi   D. 开户业务 kāi hù yèwù

(5) 办 bàn   E. 密码 mìmǎ

II. Fill in the blank with the words listed below.

| 账户 zhànghù | 取 qǔ | 既 jì……又 yòu…… | 旅游 lǚyóu |
| 汇款 huì kuǎn | 手续 shǒuxù | 找来找去 zhǎolái-zhǎoqù | 现金 xiànjīn |

今年 一 月 我 带着 20 多位 美国 高中 生 到 中国 参观，
Jīnnián yī yuè wǒ dàizhe èrshí duō wèi Měiguó gāozhōngshēng dào Zhōngguó cānguān,

_____，去了 北京、西安、上海、 成都 和 深圳 这些 有名 的 大 城市。
_____, qùle Běijīng、Xī'ān、Shànghǎi、Chéngdū hé Shēnzhèn zhèxiē yǒumíng de dà chéngshì.

真实生活汉语 3
Chinese for Living in China

由于 我们 得 在 中国 待一个月，_____要 住 宾馆_____要 吃饭，
Yóuyú wǒmen děi zài Zhōngguó dāi yí ge yuè, _____ yào zhù bīnguǎn _____ yào chī fàn,

需要 用 不少 钱。我 来 中国 以前，先 从 美国_____到 自己 在
xūyào yòng bùshǎo qián. Wǒ lái Zhōngguó yǐqián, xiān cóng Měiguó _____ dào zìjǐ zài

中国 银行 的_____。每次 需要 用 钱 的 时候，就 在 自动 取款机_____
Zhōngguó Yínháng de _____. Měi cì xūyào yòng qián de shíhou, jiù zài zìdòng qǔkuǎnjī _____

现金。有一天，我们 要 买 从 北京 去 西安的 火车票，没 想到 我 的 现金
xiànjīn. Yǒu yì tiān, wǒmen yào mǎi cóng Běijīng qù Xī'ān de huǒchēpiào, méi xiǎngdào wǒ de xiànjīn

没有 带够，只 好 出去 找 自动 取款机。我_____，终于 找到 一个
méiyǒu dàigòu, Zhǐ hǎo chūqu zhǎo zìdòng qǔkuǎnjī. Wǒ _____, zhōngyú zhǎodào yí ge

中国 银行的 自动 取款机。我 发现，在 自动 取款机一天 只 能 取出 2万
Zhōngguó Yínháng de zìdòng qǔkuǎnjī. Wǒ fāxiàn, zài zìdòng qǔkuǎnjī yì tiān zhǐ néng qǔchū liǎngwàn

元！可是 我 需要 3万 多 元 呢。结果 那 天 我 除了 提了_____，还 和 几
yuán! Kěshì wǒ xūyào sānwàn duō yuán ne. Jiéguǒ nà tiān wǒ chúle tíle _____, hái hé jǐ

位 学生 借 钱，真是 不好意思！以后 我 知道 了，如果 需要 提 很 多 现金
wèi xuésheng jiè qián, zhēnshi bù hǎo yìsi! Yǐhòu wǒ zhīdào le, rúguǒ xūyào tí hěn duō xiànjīn

的话，我 应该 去 银行 办理 取款的_____，不用 从 自动 取款机 取钱 了。
dehuà, wǒ yīnggāi qù yínháng bànlǐ qǔ kuǎn de _____, bú yòng cóng zìdòng qǔkuǎnjī qǔ qián le.

III. Answer the questions.

(1) 我想在银行开个账户，应该怎么办？
Wǒ xiǎng zài yínháng kāi ge zhànghù, yīnggāi zěnme bàn?

> 取号机拿号 qǔhàojī ná hào　　　　　叫号 jiào hào
> 到X号窗口 dào X hào chuāngkǒu　　填好存款单 tiánhǎo cúnkuǎndān

(2) 我怎么在取款机取款？
Wǒ zěnme zài qǔkuǎnjī qǔ kuǎn?

> 输入密码 shūrù mìmǎ　　提现 tí xiàn　　用借记卡 yòng jièjìkǎ

(3) 我可以在取款机上存款吗？
Wǒ kěyǐ zài qǔkuǎnjī shang cún kuǎn ma?

> 插卡 chā kǎ　　输入密码 shūrù mìmǎ　　放现金 fàng xiànjīn

第二十七课　在银行
Lesson Twenty-seven At the Bank

IV. Complete the following tasks in Chinese.

(1) You are about to return home and would like to wire ¥20,000 back to your home country. Explain to the bank teller that you need to change ¥20,000 into your own country's currency, and then wire that amount to your account in home country.

护照	身份证	柜台	汇款	汇到 + place
hùzhào	shēnfènzhèng	guìtái	huì kuǎn	huìdào
账户	密码	转账	路径号码	
zhànghù	mìmǎ	zhuǎn zhàng	lùjìng hàomǎ	

1) ....
2) ....
3) ....
4) ....
5) ....
6) ....

(2) Your friend bought a train ticket for you and now you need to wire the money to repay her/him. Ask the bank teller what you should do, and find out if you need to pay a fee for the wire transfer.

| 转账 | 账户 | 账户号码 | 银行卡 | 存折 |
| zhuǎn zhàng | zhànghù | zhànghù hàomǎ | yínhángkǎ | cúnzhé |

1) ....
2) ....
3) ....
4) ....
5) ....
6) ....

(3) A friend of yours is confused about why he is unable to purchase an airplane ticket online with a debit card. Explain why it's not possible.

1) ....
2) ....
3) ....
4) ....
5) ....

6) ....

(4) Visit the website of one of the Chinese banks and see how much information you are able to figure out.

1) ....

2) ....

3) ....

4) ....

5) ....

6) ....

(5) Visit several websites of the banks in your city and compare the services they offer. Choose the most suitable one for yourself and tell your teacher and classmates why you choose it.

1) ....

2) ....

3) ....

4) ....

5) ....

6) ....

第二十七课　在银行
Lesson Twenty-seven At the Bank

Culture Notes

1. Personal checks

Personal checks in foreign currency (个人支票 gèrén zhīpiào) can be used to open current accounts and as guarantees of deposits. Up to 5000 *yuan* can be deposited by personal check; the minimum amount of each check is 100 *yuan*. Customers need to have a valid ID card when they apply, complete the application for opening an account, and obtain notarization with a signature and seal. Permanent residents who do not live in the area have to provide information about a sponsor, who also has to appear at the bank personally. Personal checks much be cashed within 10 days of receipt.

2. Traveler's checks in foreign currency

a. Buying traveler's checks (旅行支票 lǚxíng zhīpiào)

The Bank of China is the only bank in China that sells traveler's checks in foreign currency. Customers must present a valid ID, such as a passport. To purchase foreign currency traveler's checks with RMB, you need to pay for them at the Chinese bank, then take the receipt to obtain the actual checks. At the Bank of China, the cost of traveler's checks is usually 0.5 - 1% of the amount purchased.

b. Cashing traveler's checks

The Bank of China and its more than 2000 domestic and overseas branches will cash traveler's checks. Chinese banks designated as foreign currency exchange agencies can cash traveler's checks in foreign currencies for RMB. They accept most brands of traveler's check, including American Express, Travelex, VISA and MasterCard. Fees are usually 0.75% of the amount cashed (deducted from the amount in original currency).

Lesson Twenty-eight   Express Mail
第二十八课   快递
Dì-èrshíbā Kè   Kuàidì

In this lesson you will learn how to do the following

- Find out how the post office differs from express companies
- Describe the items in the international express package that you're sending

Grammar

- The preposition "向 xiàng" (to, towards)
- The construction "连 lián …… 都 dōu/也 yě ……", used to express emphatic inclusion or exclusion
- The particle "…… 的话 dehuà" (if, say that …)
- Adverbial adjunction "在 zài …… 上 shàng"
- The construction "以 yǐ …… 为 wéi ……" (to take to be, to regard as)

Culture Notes

- International express companies in China
- Three ways to send parcels abroad

第二十八课 快递
Lesson Twenty-eight Express Mail

Dialogue

A：陈丽莎 Chén Lìshā　　B：梁红 Liáng Hóng

圣诞节快到了，陈丽莎给爸爸、妈妈和姐姐一家人买了圣诞礼物。她要在圣诞节前寄到美国去。她知道英语教研室的同事梁红常常给她在美国上大学的儿子寄东西，就向[G1]她打听怎么寄：

Shèngdàn Jié kuài dào le, Chén Lìshā gěi bàba、māma hé jiějie yìjiārén mǎile Shèngdàn lǐwù. Tā yào zài Shèngdàn Jié qián jìdao Měiguó qu. Tā zhīdao Yīngyǔ jiàoyánshì de tóngshì Liáng Hóng chángcháng gěi tā zài Měiguó shàng dàxué de érzi jì dōngxi, jiù xiàng[G1] tā dǎting zěnme jì:

A：梁老师，我想给家人往美国寄些东西。离这儿最近的邮局在哪儿？包裹的包装有要求吗？我需要带护照吗？

Liáng lǎoshī, wǒ xiǎng gěi jiārén wǎng Měiguó jì xiē dōngxi. Lí zhèr zuì jìn de yóujú zài nǎr? Bāoguǒ de bāozhuāng yǒu yāoqiú ma? Wǒ xūyào dài hùzhào ma?

B：你要往美国寄东西呀[1]？这要看你寄的包裹大小了。如果包裹很大，我一般就去邮局寄海运。虽然海运比较慢，一般要三个月才到，可是便宜得多。如果包裹小，或者只是寄信，我一般都不用邮局，而是找快递公司。

Nǐ yào wǎng Měiguó jì dōngxi ya[1]? Zhè yào kàn nǐ jì de bāoguǒ dàxiǎo le. Rúguǒ bāoguǒ hěn dà, wǒ yìbān jiù qù yóujú jì hǎiyùn. Suīrán hǎiyùn bǐjiào màn, yìbān yào sān ge yuè cái dào, kěshì piányi de duō. Rúguǒ bāoguǒ xiǎo, huòzhě zhǐ shì jì xìn, wǒ yìbān dōu bú yòng yóujú, érshì zhǎo kuàidì gōngsī.

A：邮局和快递公司有什么不同？

Yóujú hé kuàidì gōngsī yǒu shénme bù tóng?

B：邮局寄东西很慢。比如寄一封挂号信就要好几个星期，快递公司三天就能到。

Yóujú jì dōngxi hěn màn. Bǐrú jì yì fēng guàhàoxìn jiù yào hǎo jǐ ge xīngqī, kuàidì gōngsī sān tiān jiù néng dào.

A：用快递很贵吧？

Yòng kuàidì hěn guì ba?

Notes

1. "呀 yā" represents a fusion of the sentence final interjection "啊 ā" with a final vowel (a, e, i, o, or [y]u). In this case, it fuses with the final "i" of "dongxi": i+a = ya. "啊 ā" imparts a hearty tone, or one of impatience, obviousness, etc.

真实生活汉语 3
Chinese for Living in China

B: 现在快递公司很多，连中国邮政也^G2提供快递服务，叫EMS，EMS快递应该是最便宜的。我寄过一个包裹到佛罗里达，七天就到了，170多块钱。当然还有很多其他的快递公司，比如美国的联邦快递，UPS和DHL。这些公司都差不多：联邦快递和DHL寄到美国都是三天，两百块钱出头。我说的价格是基价，也就是500克的最低重量价。如果寄包裹的话^G3，会在最低重量价上^G4再按重量加钱。

Xiànzài kuàidì gōngsī hěn duō, lián Zhōngguó Yóuzhèng yě^G2 tígōng kuàidì fúwù, jiào EMS, EMS kuàidì yīnggāi shì zuì piányi de. Wǒ jìguo yí ge bāoguǒ dào Fóluólǐdá, qī tiān jiù dào le, yìbǎi qīshí duō kuài qián. Dāngrán hái yǒu hěn duō qítā de kuàidì gōngsī, bǐrú Měiguó de Liánbāng Kuàidì, UPS hé DHL. Zhèxiē gōngsī dōu chà bu duō: Liánbāng Kuàicì hé DHL jìdao Měiguó dōu shì sān tiān, liǎngbǎi kuài qián chūtóu. Wǒ shuō de jiàgé shì jījià, yě jiùshì wǔbǎi kè de zuì dī zhòngliàng jià. Rúguǒ jì bāoguǒ dehuà^G3, huì zài zuì dī zhòngliàng jià shang^G4 zài àn zhòngliàng jiā qián.

A: 我只寄一些首饰，玩具和服装，应该不超过500克吧？寄快递应该不会太贵，是不是？

Wǒ zhǐ jì yìxiē shǒushi, wánjù, hé fúzhuāng, yīnggāi bù chāoguò wǔbǎi kè ba? Jì kuàidì yīnggāi búhuì tài guì, shì bu shì?

B: 我知道EMS寄国际快递的起重价是130元。其他美国快递公司我不清楚。

Wǒ zhīdao EMS jì guójì kuàidì de qǐzhòngjià shì yìbǎi sānshí yuán. Qítā Měiguó kuàidì gōngsī wǒ bù qīngchǔ.

A: 如果我用美国的联邦快递或UPS，真的三天就可以寄到吗？

Rúguǒ wǒ yòng Měiguó de Liánbāng Kuàidì huò UPS, zhēnde sān tiān jiù kěyǐ jìdào ma?

B: 我提到的三天是指"三个工作日"。星期六和星期日是不算[2]的。如果你星期五寄，下星期二才会到。你还要注意算时差：美国差不多比中国晚送到一天吧。

Wǒ tídào de sān tiān shì zhǐ "sān ge gōngzuòrì". Xīngqīliù hé xīngqīrì shì bú suàn[2] de. Rúguǒ nǐ xīngqīwǔ jì, xià xīngqī'èr cái huì dào. Nǐ hái yào zhùyì suàn shíchā: Měiguó chà bu duō bǐ Zhōngguó wǎn sòngdào yì tiān ba.

A: 这些快递公司对包装有要求吗？

Zhèxiē kuàidì gōngsī duì bāozhuāng yǒu yāoqiú ma?

---

2. "不算 bú suàn" means "to not count, to be excluded".

第二十八课 快递
Lesson Twenty-eight Express Mail

B： 包装应该以保证东西的安全为主[G5]。至少联邦快递会提供专用的纸箱子，不需要自己准备箱子。别的快递公司我不清楚，你可以打电话问问。
Bāozhuāng yīnggāi yǐ bǎozhèng dōngxi de ānquán wéi zhǔ[G5]. Zhìshǎo Liánbāng Kuàidì huì tígōng zhuānyòng de zhǐxiāngzi, bù xūyào zìjǐ zhǔnbèi xiāngzi. Biéde kuàidì gōngsī wǒ bù qīngchu, nǐ kěyǐ dǎ diànhuà wènwen.

A： 你知道联邦快递或UPS的地址吗？我想当面问比较容易些。
Nǐ zhīdao Liánbāng Kuàidì huò UPS de dìzhǐ ma? Wǒ xiǎng dāngmiàn wèn bǐjiào róngyì xiē.

B： 你可以上网查他们的门店地址。如果你需要帮忙，你可以随时叫我。
Nǐ kěyǐ shàng wǎng chá tāmen de méndiàn dìzhǐ. Rúguǒ nǐ xūyào bāng máng, nǐ kěyǐ suíshí jiào wǒ.

A： 好。我现在就上网查查快递公司。
Hǎo. Wǒ xiànzài jiù shàng wǎng chácha kuàidì gōngsī.

New Words

1	快递/快遞	kuàidì	N	express delivery
2	寄	jì	V	to mail, to send
3	向	xiàng	Prep/V	to, towards; to face, to turn towards
4	包裹	bāoguǒ	N	parcel, package
5	包装/包裝	bāozhuāng	V/N	to pack, to wrap up; package, packaging
6	海运/海運	hǎiyùn	V/N	to transport by sea; ocean shipping
7	封	fēng	Meas	for letters, telegrams (things sealed)
8	挂号信/掛號信	guàhàoxìn	N	registered letter
9	连/連	lián	Prep	even, including
10	邮政/郵政	yóuzhèng	N	postal service
11	佛罗里达/佛羅里達	Fóluólǐdá	PropN	Florida
12	其他	qítā	Adj/Pron	other; the others, the rest
13	联邦/聯邦	liánbāng	N	union, federation
14	出头/出頭	chū tóu	VO	to be slightly over, a little more, odd

15	基价/基價	jījià	N	base price
16	克	kè	Meas	gram
17	重量	zhòngliàng	N	weight
18	首饰/首飾	shǒushi	N	jewelry
19	玩具	wánjù	N	toy
20	起重价/起重價	qǐzhòngjià	N	minimum weight price
21	提到	tídào	V	to mention, to raise
22	注意	zhùyì	V	to pay attention to, to take notice of
23	时差/時差	shíchā	N	time difference
24	至少	zhìshǎo	Adv	at least
25	专用/專用	zhuānyòng	V	to use for special purposes, to be used exclusively for
26	纸箱子/紙箱子	zhǐ xiāngzi	N	package, cardboard box
27	当面/當面	dāngmiàn	Adv	in one's presence, face to face
28	门店/門店	méndiàn	N	retail department, store

Re-enacting the Dialogue

A: Lisha Chen   B: Hong Liang

It's almost Christmas. Lisha Chen has bought Christmas gifts for her father, mother and sister's family. She wants to send the gifts to the U.S. before Christmas. She knows her colleague at the English Language Teaching and Research Department, Hong Liang, often mails things to her son who studies at an American university, so she asks her about mailing:

A: Teacher Liang, I want to mail some things to my family in the U.S. Where's the closest post office? Are there any requirements for packaging? Do I need to bring my passport?

B: So you want to mail some things to the U.S.? It all depends on how big your package is. If the package is large, I usually send it by sea. Although it's slow by sea and usually takes three months, it is a lot cheaper. If your package is small, or you're only mailing a letter, I generally don't use the Chinese post office. Instead, I find an express mail company.

A: What's the difference between the post office and an express mail company?

B: Sending things through the post office is slow. For instance, it takes several weeks to deliver a registered letter (to the U.S.), but with an express mail company, it'll arrive in three days.

Lesson Twenty-eight Express Mail

A: The express mail company is quite expensive, presumably.

B: There are lots of express mail companies. Even China Post has an express mail service, which is called EMS. EMS probably has the lowest price. I sent a package to Florida once, it only took seven days, and for a little over ¥170. Of course there are many other express mail companies, including the FedEx, UPS and DHL. These companies are all more or less the same: FedEx and DHL mail take about three days to get to the U.S., and cost a little more than ¥200. I am talking about base price, that is, the price for 500 grams, the minimum weight. If it's over that weight, then there are additional charges based on the extra weight.

A: I'm only mailing some jewelry, toys and clothing, which wouldn't be over 500 grams, would it? If I use express mail, that won't be too expensive, will it?

B: I know EMS charges start at ¥130 for the minimum weight for sending things international express mail. Other, U.S. express mail companies, you can find our about online.

A: If I use FedEx or UPS, will it really get there in three days?

B: The three days I mentioned means "three week days." Saturday and Sunday don't count. If you mail something on Friday, it won't arrive until the following Tuesday. You also need to pay attention to the time difference: the U.S. will deliever roughly a day later than China, right?

A: Do these express mail companies have packaging requirements?

B: With packing, it's the safety of the things that counts. FedEx, at least, provides customized cardboard boxes for free, so you don't have to prepare a box yourself. I am not sure about other express mail companies. You can find the information of other express mail companies online.

A: Do you know the address of FedEx or UPS? I think asking face-to-face will be more clear.

B: You can find their store addresses online. If you need help, you can ask me anytime.

A: Okay. I'll go online now and look up express mail companies.

Grammar

▶ G1. The preposition "向 xiàng" (to, towards)

In Chinese, the person to whom a question is directed can be expressed as an (indirect) object of "问 wèn": "她问我一个问题 Tā wèn wǒ yí ge wèntí" (She asked me a question). Or the person asked can be expressed as a prepositional phrase with "向 xiàng" (towards, to): "我向她问一个问题 wǒ xiàng tā wèn yí ge wèntí" (I asked a question "to her" = I asked her a question). The difference is very subtle.

Other verbs of inquiry, such as "打听 dǎting" (to inquire) or "请教 qǐngjiào" (to seek advice), require the person asked to be introduced with a "向 xiàng" phrase.

① 陈丽莎向同事打听怎么把东西寄到美国去。
Chén Lìshā xiàng tóngshì dǎting zěnme bǎ dōngxi jìdào Měiguó qu.
Chen Lisha asks her colleague how to mail things to America.

② 我想向你请教一个问题。
Wǒ xiǎng xiàng nǐ qǐngjiào yí ge wèntí.
I have a question for you.

③ 他很懂中文语法，我有不懂的地方常常向他请教。
Tā hěn dǒng Zhōngwén yǔfǎ, wǒ yǒu bù dǒng de dìfang chángcháng xiàng tā qǐngjiào.
He really knows a lot about Chinese grammar, so if there's something I don't understand, I often ask him for help.

More generally, "向 xiàng" is used to indicate the direction of action, i.e. "to, towards", as in the following examples:

④ 开车的时候一定要向前看！
Kāi chē de shíhou yídìng yào xiàng qián kàn!
[You] must look ahead while driving!

⑤ 从火车的窗口向外看，风景非常漂亮！
Cóng huǒchē de chuāngkǒu xiàng wài kàn, fēngjǐng fēicháng piàoliang!
Looking out from the window on the train, the scenery is very pretty.

▶ G2. The construction "连 lián…… 都 dōu/也 yě……", used to express emphatic inclusion or exclusion

The preposition "连 lián", followed by a noun or noun phrase, indicates inclusion (or exclusion) and often corresponds to "even" in English. The "连 lián" phrase is usually followed by inclusive (or exclusive) adverbs "也 yě" or "都 dōu".

① 现在快递公司很多，连中国邮政也提供快递服务。
Xiànzài kuàidì gōngsī hěn duō, lián Zhōngguó Yóuzhèng yě tígōng kuàidì fúwù.
Nowadays, there are lots of express mail companies, even China Post has an express service.

Often the "连 lián" phrase indicates a degree of deprivation by excluding "even" a minimum: "他连饭也没吃 Tā lián fàn yě méi chī" (even a meal, he didn't eat, i.e. "without even having a meal"):

② 明天要考试，他连饭也没吃就去图书馆了。
Míngtiān yào kǎoshì, tā lián fàn yě méi chī jiù qù túshūguǎn le.
He's got an exam tomorrow, so he's gone to the library without even having anything to eat.

③ 我帮了她的忙，她连一句谢谢也没说。
Wǒ bāngle tā de máng, tā lián yí jù xièxie yě méi shuō.
I helped her (but) she didn't even utter a thanks!

The minimum can also be "one" of an item: "连一个 lián yí ge" (even one), "连一分钱 lián yì fēn qián" (even one cent), "连一本书 lián yì běn shū" (even one book). Emphasis can be achieved by ruling out even the minimal option. In such cases, "连" is often omitted, as the following example indicates:

④ 我(连)一分钱也没有。
Wǒ (lián) yì fēn qián yě méiyǒu.
I even don't have a cent.

▶ **G3. The particle "……的话 dehuà" (if, say that ...)**

In Lesson 24 (G4), "的话 dehuà" was introduced as part of longer construction that combined a conditional "if" clause with an alternative suggestion: "不相信的话，可以打电话问问你们校长 Bù xiāngxìn dehuà, kěyǐ dǎ diànhuà wènwen nǐmen xiàozhǎng" (If you don't believe me, you can phone the principal and check.)

In this lesson, the particle "的话 dehuà" appears with conditional clauses beginning with "如果 rúguǒ" or "要是 yàoshi" to further underscore the conditional "if" meaning.

① 如果寄包裹的话，会在最低重量价上再按重量加钱。
Rúguǒ jì bāoguǒ dehuà, huì zài zuì dī zhòngliàngjià shang zài àn zhòngliàng jiā qián.
If your package is over that weight, then there would be additional charges based on how much over the minimum weight it is.

② 要是用联邦快递的话，他们会提供专用的纸箱子。
Yàoshi yòng Liánbāng Kuàidì dehuà, tāmen huì tígōng zhuānyòng de zhǐxiāngzi.
Should you happen to use FedEx, they'll provide you with special cardboard boxes.

▶ **G4. Adverbial phrases of the form: "在 zài ……上 shàng" (in terms of, in regard to, etc.)**

Location in Chinese can be expressed with a construction that places "在 zài" at the head and "上 shàng" at the foot, forming an adverbial phrase that is placed before the verb (or verb phrase). Example ① is taken from this lesson's narrative:

① 其他美国快递公司你可以在网上查。
Qítā Měiguó kuàidì gōngsī nǐ kéyǐ zài wǎngshang chá.

Other, U.S. express mail companies, you can find out about online.

In some cases, however, the location is quite abstract. In such cases, the English may have no expression corresponding to "在 zài ……上 shàng":

② 现在什么都买得到，所以在生活上没有什么困难。
Xiànzài shénme dōu mǎi de dào, suǒyǐ zài shēnghuò shàng méiyǒu shénme kùnnan.
Nowadays, you can buy anything, so life isn't particularly difficult.

In other cases, the English equivalent will be a simple preposition, such as "on" "in" or "about", or a complex preposition such as "on the basis of" or "in/with regard(s) to":

③ 在最低重量价上再按重量加钱。
Zài zuìdī zhòngliàng jià shang zài àn zhòngliàng jiā qián.
Extra charges are calculated on the basis of how much over the minimum weight it is.

④ 在这件事情上，大家的看法很不一致。
Zài zhè jiàn shìqing shang, dàjiā de kànfǎ hěn bù yízhì.
Everyone has a different view on this matter.

⑤ 他刚到中国的时候，中文不够好，在交流上有很大的困难
Tā gāng dào Zhōngguó de shíhou, Zhōngwén bú gòu hǎo, zài jiāoliú shang yǒu hěn dà de kùnnan.
When he first got to China, his Chinese wasn't that good, and he had a lot of difficulty communicating. ("with regard to communication")

▶ **G5.** The construction "以 yǐ……为 wéi……" (to take to be, to regard as)

"以 yǐ……为 wéi……", preserves earlier meanings of "以 yǐ" and "为 wéi" as "to take" and "to be", hence "to take to be, to regard as". Thus "以 yǐ……为主 wéi zhǔ (to take ... as basic), "以 yǐ……为标准 wéi biāozhǔn" (to take ... as standard).

① 包装应该以保证东西的安全为主。
Bāozhuāng yīnggāi yǐ bǎozhèng dōngxi de ānquán wéi zhǔ.
The package should take the safty of products as the basic requirement.

② 爸爸妈妈以孩子为快乐的源泉。
Bàba māma yǐ háizi wéi kuàilè de yuánquán.
Parents consider their children to be the source of their happiness.

③ 普通话以北京话为标准。Putonghua take Beijing dialect as its standard.
Pǔtōnghuà yǐ Běijīnghuà wéi biāozhǔn.

④ 我们都应该以帮助别人为乐。We should take pleasure in helping others.
Wǒmen dōu yīnggāi yǐ bāngzhù biérén wéi lè.

第二十八课 快递
Lesson Twenty-eight Express Mail

Consolidation & Practice

1. "向 xiàng" with inquiries

(1) Complete the following sentences with 向+somebody+ verb.

1) 如果你生活上有什么问题，可以向＿＿＿＿＿＿＿＿＿＿＿＿＿＿（hint: ask Mr. Jones for help），他会帮助你的。
   Rúguǒ nǐ shēnghuó shang yǒu shénme wèntí, kěyǐ xiàng ＿＿＿＿＿＿＿＿＿＿, tā huì bāngzhù nǐ de.

2) 我是新来的英文老师，以后有不懂的地方，一定向＿＿＿＿＿＿＿＿＿＿＿＿。
   (hint: ask for guidance)
   Wǒ shì xīn lái de Yīngwén lǎoshī, yǐhòu yǒu bù dǒng de dìfang, yídìng xiàng ＿＿＿＿＿＿＿＿＿＿.

3) 我的英文不够好，如果你有英文方面的问题，你可以向＿＿＿＿＿＿＿＿＿＿。
   (hint: ask Mr. Jones)
   Wǒ de Yīngwén bú gòu hǎo, rúguǒ nǐ yǒu Yīngwén fāngmiàn de wèntí, nǐ kěyǐ xiàng ＿＿＿＿＿＿＿＿＿.

4) 我想向＿＿＿＿＿＿＿＿＿＿＿＿＿(ask you)，这里住着一位叫John的英国人吗？
   Wǒ xiǎng xiàng ＿＿＿＿＿＿＿＿, zhèli zhùzhe yí wèi jiào John de Yīngguórén ma?

5) 今天我看到了你过去的同事张英，她要我向＿＿＿＿＿＿＿＿＿＿＿＿＿。
   (hint: she sent you her regards)
   Jīntiān wǒ kàndàole nǐ guòqu de tóngshì Zhāng Yīng, tā yào wǒ xiàng＿＿＿＿＿＿＿＿＿.

(2) Answer the following questions by using the "向 xiàng" pattern.

1) A: 我不知道怎么从中国寄包裹回国，怎么办？
   Wǒ bù zhīdào zěnme cóng Zhōngguó jì bāoguǒ huíguó, zěnme bàn?

   B: 你可以＿＿＿＿＿＿＿＿＿＿＿＿＿＿＿＿＿＿＿。
   Nǐ kěyǐ   (Hint: Ask the post office staff.)

2) A: 我不会在中国银行开户，怎么办？
   Wǒ bú huì zài Zhōngguó yínháng kāi hù, zěnme bàn?

   B: 你可以＿＿＿＿＿＿＿＿＿＿＿＿＿＿＿＿＿＿＿。
   Nǐ kěyǐ   (Hint: Ask the staff near the door of the bank.)

3) A: 我不知道怎么在网上订高铁的票，怎么办？
   Wǒ bù zhīdào zěnme zài wǎngshàng dìng gāotiě de piào, zěnme bàn?

   B: 你可以＿＿＿＿＿＿＿＿＿＿＿＿＿＿＿＿＿＿＿。
   Nǐ kěyǐ   (Hint: Ask your Chinese colleague.)

4) A：我想租个既不太贵又离办公室不太远的公寓，应该问谁？
   Wǒ xiǎng zū ge jì bú tài guì yòu lí bàngōngshì bú tài yuǎn de gōngyù, yīnggāi wèn shuí?

   B：你可以_____。
   Nǐ kěyǐ   (Hint: Ask your co-workers.)

5) A：我想给我的美国朋友用英文写封信，可是我的英文很差，怎么办？
   Wǒ xiǎng gěi wǒ de Měiguó péngyou yòng Yīngwén xiě fēng xìn, kěshì wǒ de Yīngwén hěn chà, zěnme bàn?

   B：你可以_____。
   Nǐ kěyǐ   (Hint: Ask the English teacher at your school.)

2. "连 lián ……都 dōu/也 yě ……"

(1) Complete the following sentences with the "连 lián" pattern.

1) 在网上买东西太方便了，你连_____。(hint: no need to go to the super market)
   Zài wǎngshàng mǎi dōngxi tài fāngbiàn le, nǐ lián _____.

2) 为了3点前到学校接孩子，妈妈连_____。(hint: she didn't go home first)
   Wèile sāndiǎn qián dào xuéxiào jiē háizi, māma lián _____.

3) 他急着去办公室，外面下雨了，他连_____就出门了。
   Tā jízhe qù bàngōngshì, wàimiàn xià yǔ le, tā lián _____ jiù chū mén le.

4) 那个快递公司连_____，还得顾客自己准备包装纸。
   Nàge kuàidì gōngsī lián _____, hái děi gùkè zìjǐ zhǔnbèi bāozhuāng zhǐ.

5) 你去银行办理开户怎么连_____？那些东西都是必须的啊。
   Nǐ qù yínháng bànlǐ kāi hù zěnme lián _____? Nàxiē dōngxi dōu shì bìxū de a.

(2) Use the "连 lián" pattern to complete the following dialogue.

1) A：我可以在哪儿取款？
   Wǒ kěyǐ zài nǎr qǔ kuǎn?

   B：你在哪个中国银行都可以取款，_____。
   Nǐ zài nǎge Zhōngguó Yínháng dōu kěyǐ qǔ kuǎn, (or even from the ATM by your apartment.)

2) A：听说中国的邮局提供很多服务，是这样吗？
   Tīngshuō Zhōngguó de yóujú tígōng hěn duō fúwù, shì zhèyàng ma?

   B：是的，除了寄信、寄包裹，你连_____都可以寄。
   Shì de, chúle jì xìn、jì bāoguǒ, nǐ lián _____ dōu kěyǐ jì.

3) A：你现在住的公寓怎么样？
   Nǐ xiànzài zhù de gōngyù zěnmeyàng?

   B：非常好！什么都有，连_____。
   Fēicháng hǎo! Shénme dōu yǒu, lián _____.

第二十八课　快递
Lesson Twenty-eight Express Mail

4) A：哪些公司提供快递的服务？
　　　Nǎxiē gōngsī tígōng kuàidì de fúwù?

　B：有UPS、DHL，连_____。
　　　Yǒu UPS、DHL, lián   (the post office provides express-mail service.)

5) A：听说现在在网上什么都买得到，是真的吗？
　　　Tīngshuō xiànzài zài wǎngshàng shénme dōu mǎi de dào, shì zhēnde ma?

　B：是的，在网上什么都买得到，连_____。
　　　Shì de, zài wǎngshàng shénme dōu mǎi de dào, lián _____.

3. "……的话 dehuà"

(1) Complete the following sentences.

1) 如果_____的话，你可以找一个快递公司。
　　Rúguǒ _____ dehuà, nǐ kěyǐ zhǎo yí ge kuàidì gōngsī.

2) 如果你_____的话，还是再找三个同屋一起住吧。
　　Rúguǒ nǐ _____ dehuà, háishì zài zhǎo sān ge tóngwū yìqǐ zhù ba.

3) 今天_____的话，我就不去了，明天再去。
　　Jīntiān _____ dehuà, wǒ jiù bú qù le, míngtiān zài qù.

4) 如果_____的话，空运比海运好。
　　Rúguǒ _____ dehuà, kōngyùn bǐ hǎiyùn hǎo.

5) 如果_____的话，请找公寓的管理员。
　　Rúguǒ _____ dehuà, qǐng zhǎo gōngyù de guǎnlǐyuán.

(2) Answer the following questions with "……的话 dehuà".

1) A：从这儿到北京最快的办法是什么？
　　　Cóng zhèr dào Běijīng zuì kuài de bànfǎ shì shénme?

　B：_____(If you're in a big hurry), _____。

2) A：我有好几本书想寄回老家，你说哪种方式好？
　　　Wǒ yǒu hǎo jǐ běn shū xiǎng jì huí lǎojiā, nǐ shuō nǎ zhǒng fāngshì hǎo?

　B：_____(If you want to save money), _____。

3) A：我在中国需要申请一张中国的信用卡吗？
　　　Wǒ zài Zhōngguó xūyào shēnqǐng yì zhāng Zhōngguó de xìnyòngkǎ ma?

　B：_____(If you plan to purchase many things online), _____。

4) A：现在大家都在网上购物，难道去商店购物不好了吗？
　　　Xiànzài dàjiā dōu zài wǎngshang gòu wù, nándào qù shāngdiàn gòu wù bù hǎole ma?

　B：_____(If you enjoy trying on clothes), _____。

5) A：我需要用国际快递寄这封信吗？
   Wǒ xūyào yòng guójì kuàidì jì zhè fēng xìn ma?

   B：_____(If you want to save time), _____。

4. "在 zài ……上 shàng"

(1) Complete the following sentences with "在 zài ……上 shàng".

   1) A：你们的快递价钱是怎么算的？
      Nǐmen de kuàidì jiàqián shì zěnme suàn de?

      B：_____。
      (Hint: Extra charges are calculated on the basis of how much over the minimum weight it is.)

   2) A：这款大衣多少钱？
      Zhè kuǎn dàyī duōshǎo qián?

      B：一件800元，不过只要_____你就可以再买一件同款的。
      Yí jiàn bābǎi yuán, búguò zhǐyào (Hint: to add $200 on the top of the original price), nǐ jiù kěyǐ zài mǎi yí jiàn tóng kuǎn de.

   3) A：如果加班的话，工资怎么算？
      Rúguǒ jiā bān dehuà, gōngzī zěnme suàn?

      B：加班费是，_____来计算。
      Jiābānfèi shì (Hint: calculated on the basis of two times of the regular pay...) lái jìsuàn.

   4) A：在中国退休了，退休金是怎么算的？
      Zài Zhōngguó tuìxiūle, tuìxiūjīn shì zěnme suàn de?

      B：退休金是_____来计算。
      Tuìxiū jīn shì (Hint: based on [your] base salary, with an extra amount added according to the number of years employed) lái jìsuàn

   5) A：朋友之间怎么维持良好的关系？
      Péngyǒu zhī jiān zěnme wéichí liánghǎo de guānxi?

      B：在我看来，_____。
      Zài wǒ kàn lái, (Hint: On the basis of mutual trust, they need to have common interest, too.)

(2) Using the pattern "在 zài……上 shàng" to comment on each topic.

   1) 请你从价钱、设备、交通这几个方面谈谈你现在住的地方。
      Qǐng nǐ cóng jiàqián、shèbèi、jiāotōng zhè jǐ ge fāngmian tántan nǐ xiànzài zhù de dìfang.

      _____

   2) 请从票价、时间这两个方面比较一下从深圳到北京坐高铁和坐飞机哪个好。
      Qǐng cóng piàojià, shíjiān zhè liǎng ge fāngmian bǐjiào yíxià cóng Shēnzhèn dào Běijīng zuò gāotiě hé zuò fēijī nǎge hǎo.

      _____.

第二十八课　快递

Lesson Twenty-eight Express Mail

3) 请从房价、环境、交通等各方面比较一下你的老家和你现在住的城市。
Qǐng cóng fángjià、huánjìng、jiāotōng děng gè fāngmian bǐjiào yíxià nǐ de lǎojiā hé nǐ xiànzài zhù de chéngshì.
_____.

4) 请比较一下用快递公司寄包裹和用邮局寄包裹哪个好。
Qǐng bǐjiào yíxià yòng kuàidì gōngsī jì bāoguǒ hé yòng yóujú jì bāoguǒ nǎge hǎo.
_____.

5) 请说说你现在的工作/学习。
Qǐng shuōshuo nǐ xiànzài de gōngzuò/xuéxí.
_____.

5. "以 yǐ……为 wéi……"

(1) Recast the following sentences, using the pattern "以 yǐ……为 wéi……".

1) 他来上海的目的就是在浦东找个好工作。→_____
Tā lái Shànghǎi de mùdì jiù shì zài Pǔdōng zhǎo ge hǎo gōngzuò.

2) 快递的最低重量价是500克。→_____
Kuàidì de zuì dī zhòngliàng jià shì wǔbǎi kè.

3) 学习应该是学生生活的重心。→_____
Xuéxí yīnggāi shì xuéshēng shēnghuó de zhòngxīn.

4) 托运行李最重要的就是安全。→_____
Tuōyùn xíngli zuì zhòngyào de jiù shì ānquán.

5) 在中国的留学生最主要的任务就是学好汉语和尽量了解中国文化。→
Zài Zhōngguó de liúxuéshēng zuì zhǔyào de rènwù jiù shì xuéhǎo Hànyǔ hé jǐnliàng liǎojiě Zhōngguó wénhuà.
_____

(2) Complete the following dialogues with "以 yǐ ……为 wéi ……".

1) A：你想坐哪个航空公司的飞机？
　　Nǐ xiǎng zuò nǎge hángkōng gōngsī de fēijī?

　B：哪个航空公司的飞机都可以，但是我_____。
　　(consider safety as the main priority)
　　Nǎge hángkōng gōngsī de fēijī dōu kěyǐ, dànshì wǒ_____.

2) A：我的房间钥匙丢了，你可以帮我开门吗？
　　Wǒ de fángjiān yàoshi diū le, nǐ kěyǐ bāng wǒ kāi mén ma?

　B：请你给我看看你的身份证，我们必须_____。
　　(take your ID as proof)
　　Qǐng nǐ gěi wǒ kànkan nǐ de shēnfènzhèng, wǒmen bìxū_____.

3) A：我有好几个公寓出租，你想要哪个？
   Wǒ yǒu hǎo jǐ ge gōngyù chūzū, nǐ xiǎng yào nǎge?

   B：对我来说，离工作的地方近是最重要的，也就是说，我选公寓_____。
   (regard convenience as the most important thing)
   Duì wǒ lái shuō, lí gōngzuò de dìfang jìn shì zuì zhòngyào de, yě jiù shì shuō, wǒ xuǎn gōngyù_____.

4) A：你在中国这一年有什么计划？
   Nǐ zài Zhōngguó zhè yì nián yǒu shénme jìhuà?

   B：赚钱对我来说并不重要，我_____。(priority is learning Chinese language and culture)
   Zhuàn qián duì wǒ lái shuō bìng bú zhòngyào, wǒ _____.

5) A：我的飞机快起飞了，能不能不经过安全检查让我先走？
   Wǒ de fēijī kuài qǐfēi le, néng bu néng bù jīngguò ānquán jiǎnchá ràng wǒ xiān zǒu?

   B：不可以，我们_____(safety is our top priority)，所以每个人都得经过安全检查。
   Bù kěyǐ, wǒmen_____, suǒyǐ měi ge rén dōu děi jīngguò ānquán jiǎnchá.

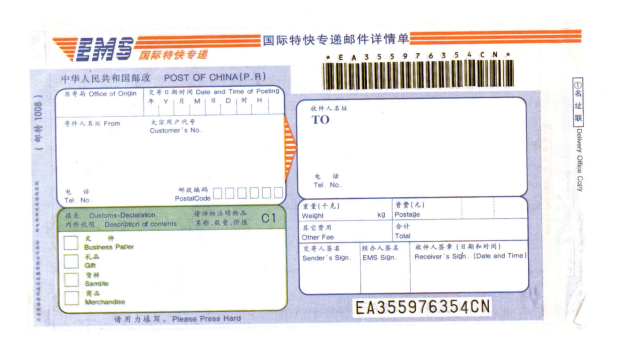

Lesson Twenty-eight Express Mail
第二十八课 快递

Listening Comprehension

1. Listen to the conversation, then answer the questions.

   (1) What kind of help did Xiao Zhao offer?
      A. Buy some books for her.
      B. Pack the books for her.
      C. Mail the books for her.

   (2) Which of the following statements is correct?
      A. It takes two months to ship books by sea to the States.
      B. She plans to buy over 20 books before he goes home.
      C. Xiao Zhao's dormitory is quite far from the post office.

2. Listen to the conversation between a post office clerk and a customer, then answer the questions.

   (1) Why was the first speaker eager to mail the toys to his sister by the next Tuesday?
      A. Because his nephew's birthday was on that Tuesday.
      B. Because his sister's birthday was on that Tuesday.
      C. Because Christmas was that Tuesday.

   (2) How much is the shipping cost?
      A. It's about ¥240.
      B. It's about ¥420.
      C. It's about ¥214.

   (3) When is the package supposed to arrive?
      A. The following Sunday.
      B. The following Monday.
      C. The following Tuesday.

真实生活汉语 **3**
Chinese for Living in China

Communication Activities

Pair Work

Scenario I:
A: As a customer, you want to send a Chinese silk scarf back home as a birthday present for your mother, whose birthday is in a week. Ask for the fastest and best way to send it in order to reach your mother by her birthday.

B: As a post-office clerk, explain to the customer the best way to send parcels back home.

Scenario II:
A: As a student, you bought over 40 books during your stay in China. Now you want to ship them home.

B: You are a post-office clerk who try to explain how to ship the books back.

生日礼物	寄给	在……之前	包裹
shēngrì lǐwù	jì gěi	zài…… zhīqián	bāoguǒ
海运	挂号	快递	提供纸箱
hǎiyùn	guà hào	kuàidì	tígōng zhǐxiāng

Role-Play and Group Work

Divide the class into two groups. One group consists of different delivery companies, each with a different service package. The other group are the clients, each with a different set of needs. For example, one client wants to mail three heavy dictionaries back home (overseas), another wants fresh flowers delivered within 24 hours, and so on. The clients talk to the representatives from the delivery companies to find out which one is best for their needs.

Review Exercises

I. Match the verbs on the left with the nouns on the right.

1) 提供 tígōng   A. 电话 diànhuà

2) 打 dǎ   B. 密码 mìmǎ

3) 输入 shūrù   C. 包装箱子 bāozhuāng xiāngzi

4) 寄 jì   D. 快递服务 kuàidì fúwù

5) 准备 zhǔnbèi   E. 包裹 bāoguǒ

第二十八课 快递
Lesson Twenty-eight Express Mail

II. Fill in the blank with the words listed below.

| 空运 kōngyùn | 纸箱 zhǐxiāng | 安全 ānquán | 运费 yùnfè | 打听 dǎtīng |

我在深圳已经工作了一年了，下个月就得回国了。这一年里，
Wǒ zài Shēnzhèn yǐjīng gōngzuòle yì nián le, xià ge yuè jiù děi huí guó le. Zhè yì nián li,

我买了很多有关中国艺术的画册，差不多有四十册。我打算把
wǒ mǎile hěnduō yǒuguān Zhōngguó yìshù de huàcè, chà bu duō yǒu sìshí cè. Wǒ dǎsuàn bǎ

这些书都寄回国。因为书太重，如果_____的话_____会非常
zhèxiē shū dōu jìhuí guó. Yīnwèi shū tài zhòng, rúguǒ _____ dehuà _____ huì fēicháng

高。我_____了一下，发现最好的办法还是寄海运，既便宜又_____，
gāo. Wǒ _____ le yíxià, fāxiàn zuì hǎo de bànfǎ háishi jì hǎiyùn, jì piányi yòu _____,

差不多两个月的时间画册就可以到我家了。我现在得先去买几个
chà bu duō liǎng ge yuè de shíjiān huàcè jiù kěyǐ dào wǒ jiā le. Wǒ xiànzài děi xiān qù mǎi jǐ ge

好_____，把书先包装好，再去邮局寄。
hǎo _____, bǎ shū xiān bāozhuānghǎo, zài qù yóujú jì.

III. Complete the following dialogs.

A：你看看，我还有两个星期就要回国了，现在屋子里有这么多的东西，怎么办啊？
   Nǐ kànkan, wǒ hái yǒu liǎng ge xīngqī jiù yào huí guó le, xiànzài wūzi li yǒu zhème duō de dōngxi, zěnme bàn a?

B：我还会在这儿住两年呢。厨房里你的厨具，如果_____的话，可以_____。
   Wǒ hái huì zài zhèr zhù liǎng nián ne. Chúfáng li nǐ de chújù, rúguǒ _____ dehuà, kěyǐ _____.

A：没问题，只要你觉得那些厨具有用，我就卖给你，连我的_____也可以_____。
   Méi wèntí, zhǐyào nǐ juéde nàxiē chújù yǒuyòng, wǒ jiù mài gěi nǐ, lián wǒ de _____ yě kěyǐ _____.

B：衣服就不用了。我们高矮不同，因此我们衣服的_____ (hint: size, length) 也都不同，我穿不了你的衣服。
   Yīfu jiù bú yòng le. Wǒmen gāo'ǎi bù tóng, yīncǐ wǒmen yīfu de _____ yě dōu bù tóng, wǒ chuān bu liǎo nǐ de yīfu.

A：那没关系，我也可以运回美国穿。还有，我给家人买的礼物也很多，现在正在想应该怎么寄走。
   Nà méi guānxi, wǒ yě kěyǐ yùn huí Měiguó chuān. Háiyǒu, wǒ gěi jiārén mǎi de lǐwù yě hěn duō, xiànzài zhèngzài xiǎng yīnggāi zěnme jìzǒu.

真实生活汉语 3
Chinese for Living in China

B：如果_____的话，我想你就寄快递或空运；如果_____的话，你也可以寄海运。你有包装的纸箱吗？
Rúguǒ _____ dehuà, wǒ xiǎng nǐ jiù jì kuàidì huò kōngyùn; rúguǒ _____ dehuà, nǐ yě kěyǐ jì hǎiyùn. Nǐ yǒu bāozhuāng de zhǐxiāng ma?

A：我这儿虽然东西多，但是连_____也没有。你有吗？
Wǒ zhèr suīrán dōngxi duō, dànshì lián _____ yě méiyǒu. Nǐ yǒu ma?

B：我也没有，不过我可以到楼下问问保安，也许他们办公室有。
Wǒ yě méiyǒu, búguò wǒ kěyǐ dào lóu xià wènwen bǎo'ān, yěxǔ tāmen bàngōngshì yǒu.

A：真是谢谢你啊。等我把东西都寄走了以后，我请你去那家老王水饺店吃饺子。
Zhēnshi xièxie nǐ a. Děng wǒ bǎ dōngxi dōu jìzǒule yǐhòu, wǒ qǐng nǐ qù nà jiā Lǎo Wáng shuǐjiǎodiàn chī jiǎozi.

IV. Complete the following tasks in Chinese.

(1) You bought a pearl necklace in Beijing and you want to have it mailed to your mother for her birthday, which is about two weeks from now. Explain what you want to the agent in the post office.

珍珠项链	首饰	寄到 + place	寄快递
zhēnzhū xiàngliàn	shǒushi	jì dào	jì kuàidì
以安全为主	几天可以寄到		
yǐ ānquán wéi zhǔ	jǐ tiān kěyǐ jì dào		

1) ....
2) ....
3) ....
4) ....
5) ....
6) ....

(2) A classmate is thinking of sending a bottle of Maotai (liquor) to a friend in the United States by express mail. Explain how express mail works in China, and make a recommendation to him/her based on the type of item and the time involved.

茅台酒	快递公司	包裹的大小	以安全为主
Máotái jiǔ	kuàidì gōngsī	bāoguǒ de dàxiǎo	yǐ ānquán wéi zhǔ
7天可以到			
7 tiān kěyǐ dào			

Lesson Twenty-eight Express Mail

1) ....
2) ....
3) ....
4) ....
5) ....
6) ....

(3) Check how much local express companies charge for shipping sweaters (5 lbs.) to New York City. Compare their rates to that of the post office. Recommend a company to your classmates and give the reasons why it is the best deal.

1) ....
2) ....
3) ....
4) ....
5) ....
6) ....

(4) Find one category of items that the post office's rate in your city is better than that of the express companies. Explain why.

1) ....
2) ....
3) ....
4) ....
5) ....
6) ....

Culture Notes

1. International express companies in China

a. One the Chinese international express service is called EMS. It is run by CHINA POST (中国邮政 Zhōngguó Yóuzhèng). EMS has its network in more than 200 countries. Its service phone number in China is 11183.

b. There are several foreign express companies with branches in China, including Fedex, DHL, and UPS. Their phone numbers and website addresses are:

Fedex: 800-988-1888   http://www.tedex.com/cn/
DHL: 95380   http://www.cn.dhl.com/zh.html
UPS: 400-820-8388   http://www.ups.com/cn

2. Three ways to send parcels abroad

a. Air mail/parcels: the fastest way to ship things;

b. Air + water + land mail/parcels: the second fastest way to ship things;

c. Water + land mail/parcels: the slowest way to ship things.

The time difference is between 20 to 40 days for international shipping.

Lesson Twenty-nine   An Invitation
第二十九课   做客
Dì-èrshíjiǔ Kè   Zuò kè

In this lesson you will learn how to do the following
- Find out what to wear and what to bring when you visit a Chinese family
- Make arrangements with people to go to a party

Grammar
- The conjunction "由于 yóuyú" (owing to, due to, because of)
- The conjunction "尽管 jǐnguǎn" (even though, despite)
- The construction "不只 bùzhǐ ……还 hái……" (not just ... but also ...)
- Enumerations closed with "什么的 shénme de" (and so on, etc.)
- The conjunction "因此 yīncǐ" (therefore, for this reason, consequently)

Culture Notes
- Gifts
- Occasions for giving gifts

Dialogue

A：林大伟 Lín Dàwěi　　B：陈老师 Chén Lǎoshī

　　林大伟在深圳大学上三年级汉语课，班里的同学都是从不同国家刚到中国来的。由于^{G1}大家的文化背景、生活习惯都不太一样[1]，中文又不够好，在交流上有很大的困难。陈老师就常常在课余时间带他们去买东西，去餐馆吃饭，或者去博物馆。同学们都很喜欢她。这个星期六陈老师要请全班同学去她家吃饭。尽管^{G2}林大伟已经约了星期六和女朋友见面，他仍然希望去陈老师家。他去找陈老师：

　　Lín Dàwěi zài Shēnzhèn Dàxué shàng sān niánjí Hànyǔ kè, bān li de tóngxué dōu shì cóng bù tóng guójiā gāng dào Zhōngguó lái de. Yóuyú^{G1} dàjiā de wénhuà bèijǐng, shēnghuó xíguàn dōu bú tài yíyàng[1], Zhōngwén yòu bú gòu hǎo, zài jiāoliú shang yǒu hěn dà de kùnnan. Chén lǎoshī jiù chángcháng zài kèyú shíjiān dài tāmen qù mǎi dōngxi, qù cānguǎn chī fàn, huòzhě qù bówùguǎn. Tóngxuémen dōu hěn xǐhuan tā. Zhè ge xīngqīliù Chén lǎoshī yào qǐng quánbān tóngxué qù tā jiā chī fàn. Jǐnguǎn^{G2} Lín Dàwěi yǐjīng yuēle xīngqīliù hé nǚpéngyou jiàn miàn, tā réngrán xīwàng qù Chén lǎoshī jiā. Tā qù zhǎo Chén lǎoshī:

A：陈老师，谢谢您请我们去您家吃饭。
　　Chén lǎoshī, xièxie nín qǐng wǒmen qù nín jiā chī fàn.

B：不客气。希望你能来。
　　Bú kèqi. Xīwàng nǐ néng lái.

A：我非常想去。可是我已经约了星期六和女朋友见面。我不知道该怎么办？
　　Wǒ fēicháng xiǎng qù. Kěshì wǒ yǐjīng yuēle xīngqīliù hé nǚpéngyou jiàn miàn. Wǒ bù zhīdào gāi zěnme bàn?

B：噢，你女朋友也在深圳？欢迎你带她一起来。
　　Ō, nǐ nǚpéngyou yě zài Shēnzhèn? Huānyíng nǐ dài tā yìqǐ lái.

Notes

1. "不太一样 bú tài yíyàng" (not quite the same); for "一样 yíyàng", cf. *Volume II*, L14 (G6).

第二十九课 做客
Lesson Twenty-nine An Invitation

A：我女朋友是和我一起从美国来中国留学的，她在这儿学中医。如果我告诉她：您也邀请她去您家吃饭，她一定会很高兴的。我们还没有去过中国人的家。请问我们应该几点到？

Wǒ nǚpéngyou shì hé wǒ yìqǐ cóng Měiguó lái Zhōngguó liúxué de, tā zài zhèr xué Zhōngyī. Rúguǒ wǒ gàosu tā: nín yě yāoqǐng tā qù nín jiā chī fàn, tā yídìng huì hěn gāoxìng de. Wǒmen hái méiyǒu qùguo Zhōngguórén de jiā. Qǐngwèn wǒmen yīnggāi jǐ diǎn dào?

B：下午5点。我不只是请你们来吃饭。我还[G3]请你们来我家学学怎么包饺子。这是中国人的聚会方式：大家坐在一起，一边包饺子，一边聊天，高高兴兴地过一个周末。

Xiàwǔ wǔ diǎn. Wǒ bùzhǐ shì qǐng nǐmen lái chī fàn. Wǒ hái[G3] qǐng nǐmen lái wǒ jiā xuéxue zěnme bāo jiǎozi. Zhè shì Zhōngguórén de jùhuì fāngshì: Dàjiā zuò zài yìqǐ, yìbiān bāo jiǎozi, yìbiān liáotiān, gāogāo xìngxìng de guò yí ge zhōumò.

A：那我们应该带什么东西去？在美国有人请客，我们一般都带酒、蛋糕什么的[G4]。因为我们是第一次在中国做客，还真不知道带什么好。

Nà wǒmen yīnggāi dài shénme dōngxi qù? Zài Měiguó yǒu rén qǐng kè, wǒmen yìbān dōu dài jiǔ、dàngāo shénme de[G4]. Yīnwèi wǒmen shì dì-yī cì zài Zhōngguó zuò kè, hái zhēn bù zhīdào dài shénme hǎo.

B：中国人去别人家吃饭带水果的比较多[2]，也有人带酒，或给孩子带东西的。我们中国人饭后不吃甜点，很少人带蛋糕。不过你们都是外国人，你就带个蛋糕吧。

Zhōngguórén qù biérénjiā chī fàn dài shuǐguǒ de bǐjiào duō[2], yě yǒu rén dài jiǔ, huò gěi háizi dài dōngxi de. Wǒmen Zhōngguórén fànhòu bù chī tiándiǎn, hěn shǎo rén dài dàngāo. Búguò nǐmen dōu shì wàiguórén, nǐ jiù dài ge dàngāo ba.

A：好。衣服呢？我们应该穿得正式一点儿，还是可以随便一点儿？

Hǎo. Yīfu ne? Wǒmen yīnggāi chuān de zhèngshi yìdiǎnr, háishi kěyǐ suíbiàn yìdiǎnr?

B：我们只是班里同学聚会，因此[G5]穿着可以随便点儿。休闲装就可以。

Wǒmen zhǐ shì bān li tóngxué jùhuì, yīncǐ[G5] chuānzhuó kěyǐ suíbiàn diǎnr. Xiūxiánzhuāng jiù kěyǐ.

A：什么是休闲装？

Shénme shì xiūxiánzhuāng?

---

2. "比较多 bǐjiào duō"([relatively] more [often]). "比较 bǐjiào" is an adverb expressing degree: "relatively, fairly, quite".

B：就是周末在家休息时候穿的衣服。比如：T恤衫，牛仔裤，等等[3]。
Jiùshi zhōumò zài jiā xiūxi shíhou chuān de yīfu. Bǐrú: T-xùshān, niúzǎikù, děngděng[3].

A：您家住哪儿？我们怎么去呢？
Nín jiā zhù nǎr? Wǒmen zěnme qù ne?

B：这是我家地址。我刚打印了，准备明天发给同学们。你们可以坐地铁去。
Zhè shì wǒ jiā dìzhǐ. Wǒ gāng dǎyìn le, zhǔnbèi míngtiān fā gěi tóngxuémen. Nǐmen kěyǐ zuò dìtiě qù.

A：知道了。谢谢老师。
Zhīdào le. Xièxie lǎoshī.

B：不谢。
Búxiè.

New Words

1	年级/年級	niánjí	N	grade, year (in school)
2	国家/國家	guójiā	N	nation, country, state
3	由于/由於	yóuyú	Prep/conj	because of, as a result of
4	背景	bèijǐng	N	background
5	够	gòu	Adj/Adv/V	enough; sufficiently; to suffice
6	交流	jiāoliú	V	to exchange, to interact, to communicate
7	困难/困難	kùnnan	Adj/N	difficult, hard; difficulty
8	课余/課餘	kèyú	Attr	after-school
9	博物馆/博物館	bówùguǎn	N	museum
10	全班	quánbān	Phrase	the entire class
11	尽管/儘管	jǐnguǎn	Conj/Adv	even though, even if; freely
12	约/約	yuē	V	to make an appointment
13	女朋友	nǚpéngyǒu	N	girlfriend
14	见面/見面	jiàn miàn	VO	to meet, to see
15	仍然	réngrán	Adv	still, yet, as before

3. "等等 děngděng" closes lists of items, usually with the implication that there are other items that could be added to the list; thus often glossed as "and so on". Cf. "什么的 shénme de" in the grammar notes.

第二十九课 做客
Lesson Twenty-nine An Invitation

16	噢	ō	Intj	oh (realization)
17	中医/中醫	Zhōngyī	N	traditional Chinese medicine; doctor of traditional Chinese medicine
18	邀请/邀請	yāoqǐng	V/N	to invite; invitation
19	不只	bù zhǐ	Phrase	not only
20	包	bāo	V	to wrap
21	饺子/餃子	jiǎozi	N	jiaozi = dumplings (northern cuisine, traditionally eaten at Chinese New Year)
22	方式	fāngshì	N	way, form, mode
23	聊天	liáo tiān	VO	to chat
24	有人	yǒu rén	Phrase	some people, there are people who
25	蛋糕	dàngāo	N	cake
26	什么的/什麼的	shénme de	Phrase	and so on, and so forth
27	第一次	dì-yī cì	Phrase	the first time
28	做客	zuò kè	VO	to be a guest
29	甜点/甜點	tiándiǎn	N	sweet snacks
30	随便/隨便	suíbiàn	Adj/Phrase	casual, informal; as you like
31	因此	yīncǐ	Adv	as a result, because of this
32	穿着/穿著	chuānzhuó	N	clothing, apparel
33	休闲装/休閒裝	xiūxiánzhuāng	N	casual clothes
34	T恤衫	T-xùshān	N	T-shirt
35	牛仔裤/牛仔褲	niúzǎikù	N	jeans, denim
36	地址	dìzhǐ	N	address
37	打印	dǎyìn	V	to print
38	发给/發給	fā gěi	Phrase	to issue to, distribute to
39	地铁/地鐵	dìtiě	N	subway, underground rail system

Re-enacting the Dialogue

A: Dawei Lin   B: Professor Chen

Dawei Lin is taking the third-year Chinese course at Shenzhen University. The students in the class are from different countries. Everyone's cultural backgrounds and life styles are quite different. When they first came to China and their Chinese wasn't good enough, they had a lot of trouble communicating. Prof. Chen often takes them shopping, to restaurants or museums after class. So the students all really like Prof. Chen. And this Saturday, Prof. Chen is going to invite the whole class to her house for a meal. Dawei had already arranged to meet his girlfriend on Saturday, but he still wants to join Prof. Chen's party. He goes to talk to Prof. Chen:

A: Thank you very much, Prof. Chen, for inviting us over to your house for a meal.

B: You're welcome. I hope you can come.

A: I'm really hoping to be there, but I've made an arrangement to meet my girlfriend on Saturday. I'm not sure what to do.

B: Ah, your girlfriend's also in Shenzhen? You're welcomed to bring her along.

A: My girlfriend came to China with me from the U.S. to study. She's studying Chinese medicine here. If I tell her that you've also invited her to come to your house for a meal, she's bound to be very happy. We've never been to a Chinese home. May I ask what time we should arrive at your place?

B: At five in the afternoon. I'm not only inviting you for a meal, I'm also inviting you to learn how to make dumplings. This is the way Chinese people get together: everyone sits together, making dumplings, chatting, and spending a pleasant weekend.

A: So what sort of things should we bring? In the U.S. when people invite you to have a dinner, we usually bring things like wine or pastries. Since this is the first time we've been guests in China, would you mind telling us what we should do?

B: When Chinese are invited to have a dinner at home, they mostly bring fruit. But some people do bring wine as well, or things for children. Chinese don't eat dessert after the meal, so very few people bring pastries. But you're foreigners, so it's all right for you to bring a cake.

A: Okay. How about dress? Should we dress more formally, or can we be casual?

B: We're just having our class get together. So you can dress informally. Casual clothes are fine.

A: What do you mean by casual clothes?

B: They're what you wear on weekends, when you're taking it easy at home. Things like T-shirts and jeans.

A: Where are you located? How do we get there?

B: This is my address. I've just printed it so I can hand it out to the students tomorrow. You can take the subway.

A: Thank you, Prof.

B: You're welcome.

第二十九课　做客
Lesson Twenty-nine An Invitation

Grammar

▶ G1. The conjunction "由于 yóuyú" (owing to, due to, because of)

The conjunction "由于 yóuyú" is generally used to introduce a cause or reason. Here is the example from the main text.

① 由于大家的文化背景、生活习惯都不太一样，交流很困难。
Yóuyú dàjiā de wénhuà bèijǐng、shēnghuó xíguàn dōu bú tài yíyàng, jiāoliú hěn kùnnan.
Because everyone's cultural backgrounds and lifes tyles are quite different, they had a lot of trouble communicating.

In many cases, the "由于 yóuyú" clause will be followed by a clause containing "因此 yīncǐ" (for this reason), "所以 suǒyǐ" (so, therefore), "就 jiù" (then), or "才 cái" (only then). So, for example, in the previous example, the final clause could be explicitly marked with "所以 suǒyǐ".

② 由于大家的文化背景，生活习惯都不太一样,所以交流很困难。
Yóuyú dàjiā de wénhuà bèijǐng, shēnghuó xíguàn dōu bú tài yíyàng, suǒyǐ jiāoliú hěn kùnnan.
Since everyone's culrutal backgrouds and lifestyles are quite different, they had a lot of trouble communicating.

③ 由于他已经约了星期六和女朋友见面，因此就不能去陈老师家吃饭了。
Yóuyú tā yǐjing yuēle xīngqīliù hé nǚpéngyǒu jiàn miàn, yīncǐ jiù bù néng qù Chén lǎoshī jiā chī fàn le.
Since he's made a date to meet his girlfriend on Saturday, he won't be able to go to Prof. Chen's home for dinner.

④ 由于天气不好，她误了机，因此就不能赶回国参加他父亲的生日晚会了。
Yóuyú tiānqì bù hǎo, tā wùle jī, yīncǐ jiù bù néng gǎn huí guó cānjiā tā fùqin de shēngrì wǎnhuì le.
Due to the bad weather, she missed her flight. Consequently, she wasn't able to get back home to attend her father's birthday party.

⑤ 由于他学习努力，来中国半年以后就能跟中国人用中文交流了。
Yóuyú tā xuéxí nǔlì, lái Zhōngguó bànnián yǐhòu jiù néng gēn Zhōngguórén yòng Zhōngwén jiāoliú le.
Because of his diligence, he can communicate with Chinese people in Chinese after (only) half a year.

▶ G2. The conjunction "尽管 jǐnguǎn" (even though, despite)

"尽管 jǐnguǎn" is used in this lesson as a conjunction, indicating concession: "even though, despite [the fact that]". The clause following often contains an adverb, such as: "仍然" (still, yet) "也" "但是" "还是", etc.

① 尽管林大伟已经约了星期六和女朋友见面，他仍然希望去陈老师家。
Jǐnguǎn Lín Dàwěi yǐjing yuēle xīngqīliù hé nǚpéngyou jiàn miàn, tā réngrán xīwàng qù Chén lǎoshī jiā.
Though Lin Dawei already made a date to see his girlfriend on Saturday, he still wishes to go to Prof. Chen's home.

② 尽管陈老师已经六十几岁了，但她对外国学生热情友好，所以大家都喜欢她。
Jǐnguǎn Chén lǎoshī yǐjing liùshíjǐ suì le, dàn tā duì wàiguó xuéshēng rèqíng yǒuhǎo, suóyǐ dàjiā dōu xǐhuan tā.
Although Prof. Chen is over sixty, she is warm and friendly to foreign students, so everyone likes her.

③ 尽管你们都说我的中文进步了很多，我还是常常觉得很多话说不出来。
Jǐnguǎn nǐmen dōu shuō wǒ de Zhōngwén jìnbùle hěn duō, wǒ háishi chángcháng juéde hěn duō huà shuō bu chūlái.
Though you all say that my Chinese has improved a lot, I still often feel there are lots of things I don't know how to say.

▶ **G3.** The construction "不只 bùzhǐ ……还 hái……" (not just ... but also ...)

"不只 bùzhǐ", literally "not only, not just", is often followed with a clause containing "还 hái" "也 yě" "并且 bìngqiě", or "而且 érqiě", as shown in the following examples:

① 我不只是请你们来吃饭，我还请你们来我家学学怎么包饺子。
Wǒ bùzhǐ shì qǐng nǐmen lái chī fàn, wǒ hái qǐng nǐmen lái wǒ jiā xuéxue zěnme bāo jiǎozi.
I'm not just inviting you for a meal, I'm also inviting you to my house to learn how to make dumplings.

② 昨天去陈老师家吃饭，我们不只带了一个大蛋糕，还带了两瓶酒去。
Zuótiān qù Chén lǎoshī jiā chī fàn, wǒmen bùzhǐ dàile yí ge dà dàngāo, hái dàile liǎng píng jiǔ qù.
Going to Prof. Chen's place for dinner last night, we not only brought a big cake, but also brought two bottles of wine with us.

③ 我们不只高高兴兴地过了一个周末，还学会了怎么包饺子。
Wǒmen bùzhǐ gāogāo xìngxìng de guòle yí ge zhōumò, hái xuéhuìle zěnme bāo jiǎozi.
We not only had a great weekend, but also learned to make Chinese dumplings.

▶ **G4.** Enumerations closed with "什么的 shénme de" (and so on, etc.)

"什么的 shénme de" may be used after a list of items to indicate more of the same type or purpose, cf. "et cetera" in English.

① 在美国有人请吃饭，我们一般都带酒、蛋糕什么的。
Zài Měiguó yǒu rén qǐng chī fàn, wǒmen yìbān dōu dài jiǔ, dàngāo shénme de.

In the U.S. when people invite us to have a dinner at home, we usually bring some gifts like wine or pastries.

② 他买了纸箱、绳子什么的，准备搬家时用。
Tā mǎile zhǐxiāng、shéngzi shénme de, zhǔnbèi bān jiā shí yòng.
He bought cardboard boxes、string, etc. to use when he moves.

③ 他很能干，电脑、汽车什么的，他都能修。
Tā hěn nénggàn, diànnǎo、qìchē shénme de, tā dōu néng xiū.
He is very capable, he can fix things like computer and cars.

▶ **G5.** The conjunction "因此 yīncǐ" (therefore, for this reason, consequently)

The conjunction "因此 yīncǐ" introduces result or outcome. It usually appears at the head of the clause, before the subject.

① 我们只是班里同学聚会，因此穿着可以随便点儿。
Wǒmen zhǐ shì bān li tóngxué jùhuì, yīncǐ chuānzhuó kěyǐ suíbiàn diǎnr.
We're just having a party with classmates, so you can dress casually.

As noted in G1 above, "因此 yīncǐ" often expresses an outcome, following a causal clause introduced by "由于 yóuyú"(owing to, since, because):

② （由于）他已经约了星期六和女朋友见面，因此就不能去陈老师家吃饭了。
(Yóuyú) tā yǐjing yuēle xīngqīliù hé nǚpéngyou jiàn miàn, yīncǐ jiù bù néng qù Chén lǎoshī jiā chī fàn le.
He's made a date with his girlfriend on Saturday, so he won't be able to go to Prof. Chen's home for dinner.

③ 我和她一起工作了很长时间，因此对她很了解。
Wǒ hé tā yìqǐ gōngzuòle hěn cháng shíjiān, yīncǐ duì tā hěn liǎojiě.
I've worked with her for a long time, so I know her very well.

Consolidation & Practice

1. The conjunction "由于 yóuyú"

(1) Complete the following sentences.

1) 由于_____，在和中国朋友交流上还有很大的困难。
   Yóuyú _____, zài hé Zhōngguó péngyou jiāoliú shang hái yǒu hěn dà de kùnnan.

2) 由于_____，张老师家我可能去不了了。
   Yóuyú _____, Zhāng lǎoshī jiā wǒ kěnéng qù bu liǎo le.

3) 由于_____，我原来打算说的话就不多说了。
   Yóuyú _____, wǒ yuánlái dǎsuàn shuō de huà jiù bù duō shuō le.

4) 由于_____，我送他的生日礼物一定得用快递寄出去。
   Yóuyú _____, wǒ sòng tā de shēngrì lǐwù yídìng děi yòng kuàidì jì chuqu.

5) 由于_____，那栋公寓学生多半住不起。
   Yóuyú _____, nà dòng gōngyù xuésheng duōbàn zhù bu qǐ.

(2) Complete the following dialogues.

1) A：为什么现在用快递公司寄包裹的人比用邮局的人多？
   Wèishénme xiànzài yòng kuàidì gōngsī jì bāoguǒ de rén bǐ yòng yóujú de rén duō?

   B：由于_____。
   Yóuyú _____.

2) A：是不是因为大家文化背景不同，所以大伟不去陈老师家聚餐？
   Shì bu shì yīnwèi dàjiā wénhuà bèijǐng bù tóng, suǒyǐ Dàwěi bú qù Chén lǎoshī jiā jù cān?

   B：不是的，由于_____。
   Bú shì de, yóuyú _____.

3) A：你去张家吃饭，为什么带水果不带蛋糕？
   Nǐ qù Zhāng jiā chī fàn, wèishénme dài shuǐguǒ bú dài dàngāo?

   B：由于_____。
   Yóuyú _____.

4) A：这个公寓又带家具，又带厨具，还能上网，你怎么不租呢？
   Zhège gōngyù yòu dài jiājù, yòu dài chújù, hái néng shàng wǎng, nǐ zěnme bù zū ne?

   B：由于_____。
   Yóuyú _____.

第二十九课　做客
Lesson Twenty-nine An Invitation

5) A：屋子里好热，你怎么不开空调啊？
　　　Wūzi li hǎo rè, nǐ zěnme bù kāi kōngtiáo a?

B：由于_____。
　　Yóuyú _____.

2. The conjunction "尽管 jǐnguǎn"

(1) Complete the following sentences with "尽管 jǐnguǎn" pattern.

1) 尽管_____，但是我的中文老师都非常热情地帮助我。
   Jǐnguǎn_____, dànshì wǒ de Zhōngwén lǎoshī dōu fēicháng rèqíng de bāngzhù wǒ.

2) 尽管_____，但是地铁票比打的的车钱便宜多了。
   Jǐnguǎn _____, dànshì dìtiě piào bǐ dǎ dī de chē qián piányi duō le.

3) 尽管_____，但是陈老师请我去她家我一定会去的。
   Jǐnguǎn_____, dànshì Chén lǎoshī qǐng wǒ qù tā jiā wǒ yídìng huì qù de.

4) 尽管_____，但是还得等我找到了同屋再签约。
   Jǐnguǎn_____, dànshì hái děi děng wǒ zhǎodàole tóngwū zài qiān yuē.

5) 尽管_____，但是我还得用快递把这个包裹在两天之内寄到父母家。
   Jǐnguǎn _____, dànshì wǒ hái děi yòng kuàidì bǎ zhège bāoguǒ zài liǎng tiān zhīnèi jìdào fùmǔ jiā.

(2) Complete the following dialogues.

1) A：你不会开车，周末陈老师家的聚会你能去吗？
　　　Nǐ bú huì kāi chē, zhōumò Chén lǎoshī jiā de jùhuì nǐ néng qù ma?

B：_____。

2) A：你们的文化背景、生活习惯都不太一样，能做同屋吗？
　　　Nǐmen de wénhuà bèijǐng、shēnghuó xíguàn dōu bú tài yíyàng, néng zuò tóngwū ma?

B：没有问题的，_____。
　　Méiyǒu wèntí de, _____.

3) A：张老师不喝酒，你送他酒合适吗？
　　　Zhāng lǎoshī bù hē jiǔ, nǐ sòng tā jiǔ héshì ma?

B：没事，_____。
　　Méi shì, _____.

4) A：我没有正式的衣服，今晚去他家做客我怎么办啊？
　　　Wǒ méiyǒu zhèngshì de yīfu, jīnwǎn qù tā jiā zuò kè wǒ zěnme bàn a?

B：_____。

5) 学生：我中文学了三年了，到现在交流还有问题，我不想学下去了。
   Xuésheng: Wǒ Zhōngwén xuéle sān nián le, dào xiànzài jiāoliú hái yǒu wèntí, wǒ bù xiǎng xué xiaqu le.

   老师：不要这么想，_____。
   Lǎoshī: Bú yào zhème xiǎng, _____.

3. **The construction "不只 bùzhǐ……还 hái……"**

(1) Complete the following dialogues with the constrution "不只 bùzhǐ……还 hái…… ".

   1) A：你们来中国只是教英文吗？
      Nǐmen lái Zhōngguó zhǐshì jiāo Yīngwén ma?

      B：不是的，我们不只_____。
      Bú shì de, wǒmen bùzhǐ _____.

   2) A：如果我的中文很好，是不是就能交到很多中国朋友？
      Rúguǒ wǒ de Zhōngwén hěn hǎo, shì bu shì jiù néng jiāodao hěn duō Zhōngguó péngyou?

      B：那不一定，我想，不只_____。
      Nà bù yídìng, wǒ xiǎng, bùzhǐ _____.

   3) A：你喜欢来这儿喝咖啡，是不是因为这儿的咖啡好喝？
      Nǐ xǐhuan lái zhèr hē kāfēi, shì bu shì yīnwèi zhèr de kāfēi hǎo hē?

      B：这儿的咖啡不只_____。
      Zhèr de kāfēi bùzhǐ _____.

   4) A：那家饭馆只卖中餐吗？
      Nà jiā fànguǎn zhǐ mài Zhōngcān ma?

      B：听说他们不只_____。
      Tīngshuō tāmen bùzhǐ _____.

   5) A：那家快递公司服务怎么样？
      Nà jiā kuàidì gōngsī fúwù zěnme yàng?

      B：很好。他们不只_____。
      Hěn hǎo. Tāmen bùzhǐ _____.

(2) Answer the following questions, based on your own views, with the construction "不只 bùzhǐ……还 hái……".

   1) 你对现在的住房满意吗？为什么？
      Nǐ duì xiànzài de zhùfáng mǎnyì ma? Wèishénme?
      _____.

   2) 为什么全世界有那么多的人喜欢用苹果手机？
      Wèishénme quár shìjiè yǒu nàme duō de rén xǐhuan yòng Píngguǒ shǒujī?
      _____.

第二十九课 做客
Lesson Twenty-nine An Invitation

3) 周末一到，为什么美国学生都喜欢去酒吧？
   Zhōumò yí dào, wèishénme Měiguó xuéshēng dōu xǐhuan qù jiǔbā?
   _____.

4) 为什么很多人尽管买得起汽车也不买，宁可骑自行车？
   Wèishénme hěn duō rén jǐnguǎn mǎi de qǐ qìchē yě bù mǎi, nìngkě qí zìxíngchē?
   _____.

5) 现在大家都用电子邮件，为什么我们还需要邮局？
   Xiànzài dàjiā dōu yòng diànzǐ yóujiàn, wèishénme wǒmen hái xūyào yóujú?
   _____.

4. "……什么的 shénme de"

(1) Complete the following sentences with "什么的 shénme de".

1) 去朋友家吃饭的时候，你可以带_____。
   Qù péngyou jiā chī fàn de shíhou, nǐ kěyǐ dài _____.

2) 我在中国吃了很多好吃的东西，比方_____。
   Wǒ zài Zhōngguó chīle hěn duō hǎochī de dōngxi, bǐfāng _____.

3) 你想买的_____，那家店里都有。
   Nǐ xiǎng mǎi de _____, nà jiā diàn li dōu yǒu.

4) 周末我没做什么有意思的事情，就是_____。
   Zhōumò wǒ méi zuò shénme yǒu yìsi de shìqing, jiùshì _____.

5) 我和同屋平时见面就聊_____，不谈很私人的话题。
   Wǒ hé tóngwū píngshí jiàn miàn jiù liáo _____, bù tán hěn sīrén de huàtí.

(2) Answer the following questions with "什么的 shénme de".

1) A：你和朋友聚会的时候都做些什么？
   Nǐ hé péngyou jùhuì de shíhou dōu zuò xiē shénme?

   B：我们_____。
   Wǒmen _____.

2) A：你来中国就是学习汉语吗？
   Nǐ lái Zhōngguó jiù shi xuéxí Hànyǔ ma?

   B：不是的，我_____。
   Bú shì de, wǒ _____.

3) A：你新买了一个手机吗？
　　　Nǐ xīn mǎile yí ge shǒujī ma?

　B：是的，我有了手机以后，可以＿＿＿＿＿＿＿＿＿＿＿＿＿，这样就不会觉得无聊了。
　　　Shì de, wǒ yǒule shǒujī yǐhòu, kěyǐ ＿＿＿＿＿＿＿＿＿＿＿＿＿, zhèyàng jiù bú huì juéde wúliáo le.

4) A：听说你们几个老朋友每个月一起吃一次晚饭，是吗？
　　　Tīngshuō nǐmen jǐ ge lǎo péngyou měi ge yuè yìqǐ chī yí cì wǎnfàn, shì ma?

　B：是的，我们聚餐的时候＿＿＿＿＿＿＿＿＿＿＿＿＿＿＿，觉得非常有意思！
　　　Shì de, wǒmen jù cān de shíhou ＿＿＿＿＿＿＿＿＿＿＿＿＿, juéde fēicháng yǒu yìsi!

5) A：听说今天超市大减价，你去吗？
　　　Tīngshuō jīntiān chāoshì dà jiǎn jià, nǐ qù ma?

　B：是吗？什么东西减价啊？
　　　Shì ma? Shénme dōngxi jiǎn jià a?

　A：听说＿＿＿＿＿＿＿＿＿＿＿＿＿＿＿＿＿＿＿＿都减价，我们去吧。
　　　Tīngshuō ＿＿＿＿＿＿＿＿＿＿＿＿＿＿＿＿＿＿ dōu jiǎn jià, wǒmen qù ba.

5. "因此 yīncǐ……"

(1) Transform the following sentences using "因此 yīncǐ".

1) 因为大雪的关系，飞往芝加哥的飞机都误点了。→
　　Yīnwèi dàxuě de guānxi, fēi wǎng Zhījiāgē de fēijī dōu wù diǎn le.
　　_____

2) 因为汽油的价格越来越高，骑自行车的人也增多了。→
　　Yīnwèi qìyóu de jiàgé yuè lái yuè gāo, qí zìxíngchē de rén yě zēng duō le.
　　_____

3) 很多有钱人带着现金来纽约买房，结果纽约的房价变得非常高。→
　　Hěn duō yǒu qián rén dàizhe xiànjīn lái Niǔyuē mǎi fáng, jiéguǒ Niǔyuē de fángjià biàn de fēicháng gāo.
　　_____

4) 住在这个小区的人多半是城里的有钱人，所以像我们这样的穷学生是住不起这儿的。→
　　Zhù zài zhège xiǎoqū de rén duō bàn shì chéngli de yǒu qián rén, suǒyǐ xiàng wǒmen zhèyàng de qióng xuéshēng shì zhù bu qǐ zhèr de.
　　_____

5) 中国人饭后不大吃甜点，所以买水果送王老师比较合适。→
　　Zhōngguórén fànhòu bú dà chī tiándiǎn, suǒyǐ mǎi shuǐguǒ sòng Wáng lǎoshī bǐjiào héshì.
　　_____

第二十九课　做客
Lesson Twenty-nine An Invitation

(2) Complete the following dialogues with "因此 yīncǐ".

1) A：你住的公寓离办公室很近，那么方便，怎么决定不住了呢？
　　　Nǐ zhù de gōngyù lí bàngōngshì hěn jìn, nàme fāngbiàn, zěnme juédìng bú zhù le ne?

　B：离我办公室很近的那个公寓很方便，但是＿＿＿＿＿＿＿＿＿＿＿＿＿＿＿＿，
　　　因此＿＿＿＿＿＿＿＿＿＿＿＿＿＿＿＿＿。
　　　Lí wǒ bàngōngshì hěn jìn de nàge gōngyù hěn fāngbiàn, dànshì ＿＿＿＿＿＿＿＿＿＿＿＿＿＿
　　　yīncǐ ＿＿＿＿＿＿＿＿＿＿＿＿＿＿＿＿.

2) A：那个公寓好是好，但是没有厨具啊。
　　　Nàge gōngyù hǎo shi hǎo, dànshì méiyǒu chújù a.

　B：没关系。＿＿＿＿＿＿＿＿＿＿＿＿＿(I don't cook.)，因此＿＿＿＿＿＿＿＿＿＿＿＿＿＿＿。
　　　Méiguānxi ＿＿＿＿＿＿＿＿＿＿＿＿＿＿＿＿, yīncǐ ＿＿＿＿＿＿＿＿＿＿＿＿＿＿＿.

3) 房东：你怎么决定要搬家了呢？
　　　Fángdōng: Nǐ zěnme juédìng yào bān jiā le ne?

　房客：＿＿＿＿＿＿＿＿＿＿＿＿＿＿＿＿＿(too noisy)，因此＿＿＿＿＿＿＿＿＿＿＿＿＿＿＿。
　　　Fángkè: ＿＿＿＿＿＿＿＿＿＿＿＿＿＿＿＿＿, yīncǐ ＿＿＿＿＿＿＿＿＿＿＿＿＿＿＿.

4) A：你为什么不去百货商店买衣服？
　　　Nǐ wèishéme bú qù bǎihuò shāngdiàn mǎi yīfu?

　B：＿＿＿＿＿＿＿＿＿＿＿＿＿＿＿＿(don't like going to shops)，因此＿＿＿＿＿＿＿＿＿＿＿＿。
　　　＿＿＿＿＿＿＿＿＿＿＿＿＿＿＿＿＿＿＿, yīncǐ ＿＿＿＿＿＿＿＿＿＿＿＿＿＿＿.

5) A：张老师请我们学生星期六去他家包饺子，你怎么不去？
　　　Zhāng lǎoshī qǐng wǒmen xuésheng xīngqīliù qù tā jiā bāo jiǎozi, nǐ zěnme bú qù?

　B：＿＿＿＿＿＿＿＿＿＿＿＿＿＿＿＿(have another appointment)，因此＿＿＿＿＿＿＿＿＿＿＿＿。
　　　＿＿＿＿＿＿＿＿＿＿＿＿＿＿＿＿＿＿＿, yīncǐ ＿＿＿＿＿＿＿＿＿＿＿＿＿＿＿.

Listening Comprehension

1. Listen to the voice-message, and then answer the questions.

    (1) What's the main reason the speaker's leaving a voice-message?

    A. To let his teacher know that he's unable to attend the dinner party.
    B. To thank his teacher for inviting him.
    C. To ask his teacher for some assistance.

    (2) After leaving the message, what did the speaker plan to do?

    A. Go to Teacher Li's apartment.
    B. Take a taxi to his girlfriend's dorm.
    C. Return to his own dorm to cook a meal.

2. Listen to the conversation between a husband and a wife, then answer the questions.

    (1) What day does the conversation take place on?

    A. Friday
    B. Saturday
    C. Sunday

    (2) Why is the wife complaining about her husband's clothes?

    A. He's wearing casual clothes even though their daughter's bringing her boyfriend over for lunch.
    B. His clothes are too formal for the weekend.
    C. His clothes are too sloppy for a work day.

    (3) What time of the day does the conversation probably take place?

    A. 9:00 a.m.
    B. 4:00 p.m.
    C. 12:00 p.m.

第二十九课　做客
Lesson Twenty-nine An Invitation

Communication Activities

Pair Work

Scenario I: Tell your partner about a party that you went to, and describe how much you enjoyed it. Please include the following information in your narrative.

(1) Who invited you, and where and when the party was held.

> 邀请 yāoqǐng + sb. + time + 到 dào + place + verb

(2) What you wore and what you brought to the party.

> 衣服　　　穿得正式一点　　　　　　　随便一点　　　　　休闲装
> yīfu　　　chuān de zhèngshì yìdiǎn　　suíbiàn yìdiǎn　　xiūxiánzhuāng
>
> 带点什么　　　酒　　　甜点　　　礼物　　　蛋糕
> dài diǎn shénme　jiǔ　　tiándiǎn　　lǐwù　　dàngāo

(3) Why you enjoyed the party so much.

> 吃得很开心　　　　　聊天聊得很开心　　　　　玩儿得很开心
> chī de hěn kāixīn　　liáotiān liáo de hěn kāixīn　wánr de hěn kāixīn
>
> 认识了新朋友　　　　不只……还……
> rènshíle xīn péngyou　bùzhǐ……hái……

Scenario II: You are inviting a Chinese friend to your parents' house for dinner this weekend. Provide some background so your guest knows what to expect. Cover topics such as the following:

(1) How you should dress for the occasion.
(2) What gifts would be appropriate to bring, as well as what gifts wouldn't be appropriate.
(3) How your Chinese friend should address your parents.

Group Work

Scenario I: Discuss what conventions apply when going to a formal party in your culture.

Review Exercises

I. Match the verbs in the left-hand list with the nouns in the right-hand list.

(1) 包 bāo　　　　A. 休闲装 xiūxiánzhuāng

(2) 穿 chuān　　　B. 时间 shíjiān

(3) 带 dài　　　　C. 优惠 yōuhuì

(4) 约 yuē　　　　　　　　D. 饺子 jiǎozi

(5) 享受 xiǎngshòu　　　　　E. 蛋糕 dàngāo

II. Fill in the blank with the words listed below.

| 正式 zhèngshì | 周末 zhōumò | 饮料 yǐnliào | 无聊 wúliáo | 休闲 xiūxián |
| 什么的 shénme de | 做实验 zuò shíyàn | 聚餐 jù cān | 庆祝 qìngzhù | 结婚 jié hūn |

下个月，我们六个在实验室工作的研究生都要毕业了。这两
Xià ge yuè, wǒmen liù ge zài shíyànshì gōngzuò de yánjiūshēng dōu yào bìyè le. Zhè liǎng

年来，大家每天在实验室工作、学习，有的时候一边_____，一边聊天，
nián lái, dàjiā měitiān zài shíyànshì gōngzuò、xuéxí, yǒu de shíhou yìbiān _____, yìbiān liáotiān,

使本来_____的实验工作变得有意思多了。为了_____我们的
shǐ běnlái _____ de shíyàn gōngzuò biàn de yǒu yìsi duō le. Wèile _____ wǒmen de

毕业，我打算这个_____在我住的公寓请大家来吃饭，三位有家室
bìyè, wǒ dǎsuàn zhège _____ zài wǒ zhù de gōngyù qǐng dàjiā lái chī fàn, sān wèi yǒu jiāshì

的同学，我请他们把太太孩子也带来；还没有_____的两位
de tóngxué, wǒ qǐng tāmen bǎ tàitai háizi yě dàilai; hái méiyǒu _____ de liǎng wèi

同学，我请他们把男女朋友带来。这个聚餐是每家带两个菜，我
tóngxué, wǒ qǐng tāmen bǎ nánnǚ péngyou dàilai. Zhège jù cān shi měi jiā dài liǎng ge cài, wǒ

呢，就负责准备酒、_____、米饭、杯子、盘子、筷子_____。
ne, jiù fùzé zhǔnbèi jiǔ、_____、mǐfàn、bēizi、pánzi、kuàizi _____.

大家都是老朋友了，因此我们没有必要穿得很_____，
Dàjiā dōu shì lǎo péngyou le, yīncǐ wǒmen méiyǒu bìyào chuān de hěn _____,

完全以_____、舒服为主。我计划星期五那天不去实验室，在家
wánquán yǐ _____、shūfu wéi zhǔ. Wǒ jìhuà xīngqīwǔ nàtiān bú qù shíyànshì, zài jiā

好好把房间收拾收拾。星期六我们一定能有个快乐的_____！
hǎohao bǎ fángjiān shōushi shōushi. Xīngqīliù wǒmen yídìng néng yǒu ge kuàilè de _____!

III. Complete the following dialogues.

男朋友：丽丽，我们已经交往了一年多了，下个周末我的父母来看我，我想带你去见见
他们。我们四个人一起吃个晚饭，你觉得怎么样？
Nán péngyou: Lìli, wǒmen yǐjing jiāowǎngle yì nián duō le, xià ge zhōumò wǒ de fùmǔ lái kàn wǒ,
wǒ xiǎng dài nǐ qù jiànjian tāmen. Wǒmen sì ge rén yìqǐ chī ge wǎnfàn, nǐ juéde
zěnmeyàng?

第二十九课　做客
Lesson Twenty-nine An Invitation

女朋友：那太好了，这是我第一次和你的父母见面，因此_____。
Nǚ péngyou: Nà tài hǎo le, zhè shì wǒ dì-yī cì hé nǐ de fùmǔ jiàn miàn, yīncǐ _____
_____.

男朋友：你不必担心穿什么衣服，带什么礼物，我们就是大家认识认识，聊聊天，让我
　　　　父母知道我现在有一位这么好的女朋友。
Nán péngyou: Nǐ búbì dānxīn chuān shénme yīfu, dài shénme lǐwù, wǒmen jiùshi dàjiā rènshi
　　　　　　 rènshi, liáoliaotiān, ràng wǒ fùmǔ zhīdao wǒ xiànzài yǒu yí wèi zhème hǎo de
　　　　　　 nǚpéngyǒu.

女朋友：尽管_____，我还是应该带点礼物什么的。你想我该带什
　　　　么礼物送给你的父母比较好？
Nǚ péngyou: Jǐnguǎn _____, wǒ háishi yīnggāi dài diǎn lǐwù
　　　　　　 shénme de. Nǐ xiǎng wǒ gāi dài shénme lǐwù sòng gěi nǐ de fùmǔ bǐjiào hǎo?

男朋友：我想不用花钱买太贵的礼物。你的竹子画得很好，因此_____
　　　　_____送给我父母，他们会非常高兴的。
Nán péngyou: Wǒ xiǎng bú yòng huā qián mǎi tài guì de lǐwù. Nǐ de zhúzi huà de hěn hǎo, yīncǐ
　　　　　　 _____ sòng gěi wǒ fùmǔ, tāmen huì fēicháng gāoxìng de.

女朋友：这个主意不错，除了画竹子，我还会画_____什么的。你
　　　　说我画什么好？
Nǚ péngyou: Zhège zhǔyi bú cuò, chúle huà zhúzi, wǒ hái huì huà _____ shénme
　　　　　　 de. Nǐ shuō wǒ huà shénme hǎo?

男朋友：画什么都好，你自己决定吧。我们星期六晚上五点在"你好大饭店"门口见面。
Nán péngyou: Huà shénme dōu hǎo, nǐ zìjǐ juédìng ba. Wǒmen xīngqíliù wǎnshang wǔ diǎn zài "Nǐ
　　　　　　 Hǎo Dà Fàndiàn" ménkǒu jiàn miàn.

女朋友：好的。如果有什么事，我们随时联系。
Nǚ péngyou: Hǎo de. Rúguǒ yǒu shénme shì, wǒmen suíshí liánxi.

IV. Explain the following in Chinese.

(1) You are invited to a party at your boyfriend or girlfriend's parents' house. Describe what you plan to wear, and explain what gift you plan to take, and why you choose on that particular gift.

1)..
2)..
3)..
4)..
5)..
6)..

(2) Describe your favorite teacher, and include information about the subject the teacher taught and why you consider him or her to be so special.

1) ....
2) ....
3) ....
4) ....
5) ....
6) ....

(3) Find a formal invitation card and figure out when, where, for whom and why the party is being held. Also, find out if there is any dress code.

1) ....
2) ....
3) ....
4) ....
5) ....
6) ....

(4) Explain to an assistant chef at the bakery that you want to buy a cake for 10 people. That's for a party to celebrate the birthday of a 2-year-old girl whose father is a co-worker in your office. Ask what kind of cake would be appropriate for the occasion and how much it might cost.

1) ....
2) ....
3) ....
4) ....
5) ....
6) ....

(5) Explain the customs of being invited to dinner in your culture.

1) ....
2) ....
3) ....
4) ....
5) ....
6) ....

第二十九课　做客
Lesson Twenty-nine An Invitation

Culture Notes

1. Gifts

When giving gifts in China, one has to consider the occasion and the recipient. If you're visiting a family, small gifts such as flowers, fruit, and special local products are appropriate. If the family has children, candy and toys will be appreciated. For important holidays, such as Chinese New Year (the Spring Festival), women can be given perfume, makeup, or clothing, while for men, wine, liquor, tea, wallets, or belts are fine.

One should be careful to avoid certain tabooed gifts: Old people shouldn't be given clocks, because clock "钟 zhōng" has the same pronunciation as "终 zhōng", meaning "end" or "death". Similarly, you shouldn't give umbrellas to couples, because umbrella "伞 sǎn" sounds like "散 sǎn", one of whose senses is "to split up". Nor should you give pears (lí 梨) to a family, since it sounds like "离 lí", meaning "to leave, apart". One should give paired wedding gifts; the Chinese say: "好事成双 Hǎoshì chéng shuāng" (good things come in pairs). A gift without its pair suggests divorce.

Chinese don't like white or black colored gifts or wrapping paper because those colors symbolize or suggest sadness, poverty, bad luck, or disaster. The color red symbolizes happiness, joy, luck and good fortune.

2. Occasions for giving gifts

Holidays including Chinese New Year/Spring Festival (January – February), the Dragon Boat Festival (May), Moon Festival (September or October), Teacher's Day (September 10);

Birthdays;

Weddings;

Graduation;

First time visiting a girl friend/boy friend's home;

Being invited for dinner at a friend's house;

Friends/relatives moving into a new house;

Nowadays, more and more people in China also give gifts in Western holidays such as: Valentine's Day, Mother's Day, Christmas, New Year's Day, Father's Day etc.

Lesson Thirty   Taking the Subway

第三十课   坐地铁
Dì-sānshí Kè   Zuò dìtiě

In this lesson you will learn how to do the following

- Ask how you can get to a place by subway
- Describe how to arrange to meet someone at a subway station

Grammar

- The adverb "反而 fǎn'ér" (on the contrary, instead)
- "V+ 得了 de liǎo", "V+ 不了 bu liǎo" (can V/can't V)
- "享受 xiǎngshòu……优惠 yōuhuì" (to enjoy a [percent] discount)
- "只有 zhǐyǒu ……才 cái……" (only if ... can...) expressing restrictive conditions

Culture Notes

- Cities with subway systems in China
- Subway lines
- Subway ticket prices

第三十课 坐地铁
Lesson Thirty Taking the Subway

Dialogue

A：林大伟 Lín Dàwěi   B：冯凯玲 Féng Kǎilíng   C：售票员 Shòupiàoyuán

　　林大伟和女友冯凯玲商量好了：他们来中国学习一年，一定要把中文学好，至少在一年后能用中文应付日常对话。所以他们发誓在中国期间两人只说中文，不说英文。这常常给两人之间的交流带来困难。刚开始，林大伟叫她的中文名字冯凯玲时，她反而[G1]问他："什么 phone calling？"听力有问题，说话也不容易。林大伟每次要跟她谈话时，先把要说的话写下来[1]，很多字还用拼音写，然后练习一下再说。这个方法很好，可以帮助他把句子说正确了。今天要用中文告诉她去陈老师家吃饭的事，一定要说清楚，不能出问题，不然就去不了陈老师家了[G2]。

　　Lín Dàwěi hé nǚyǒu Féng Kǎilíng shāngliang hǎo le: tāmen lái Zhōngguó xuéxí yì nián, yídìng yào bǎ Zhōngwén xué hǎo, zhìshǎo zài yì nián hòu néng yòng Zhōngwén yìngfu rìcháng duìhuà. Suǒyǐ tāmen fā shì zài Zhōngguó qījiān liǎng rén zhǐ shuō Zhōngwén, bù shuō Yīngwén. Zhè chángcháng gěi liǎng rén zhījiān de jiāoliú dàilái kùnnan. Gāng kāishǐ, Lín Dàwěi jiào tā de Zhōngwén míngzi Féng Kǎilíng shí, tā fǎn'èr[G1] wèn tā: "shénme phone calling?" Tīnglì yǒu wèntí, shuō huà yě bù róngyì. Lín Dàwěi měi cì yào gēn tā tán huà shí, xiān bǎ yào shuō de huà xiě xiàlai[1], hěn duō zì hái yòng pīnyīn xiě, ránhòu liànxí yíxia zài shuō. Zhège fāngfǎ hěn hǎo, kěyǐ bāngzhù tā bǎ jùzi shuō zhèngquè le. Jīntiān yào yòng Zhōngwén gàosu tā qù Chén lǎoshī jiā chī fàn de shì, yídìng yào shuō qīngchu, bù néng chū wèntí, bùrán jiù qù bu liǎo Chén lǎoshī jiā le[G2].

A：喂，是冯凯玲吗？我是大伟。我们陈老师请全班星期六去她家吃饭，也请了你。你能跟我一起去吗？
　　Wèi, shì Féng Kǎilíng ma? Wǒ shì Dàwěi. Wǒmen Chén lǎoshī qǐng quánbān xīngqīliù qù tā jiā chī fàn, yě qǐngle nǐ. Nǐ néng gēn wǒ yìqǐ qù ma?

B：星期六吗？我们不是约好了出去吗？
　　Xīngqīliù ma? Wǒmen bú shì yuēhǎole chūqu ma?

Notes

1. "先把要说的话写下来 xiān bǎ yào shuō de huà xiě xiàlái" shows typical "把 bǎ" usage (Cf. *Volume II*, L 11 (G6)): "把 bǎ" plus object (要说的话 yào shuō de huà), then a complex verb (写下来 xiě xiàlái). The subject (Lín Dàwěi) is omitted. Hence: "First, (he) writes down what (he) wants to say."

A：去陈老师家不也是出去吗？我们来中国以后还没有机会去中国人的家看看呢。这也是接触了解中国文化的一个好机会。
Qù Chén lǎoshī jiā bù yě shì chūqu ma? Wǒmen lái Zhōngguó yǐhòu hái méiyǒu jīhuì qù Zhōngguórén de jiā kànkan ne. Zhè yě shì jiēchù liǎojiě Zhōngguó wénhuà de yí ge hǎo jīhuì.

B：好。陈老师家住在哪儿？我们怎么去？
Hǎo. Chén lǎoshī jiā zhù zài nǎr? Wǒmen zěnme qù?

A：陈老师住在深大新村，她说可以坐地铁去。我查了一下地图，深大新村在岗厦站。我们都可以坐1号线，我从深大北站上车，坐12站；你现在在市中医院，可以从华强站上车，坐一站就到了。
Chén lǎoshī zhù zài Shēndà Xīncūn, tā shuō kěyǐ zuò dìtiě qù. Wǒ chále yíxià dìtú, Shēndà Xīncūn zài Gǎngxià zhàn. Wǒmen dōu kěyǐ zuò yī hào xiàn, wǒ cóng Shēndà Běizhàn shàng chē, zuò shí'èr zhàn; nǐ xiànzài zài Shì Zhōngyīyuàn, kěyǐ cóng Huáqiáng zhàn shàng chē, zuò yí zhàn jiù dào le.

B：那我往哪个方向坐？
Nà wǒ wǎng nǎge fāngxiàng zuò?

A：1号线是东西方向的。你应该往西坐，往深大的方向坐。我是往东，往你的方向坐。我们在岗厦站会面。
Yī hào xiàn shì dōng-xī fāngxiàng de. Nǐ yīnggāi wǎng xī zuò, wǎng Shēn Dà de fāngxiàng zuò. Wǒ shì wǎng dōng, wǎng nǐ de fāngxiàng zuò. Wǒmen zài Gǎngxià zhàn huì miàn.

B：在岗厦站的什么地方会面？
Zài Gǎngxià zhàn de shénme dìfang huì miàn?

A：深大新村应该从D出口出去。我们在站台层的D出口那儿会面，好吗？
Shēndà Xīncūn yīnggāi cóng D chūkǒu chūqu. Wǒmen zài zhàntái céng de D chūkǒu nàr huì miàn, hǎo ma?

B：好。几点？
Hǎo. Jǐ diǎn?

A：陈老师要我们5点到她家。我们4点半在岗厦站D出口会面吧。
Chén lǎoshī yào wǒmen wǔ diǎn dào tā jiā. Wǒmen sì diǎn bàn zài Gǎngxià zhàn D chūkǒu huì miàn ba.

B：好的。星期六见。
Hǎo de. Xīngqīliù jiàn.

第三十课　坐地铁
Lesson Thirty Taking the Subway

（在深大北站地铁售票处 Zài Shēndà Běizhàn dìtiě shòupiàochù）

A：我要去岗厦站，多少钱一张票？
　　Wǒ yào qù Gǎngxià zhàn, duōshao qián yì zhāng piào?

C：单程票十块。
　　Dānchéngpiào shí kuài.

A：往返票多少钱？
　　Wǎngfǎnpiào duōshao qián?

C：没有往返票。你可以买"深圳通"交通卡。
　　Méiyǒu wǎngfǎnpiào. Nǐ kěyǐ mǎi "Shēnzhèntōng" jiāotōngkǎ.

A：我可以买学生交通卡吗？听说学生卡可享受五折[2]优惠[G3]。
　　Wǒ kěyǐ mǎi xuésheng jiāotōngkǎ ma? Tīngshuō xuéshengkǎ kě xiǎngshòu wǔ zhé[2] yōuhuì[G3].

C：你是中学生吗？
　　Nǐ shì zhōngxuéshēng ma?

A：不是。我是深圳大学的留学生。
　　Bú shì. Wǒ shì Shēnzhèn Dàxué de liúxuéshēng.

C：只有全日制中小学生、中专生才[G4]可以买"深圳通"学生卡。你可以买"深圳通"普通卡，也可以享受地铁票价九五折的优惠。你还可以用这个卡坐公交车。如果在90分钟内从公交换地铁，还可以每次再优惠四毛钱。
　　Zhǐyǒu quánrìzhì zhōng-xiǎoxuéshēng、zhōngzhuānshēng cái[G4] kěyǐ mǎi "Shēnzhèntōng" xuéshengkǎ. Nǐ kěyǐ mǎi "Shēnzhèntōng" pǔtōngkǎ, yě kěyǐ xiǎngshòu dìtiě piàojià jiǔ wǔ zhé de yōuhuì. Nǐ hái kěyǐ yòng zhège kǎ zuò gōngjiāochē. Rúguǒ zài jiǔshí fēnzhōng nèi cóng gōngjiāo huàn dìtiě, hái kěyǐ měi cì zài yōuhuì sì máo qián.

A：好。那我就买一张"深圳通"普通卡。
　　Hǎo. Nà wǒ jiù mǎi yì zhāng "Shēnzhèntōng" pǔtōngkǎ.

C：第一次买交通卡必须买100元的。其中押金30元，充值金额70元。你用完后可以在地铁售票处，或者地铁站的自动充值机上充值。
　　Dì-yī cì mǎi jiāotōngkǎ bìxū mǎi yìbǎi yuán de. Qízhōng yājīn sānshí yuán, chōngzhí jīn'é qīshí yuán. Nǐ yòngwán hòu kěyǐ zài dìtiě shòupiàochù, huòzhě dìtiězhàn de zìdòng chōngzhíjī shang chōng zhí.

---

2. "折 zhé", a verb, has a core meaning of "to break, to snap; to bend, to fold". But in this context, it refers to the price, the discount: "四折 sì zhé", literally "a four break", that is, "60% off". 20% off would be "八折 bā zhé".

真实生活汉语 3
Chinese for Living in China

A：这是100元。请问我去岗厦站应该从哪个入口下去？
Zhè shì yìbǎi yuán. Qǐngwèn wǒ qù Gǎngxià zhàn yīnggāi cóng nǎ ge rùkǒu xiàqu?

C：从右边下去。
Cóng yòubian xiàqu.

A：谢谢。
Xièxie.

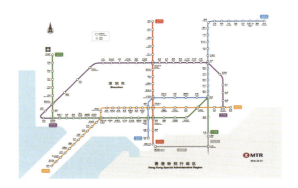

New Words

1	商量	shāngliang	V	to talk it over, to discuss
2	应付/應付	yìngfu	V	to deal with, to cope with, to make do, to do sth perfunctorily
3	日常	rìcháng	Attr	daily, routine, everyday
4	对话/對話	duìhuà	N	dialogue
5	发誓/發誓	fā shì	VO	to swear, to pledge, to vow
6	期间/期間	qījiān	N	period (of time), during the time of
7	之间/之間	zhījiān	Suf	between, in the midst of
8	听力/聽力	tīnglì	N	hearing; listening skill
9	谈话/談話	tán huà	VO/N	to talk; conversation
10	拼音	pīnyīn	N	"spelling the sounds", the name of the official Romanized transcription for Chinese
11	练习/練習	liànxí	N/V	exercises, practice; to practice
12	句子	jùzi	N	sentence
13	正确/正確	zhèngquè	Adj	correct, right, accurate
14	机会/機會	jīhuì	N	opportunity, chance
15	接触/接觸	jiēchù	V/N	to contact, to get in touch with; contact
16	了解/瞭解	liǎojiě	V/N	to understand, to comprehend; knowledge, understanding

第三十课 坐地铁
Lesson Thirty Taking the Subway

17	深大新村	Shēndà Xīncūn	PropN	Shenzhen University New Village
	深大	Shēn Dà	PropN	short for Shenzhen University
	村	cūn	N	village
18	岗厦/崗廈	Gǎngxià	PropN	(a place name)
19	站	zhàn	N/V	station; to stand, to stop
20	线/線	xiàn	N	route, line, sth shaped like a line
21	中医院/中醫院	Zhōngyīyuàn	N	hospital for traditional Chinese medicine
22	实习/實習	shíxí	V	to practice (what has been taught in class), to do an internship
23	华强/華強	Huáqiáng	PropN	(a place name)
24	东西方向/東西方向	dōng-xī fāngxiàng	Phrase	in an east west direction, east-west
25	会面/會面	huì miàn	VO	to meet (with), to visit
26	站台/站臺	zhàntái	N	platform
27	层/層	céng	N	level, floor, stratum
28	单程票/單程票	dānchéngpiào	N	one-way ticket
	单程/單程	dānchéng	Attr	one-way
	票	piào	N	ticket
29	往返	wǎng-fǎn	V/Attr	to go and return; round-trip
30	深圳通	Shēnzhèntōng	PropN	a Shenzhen Pass (for transportation)
31	储值卡/儲值卡	chǔzhíkǎ	N	stored value card
32	享受	xiǎngshòu	V/N	to enjoy; enjoyment
33	折	zhé	N	discount, cut
34	优惠/優惠	yōuhuì	Adj	favourable, discounted
35	全日制	quánrìzhì	N	full-time (system), all-day (school)
36	中小学生/中小學生	zhōng-xiǎo xuéshēng	Phrase	students of middle or primary schools
	中学生/中學生	zhōngxuéshēng	N	middle school students

	小学生/小學生	xiǎoxuéshēng	N	elementary school students
37	中专生/中專生	zhōngzhuān shēng	N	students of technical or specialized secondary schools, or middle vocational schools
38	公交车/公交車	gōngjiāochē	N	public transportation (i.e. public bus or trolley)
39	充值	chōng zhí	VO	to add value to (a card, etc.)
40	金额/金額	jīn'é	N	sum, amount (of money)
41	增值	zēngzhí	V	to increase in value, to add value to

Re-enacting the Dialogue

A: Dawei Lin   B: Kailing Feng   C: Ticket agent

Dawei Lin and his girlfriend Kailing Feng had talked it over and decided: they'd come to China to study for a year, so they'd study the language properly and at very least, after a year, they'd be able to deal with daily conversation in Chinese. So they pledged that while they were in China, the two of them would only speak Chinese, not English. This often made communication between the two of them very difficult. At first, when David called Karen by her Chinese name, Kailing Feng, she would ask him: "What do you mean, 'phone calling'"? They had problems with listening, and speaking wasn't easy either. Every time Dawei wanted to talk to her, he wrote down what he wanted to say first, writing a lot of words in Pinyin. Then afterwards, he'd practice for a bit, and then say it. That wasn't a bad method; it helped him to say the sentences accurately. Today he's going to tell her, in Chinese, about going to Prof. Chen's house to eat, so he really needs to explain everything clearly and not make any mistakes, otherwise, they won't make it to Prof. Chen's place at all.

A: Hello, are you Kailing Feng? This is Dawei. My teacher, Prof. Chen, has invited the whole class over to her house to have a dinner on Saturday, and she's invited you as well. Would you come with me?

B: Saturday? Didn't we make a date to go out?

A: Yes, but I think, since we've come to China, we've never had a chance to visit a Chinese family and see what it's like. This is a great chance to have some contact with them, and gain some insight into Chinese culture. Don't you agree?

B: Okay. So where does she live, and how are we getting there?

A: Prof. Chen lives in Shenzhen University New Village, she says we can get there by subway. I checked the subway map. Shenda New Village is by Gangxia station. We both can take the line 1. I can get on at Shenda-North station, and go 12 stops. You're at City Chinese Medicine Hospital, you can get on at Huaqiang station, and go one stop.

B: Well, which direction do I go in?

A: #1 line is an east-west line. You should go west, in the direction of Shenzhen University. I'm going east, which is in your direction. We'll meet at Gangxia station.

B: Where in Gangxia station will we meet?

A: For Shenda New village, we should take exit D. Let's meet at the platform level of exit D, okay?

B: Okay. What time?

A: Prof. Chen would like us to arrive at 5:00. Let's meet at 4:30 at exit D of the Gang xia station, okay?

B: Okay, see you on Saturday.

(At the ticket office of the Shenda-North subway station.)

A: Sir, I'm going to Gangxia station, how much for a ticket?

C: A one-way ticket is ¥10 yuan.

A: How much is a round-trip ticket?

C: We don't have round-trip tickets. You can buy a 'Shenzhen-Pass'.

A: Can I buy a student passcard? I've heard that student tickets give you 50% off.

C: Are you a middle school student?

A: No, I'm a foreign student at Shenzhen University.

C: Only full-time middle and elementary school students or middle polytechnic school students can buy a Shenzhen-Pass student ticket. You can buy an ordinary Shenzhen Pass, which will also give you 5% off on subway tickets. You can also use that card for buses. If you transfer from a bus to a subway within 90 minutes, you also get another ¥0.40 off each time on the subway ticket.

A: Okay, then I'll take an ordinary Shenzhen-Pass.

C: The first time you buy a pass card, you have to prepay ¥100. That includes a ¥30 deposit along with a full value of ¥70. When you've used that up, you can add value at a ticket window or at an automatic fare machine.

A: Here's a ¥100 bill. If I'm going to Gangxia station, which entrance should I take please?

C: Go down on the right.

A: Thanks.

Grammar

G1. The adverb "反而 fǎn'ér" (on the contrary, instead)

"反而 fǎn'ér" indicates a shift from what might have been expected from the preceding context, hence translations like "but" "much to one's surprise" or "on the contrary". "反而 fǎn'ér" is often preceded by "不但 búdàn" or "不仅 bùjǐn" (both "not only").

① 她听了这话不但不生气，反而笑了起来。
Tā tīngle zhè huà búdàn bù shēngqì, fǎn'ér xiàole qǐlai.
When she heard it, she did not get angry, but started to laugh.

② 去陈老师家骑自行车反而比坐地铁快！
Qù Chén lǎoshī jiā qí zìxíngchē fǎn'ér bǐ zuò dìtiě kuài!
It turns out that it's faster to get to Prof. Chen's house by bike than by subway.

③ 我送她生日礼物，她不但不谢我，反而觉得我送的礼物没有用。
Wǒ sòng tā shēngrì lǐwù, tā búdàn bú xiè wǒ, fǎn'ér jué de wǒ sòng de lǐwù méiyǒu yòng.
She didn't thank me for giving her a birthday present. Instead, she think the present I gave her was useless.

G2. "V+ 得了 de liǎo" "V+ 不了 bu liǎo" (can V / can't V)

You are already familiar with "potential compounds" (cf. L11 G2), which insert a neutral tone "得 de" or "不 bu" into a verb combination to express potentiality: "听得懂 tīng de dǒng" (can understand); "看不见 kàn bu jiàn" (cannot see). In most cases, both verbs contribute to the meaning, and the infixed particles (得/不) contribute the "potential" sense of "can (not), (not) able to, (can't) manage to".

It is also possible for the second verb in the combination to be the general verb "了 liǎo" (the character for which also represents the common particle "le"). Typically, in second position in a verb combination, "了 liǎo" suggests "physically (un)able to": "做得了 zuò de liǎo" (able to do [it]), "拿不了 ná bu liǎo" (can't carry it [e.g. because it's too heavy]), "动不了 dòng bu liǎo" (It won't start [because it's broken]). "了 liǎo" in this function only occurs in the potential construction: "拿得了" or "拿不了", but not "(不)拿了". Examples:

① 今天要用中文告诉他去陈老师家吃饭的事，一定要说清楚，不能出现问题，不然就去不了陈老师家了。
Jīntiān yào yòng Zhōngwén gàosu tā qù Chén lǎoshī jiā chī fàn de shì, yídìng yào shuō qīngchu, bù néng chūxiàn wèntí, bùrán jiù qù bu liǎo Chén lǎoshī jiā le.
Today he's going to tell her, in Chinese, about going to Prof. Chen's house to have a dinner, so he really needs to explain everything clearly and not make any mistakes, otherwise, they won't make it to Prof. Chen's place.

第三十课　坐地铁
Lesson Thirty Taking the Subway

② 陈老师，黄大为今天病了，去不了您家了。
　　Chén lǎoshī, Huáng Dàwéi jīntiān bìng le, qù bu liǎo nín jiā le.
　　Teacher Chen, Huang Dawei is sick today, so he won't be able to come to your house.

③ 这种翻译工作，他做得了吗？ Can he do this kind of translation?
　　Zhè zhǒng fānyì gōngzuò, tā zuò de liǎo ma?

▶ G3. "享受 xiǎngshòu……优惠 yōuhuì" (enjoy a [percent] discount)

"享受 xiǎngshòu" (to enjoy, to get) combines with "优惠 yōuhuì" (superior treatment) to form a phrase that announces discounts or special concessions, as illustrated by the following examples:

① 听说学生票可享受五折优惠。
　　Tīngshuō xuéshēngpiào kě xiǎngshòu wǔ zhé yōuhuì.
　　I heard that a student ticket allows you to enjoy 50% off.

② "深圳通"普通卡，也可以享受地铁票价九五折的优惠。
　　"Shēnzhèntōng" pǔtōng kǎ, yě kěyǐ xiǎngshòu dìtiě piàojià jiǔ wǔ zhé de yōuhuì.
　　An ordinary Shenzhen Pass holders also enjoy a 5% discount on the price of subway tickets.

③ 六十岁以上的老人在我们店里买东西可以享受八折的优惠。
　　Liùshí suì yǐshàng de lǎorén zài wǒmen diàn li mǎi dōngxi kěyǐ xiǎngshòu bā zhé de yōuhuì.
　　Seniors over 60 who buy products in our store can get a 20% discount.

▶ G4. "只有 zhǐyǒu ……才 cái……" (only if ... can ...) expressing restrictive conditions

The adverb "才 cái" (cf. L18, G1) implies that there are strict conditions that have to be met before something can take place: "你做完功课才能出去玩儿 Nǐ zuòwán gōngkè cái néng chūqu wánr" (You can't go out to play until you finish your homework.) The condition "to finish your homework" has to be fulfilled before the activity of "going out to play" can take place. The conditions can be made even more explicit with the addition of "只有 zhǐyǒu", (only [if the situation] holds), as the following examples show:

① 只有全日制中小学生、中专生才可以买"深圳通"学生卡。
　　Zhǐyǒu quánrìzhì zhōng-xiǎo xuésheng、zhōngzhuānshēng cái kěyǐ mǎi "Shēnzhèntōng" xuéshēngkǎ.
　　Only full-time middle and elementary school students or middle polytechnic school students can buy a Shenzhen Pass student ticket.

② 几年前只有中国银行才可以兑换外币。
　　Jǐ nián qián zhǐyǒu Zhōngguó Yínháng cái kěyǐ duìhuàn wàibì.
　　A few years ago, only the Bank of China could change foreign currency.

③ 只有买学生票才可以享受五折优惠。
　　Zhǐyǒu mǎi xuéshēngpiào cái kěyǐ xiǎngshòu wǔ zhé yōuhuì.
　　Only if you buy a student ticket can you get a 50% discount.

真实生活汉语 3
Chinese for Living in China

Consolidation & Practice

1. The adverb "反而 fǎn'ér"

(1) Complete the following dialogues with "反而 fǎn'ér", following the English hints.

1) A：小张是中国人吧？和他用中文交流应该没有问题吧？
Xiǎo Zhāng shì Zhōngguórén ba? Hé tā yòng Zhōngwén jiāoliú yīnggāi méiyǒu wèntí ba?

B：小张的父母是中国人，他和我用英文交流没有问题，_____
_____(Hint: It's not easy to communicate in Chinese)。
Xiǎo Zhāng de fùmǔ shì Zhōngguórén, tā hé wǒ yòng Yīngwén jiāoliú méiyǒu wèntí,
_____.

2) A：在那儿坐车老人能享受优惠吗？
Zài nàr zuò chē lǎorén néng xiǎngshòu yōuhuì ma?

B：一般情况下老人和学生坐车可以享受优惠，在那儿_____
(Hint: the discount is not available)。
Yìbān qíngkuàngxià lǎorén hé xuéshēng zuò chē kěyǐ xiǎngshòu yōuhuì, zài nàr_____.

3) A：张老师请了很多学生出去吃饭。
Zhāng lǎoshī qǐngle hěn duō xuéshēng chūqu chī fàn.

B：是的，可是同学们_____(Hint: would like to make dumplings together at home)。
Shìde, kěshì tóngxuémen _____.

4) A：开会的时间快到了，我想开车去会快一点儿。
Kāi huì de shíjiān kuài dào le, wǒ xiǎng kāi chē qù huì kuài yìdiǎnr.

B：现在路上堵车，开车花时间，你骑自行车_____(Hint: might be faster)。
Xiànzài lùshang dǔ chē, kāi chē huā shíjiān, nǐ qí zìxíngchē_____.

5) A：林大伟期末考得怎么样？
Lín Dàwěi qīmò kǎoshì kǎo de zěnmeyàng?

B：他平时学习成绩很好，这次期末考试_____(Hint: didn't get good grades)。
Tā píngshí xuéxí chéngjì hěn hǎo, zhècì qīmò kǎoshì_____.

(2) Complete the following sentences with "反而 fǎn'ér".

1) 有车有房有钱的男人她不喜欢，_____。
Yǒu chē yǒu fáng yǒu qián de nánrén tā bù xǐhuan, _____.

2) 大学毕业找一份稳定的工作是很多人的理想，但是他_____。
Dàxué bìyè zhǎo yí fèn wěndìng de gōngzuò shì hěn duō rén de lǐxiǎng, dànshì tā_____
_____.

第三十课　坐地铁
Lesson Thirty Taking the Subway

3) 年轻人都习惯用手机，但是我的同屋＿＿＿＿＿＿＿＿＿＿＿＿＿＿＿＿＿＿＿＿＿＿。
　　Niánqīngrén dōu xíguàn yòng shǒuji, dànshì wǒ de tóngwū ＿＿＿＿＿＿＿＿＿＿＿＿.

4) 向银行贷款买房很难，＿＿＿＿＿＿＿＿＿＿＿＿＿＿＿＿＿＿＿＿＿＿＿＿＿＿＿＿。
　　Xiàng yínháng dài kuǎn mǎi fáng hěn nán, ＿＿＿＿＿＿＿＿＿＿＿＿＿＿＿＿＿＿.

5) 我在大学学中文的时候进步很快，但是现在在中国工作，＿＿＿＿＿＿＿＿＿＿＿。
　　Wǒ zài dàxué xué Zhōngwén de shíhou jìnbù hěn kuài, dànshì xiànzài zài Zhōngguó gōngzuò,
　　＿＿＿＿＿＿＿＿＿＿＿＿＿＿＿＿＿

2. V+ 得了 de liǎo / V+ 不了 bu liǎo

(1) Complete the sentences with a "V+得了 de liǎo/ V+不了 bu liǎo"phrase, following the English hints.

1) 这段路很长，你病刚好，＿＿＿＿＿＿＿＿＿＿＿＿(will you be able to walk such a long way)?
　　Zhè duàn lù hěn cháng, nǐ bìng gāng hǎo, ＿＿＿＿＿＿＿＿＿＿＿＿＿＿＿＿＿＿＿.

2) 我的汽车坏了，今天晚上＿＿＿＿＿＿＿＿＿＿＿＿＿＿＿＿(I won't be able to come to your house)，下次吧。
　　Wǒ de qìchē huài le, jīntiān wǎnshang ＿＿＿＿＿＿＿＿＿＿＿＿＿＿＿＿, xià cì ba.

3) 那种工作需要会中文、日文和英文三种语言，＿＿＿＿＿＿＿＿＿＿＿＿＿＿(can you do that)吗?
　　Nà zhǒng gōngzuò xūyào huì Zhōngwén、Rìwén hé Yīngwén sān zhǒng yǔyán, ＿＿＿＿＿＿＿＿＿＿＿＿＿＿ma?

4) 我只想买一瓶啤酒，＿＿＿＿＿＿＿＿＿＿＿＿＿＿＿＿＿＿＿(won't spend more than ¥20)，你借我10块钱就够了。
　　Wǒ zhǐ xiǎng mǎi yì píng píjiǔ, ＿＿＿＿＿＿＿＿＿＿＿＿＿＿＿, nǐ jiè wǒ shí kuài qián jiù gòu le.

5) 这些东西实在太重了，我坐飞机＿＿＿＿＿＿＿＿＿＿＿＿＿＿＿＿＿＿＿＿＿(won't be able to carry such heavy luggage)。
　　Zhè xiē dōngxi shízài tài zhòng le, wǒ zuò fēijī ＿＿＿＿＿＿＿＿＿＿＿＿＿＿＿＿＿.

(2) Complete the following dialogues with a "V+得了 de liǎo or V+不了 bu liǎo" phrase.

1) 妈妈：这是我给你洗好的苹果、葡萄，还有蛋糕、香蕉，你路上吃。
　　Māma: Zhè shì wǒ gěi nǐ xǐhǎo de píngguǒ、pútao, hái yǒu dàngāo、xiāngjiāo, nǐ lùshang chī.

　　孩子：谢谢，实在太多了，我都＿＿＿＿＿＿＿＿＿＿＿＿＿＿＿＿＿了。
　　Háizi: Xièxie, shízài tài duō le, wǒ dōu ＿＿＿＿＿＿＿＿＿＿＿＿＿＿＿＿ le.

2) 旅客：师傅，这大巴怎么不走了?
　　Lǚkè: Shīfu, zhè dàbā zěnme bù zǒu le?

　　司机：前面可能在修路，我们现在＿＿＿＿＿＿＿＿＿＿＿＿＿＿＿＿＿＿＿。
　　Sījī: Qiánmian kěnéng zài xiū lù, wǒmen xiànzài ＿＿＿＿＿＿＿＿＿＿＿＿＿＿＿＿.

3) 旅客：上午10点去北京的航班为什么取消了？
   Lǚkè: Shǎngwǔ shí diǎn qù Běijīng de hángbān wèishénme qǔxiāo le?

   柜台服务员：下大雪的缘故，_____。
   Guìtái fúwùyuán: Xià dàxuě de yuángù, _____.

4) A：这个工作需要你每天晚上10点开始上班，第二天早上6点下班。
   Zhège gōngzuò xūyào nǐ měitiān wǎnshang shí diǎn kāishǐ shàng bān, dì-èr tiān zǎoshang liù diǎn xià bān.

   B：_____
   _____。

5) A：今年你还像过去一样常常出国工作吗？
   Jīnnián nǐ hái xiàng guòqù yíyàng chángcháng chū guó gōngzuò ma?

   B：自从有了孩子，太太工作又很忙，我即使想出国也_____。
   Zìcóng yǒule háizi, tàitai gōngzuò yòu hěn máng, wǒ jíshǐ xiǎng chū guó yě _____
   _____.

3. "享受 xiǎngshòu……优惠 yōuhuì"

(1) Complete the following dialogues with "享受 xiǎngshòu……优惠 yōuhuì", following the English hints.

1) 如果你是我们书店的会员，买书_____。
   Rúguǒ nǐ shì wǒmen shūdiàn de huìyuán, mǎi shū   (Hint: 20% off)

2) 改革开放的初期，外国公司_____。
   Gǎigé Kāifàng de chūqī, wàiguó gōngsī   (Hint: if it builds a factory, it will get a tax break)

3) 用"深圳通"坐地铁可以_____。
   Yòng "Shēnzhèntōng" zuò dìtiě kěyǐ   (Hint: get a discount on train fares)

4) 老人可以_____。
   Lǎorén kěyǐ   (Hint: get a discount on bus fares, medical costs)

5) 如果你在我们公司买一万块钱以上的东西，就可以_____。
   Rúguǒ nǐ zài wǒmen gōngsī mǎi yíwàn kuài qián yǐshàng de dōngxi, jiù kěyǐ
   (Hint: 20% off)

(2) Answer the following questions with "享受 xiǎngshòu……优惠 yōuhuì".

1) 在深圳买"深圳通"普通卡有什么优惠吗？ (Hint: 5% off with a resident card)
   Zài Shēnzhèn mǎi "Shēnzhèntōng" pǔtōngkǎ yǒu shénme yōuhuì ma?
   _____.

2) 在美国老人买电影票有优惠吗？ (Hint: 10% off)
   Zài Měiguó lǎorén mǎi diànyǐngpiào yǒu yōuhuì ma?
   _____.

第三十课 坐地铁
Lesson Thirty Taking the Subway

3) 拥有美联航的信用卡有什么好处？
Yǒngyǒu MěiLiánHáng de xìnyòngkǎ yǒu shénme hǎochù?
(Hint: discount when renting a car or checking in at a hotel)
_____.

4) 在中国的外国公司现在还能享受优惠吗？(Hint: tax breaks)
Zài Zhōngguó de wàiguó gōngsī xiànzài hái néng xiǎngshòu yōuhuì ma?
_____.

5) 为什么很多人喜欢申请会员卡？(Hint: discount when purchasing books)
Wèishénme hěn duō rén xǐhuan shēnqǐng huìyuánkǎ?
_____.

4. Practice with the "只有 zhǐyǒu……才 cái……" pattern

(1) Complete the following sentences with the "只有 zhǐyǒu……才 cái……" pattern.

1) 不是所有住在深圳的人都可以买"深圳通"，_____。
Bú shì suǒyǒu zhù zài Shēnzhèn de rén dōu kěyǐ mǎi "Shēnzhèntōng", _____.

2) 我们都有上大学的自由，但是_____。
Wǒmen dōu yǒu shàng dàxué de zìyóu, dànshì _____.

3) 小商店是不收信用卡的，_____。
Xiǎo shāngdiàn shì bù shōu xìnyòngkǎ de, _____.

4) 学中文的学生越来越多，但是学得好的学生不多，_____。
Xué Zhōngwén de xuéshēng yuè lái yuè duō, dànshì xué de hǎo de xuéshēng bù duō, _____.

5) 不是所有想买房子的人都能向银行借到贷款，只有_____。
Bú shì suǒyǒu xiǎng mǎi fángzi de rén dōu néng xiàng yínháng jièdào dàikuǎn, zhǐyǒu _____.

(2) Complete the following dialogues with the "只有 zhǐyǒu……才 cái……" pattern.

1) A：在中国不论在哪儿都可以换旅行支票吗？
Zài Zhōngguó búlùn zài nǎr dōu kěyǐ huàn lǚxíng zhīpiào ma?

B：不是的，_____。
Bú shì de, (Hint: only at big banks.)

2) A：六十五岁以上的老人买飞机票能享受优惠吗？
Liùshíwǔ suì yǐshàng de lǎorén mǎi fēijī piào néng xiǎngshòu yōuhuì ma?

B：老人没有优惠，_____。
Lǎorén méiyǒu yōuhuì (Hint: children younger than 12 years old)

3) A：不会说中文的外国人了解中国人的生活吗？
　　　Bú huì shuō Zhōngwén de wàiguórén liǎojiě Zhōngguórén de shēnghuó ma?

　　B：我想他们不能完全了解，_____。
　　　Wǒ xiǎng tāmen bù néng wánquán liǎojiě　　(Hint: only those who speak Chinese)

4) A：我可以参加今天晚上的晚会吗？
　　　Wǒ kěyǐ cānjiā jīntiān wǎnshang de wǎnhuì ma?

　　B：主人邀请你了吗？_____。
　　　Zhǔrén yāoqǐng nǐle ma?　　(Hint: only those who are invited)

5) A：我走路去你家一个钟头到得了吗？
　　　Wǒ zǒu lù qù nǐ jiā yí ge zhōngóu dào de liǎo ma?

　　B：走路一个钟头到不了的，_____。
　　　Zǒu lù yí ge zhōngtóu dào bu liǎo de　　(Hint: if you take a train)

第三十课 坐地铁
Lesson Thirty Taking the Subway

Listening Comprehension

1. Listen carefully to the conversation between the student and the person in the ticket office, then answer the questions.

   (1) What kind of subway ticket does the student want to buy?
       A. He wants to buy a Hong Kong "Bada-pass".
       B. He wants to buy a "Shenzhen-pass".
       C. He wants to buy both a Hong Kong "Bada-pass" and a "Shenzhen-pass".

   (2) What kind subway ticket can he buy for HK$55?
       A. a Hong Kong Bada-pass.
       B. a Hong Kong one-day pass.
       C. a Shenzhen pass.

2. Listen carefully to the conversation and then answer the questions.

   (1) What does Tom suggest?
       A. They speak English on weekends.
       B. They go to the bar district on weekends.
       C. They find a new housemate.

   (2) Where is Tom allowed to speak English?
       A. In their apartment.
       B. In bars.
       C. In the classroom.

Communication Activities

Pair Work and Role-Play

Scenario I:

Assume you live in a city with a subway system. Tell your partner how you get from where you live to some place that you usually reach by subway. In the conversation, include the following information:

(1) Price of the tickets.

地铁票价	公车票价	往返票价	单程票价
dìtiě piào jià	gōngchē piào jià	wǎngfǎn piào jià	dānchéng piào jià

(2) The best route.

(3) Why you prefer to take the subway over other kinds of transportation.

Scenario II:
One of the teachers is planning to host a party at a local place (that the students are familiar with). Students form pairs and explain what they're going to bring to the party, and how they're going to make sure they get there on time.

Group Work

Discuss whether the city you live in (or are staying in) needs a subway system, and why.

交通工具	汽车	自行车	火车（站）
jiāotōng gōngjù	qìchē	zìxíngchē	huǒchē (zhàn)
公交车	地铁	飞机（场）	从……到……
gōngjiāochē	dìtiě	fēijī (chǎng)	cóng …… dào ……
很方便/很不方便		离……很近/很远	
hěn fāngbiàn/hěn bù fāngbiàn		lí …… hěn jìn/hěn yuǎn	
从X站换车到Y站		堵车	花时间
cóng X zhàn huàn chē dào Y zhàn		dǔ chē	huā shíjiān
车票	交通费	交通卡	
chēpiào	jiāotōng fèi	jiāotōngkǎ	

Review Exercises

I. Match the verbs in the left-hand list with the nouns in the right-hand list.

(1) 坐 zuò   A. 中国文化 Zhōngguó wénhuà

(2) 享受 xiǎngshòu   B. 地铁图 dìtiě tú

(3) 打 dǎ   C. 优惠 yōuhuì

第三十课　坐地铁
Lesson Thirty Taking the Subway

(4) 查 chá

(5) 了解 liǎojiě

D. 九折 jiǔ zhé

E. 公交车 gōngjiāochē

II. Fill in the blanks with the words listed below.

| 公寓 gōngyù | 交流 jiāoliú | 清楚 qīngchǔ | 理解 lǐjiě |
| 商量 shāngliang | 发誓 fāshì | 帮助 bāngzhù | |

"语言誓约"的意思 就是_____在学习汉语 期间 大家只 说 中文 不
"Yǔyán shìyuē" de yìsi jiù shì _____ zài xuéxí Hànyǔ qíjiān dàjiā zhǐ shuō Zhōngwén bù

说 母语。这个 誓约 听 起来容易 做 起来 难，尤其 是 对 没 学过 中文 或
shuō mǔyǔ. Zhège shìyuē tīng qǐlai róngyi zuò qǐlai nán, yóuqí shì duì méi xuéguo Zhōngwén huò

只 学了一年 中文 的 学生 来说，有 的 时候 说 出来 的 中文
zhǐ xuéle yì nián Zhōngwén de xuéshēng láishuō, yǒu de shíhou shuō chūlai de Zhōngwén

别人 听不懂，或者 听不 懂 别人 说 的 话，常常 给 两个 人 之间 的
biérén tīng bu dǒng, huòzhě tīng bu dǒng biérén shuō de huà, chángcháng gěi liǎng ge rén zhījiān de

_____带来不少 困难。为了 在 一年 的 时间 内 学好 中文，我 和
_____ dàilái bù shǎo kùnnan. Wèile zài yì nián de shíjiān nèi xuéhǎo Zhōngwén, wǒ hé

室友_____好了，每天 晚上 回 到_____，我们 都 说 中文。
shìyǒu _____ hǎo le, měitiān wǎnshang huí dào _____, wǒmen dōu shuō Zhōngwén.

如果 听不_____，我们 可以 把 要 说 的 话 用 拼音 写出来，_____
Rúguǒ tīng bu _____, wǒmen kěyǐ bǎ yào shuō de huà yòng pīnyīn xiě chūlai, _____

对方 正确 地_____。
duìfāng zhèngquè de _____.

III. Complete the following dialogue.

A：明天晚上王老师请我们去她家包饺子，你和我一起去，好吗？
Míngtiān wǎnshang Wáng lǎoshī qǐng wǒmen qù tā jiā bāo jiǎozi, nǐ hé wǒ yìqǐ qù, hǎo ma?

B：明天学校有活动，我_____(unable to go)，你自己去吧。
Míngtiān xuéxiào yǒu huódòng, wǒ _____, nǐ zìjǐ qù ba.

A：看来我只好自己去了，不过你可以陪我去买个礼物明天送给王老师吗？
Kànlái wǒ zhǐhǎo zìjǐ qù le, búguò nǐ kěyǐ péi wǒ qù mǎi ge lǐwù míngtiān sòng gěi Wáng lǎoshī ma?

B：这没问题，我今天晚上有空。你看，我有一张宜家(Ikea)的会员卡，去那儿买东西__
_____(one can get a 5% discount)。
Zhè méi wèntí, wǒ jīntiān wǎnshang yǒu kòng. Nǐ kàn, wǒ yǒu yì zhāng Yíjiā (Ikea) de huìyuánkǎ, qù nàr mǎi dōngxi _____.

A：从这儿怎么去宜家？
　　Cóng zhèr zěnme qù Yíjiā?

B：我们_____(can take Bus No.2 or take the Metro Red line)。
　　Wǒmen _____.

IV. Explain the following in Chinese.

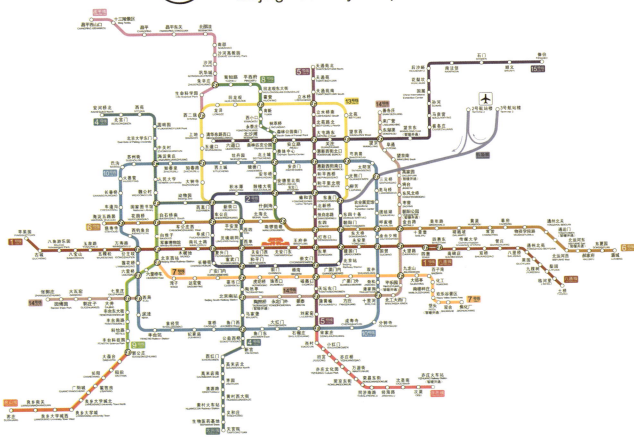

(1) On the subway map, your friend is at A, and you are at B. You've agreed to meet at the station marked C. Explain to your friend which route you both should take in order to meet up at C. (Choose actual stations from the map to represent A, B and C.)

1) ....
2) ....
3) ....
4) ....

5) ....
6) ....

(2) A friend of yours calls. She's at X on the map. Tell her how to get to where you live. She can take various forms of transportation. Then explain how to take public transportation from your house to local places such as the post office, the airport, a place of work, or a school. (Choose an actual station from the map to represent X.)

1) ....
2) ....
3) ....
4) ....
5) ....
6) ....

Culture Notes

1. Cities with subway systems in China

Subways started running in Beijing in 1971. There are 30 cities in China with subway systems in 2016, such as: Beijing, Shanghai, Nanjing, Guangzhou, Shenzhen and Hong Kong. Seventeen other cities are due to get subway systems in the near future.

2. Subway lines

In the U.S., the subway lines are often marked with colors: the Red Line, the Blue Line, and so on. In China, subway lines are labeled with numbers: Line 1 (1号线 yī hào xiàn), Line 2 (2号线 èr hào xiàn) etc.. In some cases, the lines are referred to by the shape of the line: "直线 Zhíxiàn" (the Straight Line), "环线 Huánxiàn" (the Circle Line).

3. Subway ticket prices

In Beijing, subway (or metro) tickets are 3.00 *yuan* for the first 6 km., 4.00 *yuan* for 6-12 km., 5.00 *yuan* for 12-22 km., and 6.00 *yuan* for 22-32 km. For rides over 32 km., 1.00 *yuan* is added for every 20 km. In Nanjing, subway tickets are 2 to 4 *yuan* per trip. In Shanghai, prices are 3.00 *yuan* for up to 6 km, and 4.00 *yuan* from 6 to 16 km. Each kilometer after 16 is an extra 1.00 *yuan*. The longest one-way ride in Shanghai costs 9.00 *yuan*.

Guangzhou subway tickets start at 2.00 *yuan* (within 4 km.). Then, for each 4 km. up to 12, the price increases by 1.00 *yuan*. For distances above 12 km. up to 24, the price increases by 1.00 *yuan* every 6 km. After 24 km., the price increases 1.00 *yuan* every 8 km. The Shenzhen subway system is divided into sections and segments: 2 stops is a section and 4 sections, totaling 8 stops, is a segment. Tickets start at 2.00 *yuan* (for 3 sections = 6 stops). Then each segment (8 stops) costs an additional 1.00 *yuan*. The pricing system for the Shenzhen subway is under review, since the system recently expanded from one line to five.

The Hong Kong MTR (Mass Transit Railway), in addition to the original core lines, now includes a number of light-rail lines serving the northwest New Territories, which was originally the Kowloon-Canton Railway Corporation lines, running from Hong Hom station in Kowloon to the border with China proper and to elsewhere in the New Territories. Prices on most of the lines in the system vary with distance. Most people make use of the Badatong, or Octopus Card, which offers a slightly reduced rate and ticketless travel on the MTR, buses, trams, mini-buses and ferries, as well as serving as a debit card for purchases at convenience stores, parking lots, and many other stores. People over 65 get a green octopus card that offers half-fare on most public transport, plus free travel at certain times. Prices vary with distance, with travel on the core system ranging from about HK$ 5-12, rising to near HK$50 on some of the longer lines, and even more for the express airport service. Subway ticket prices in China are likely to change as the systems expand and develop.

Vocabulary 词汇表 Cíhuì Biǎo

A

| àn | 按 | Prep | in accordance with, on the basis of | L22 |
| ànshí | 按时/按時 | Adv | n time, on schedule | L24 |

B

báitiān	白天	N	daytime; day	L26
bān	搬	V	to move	L23
bānjìn	搬进/搬進	V-DirC	move in	L23
bànfǎ	办法/辦法	N	method, ways, means	L21
bànlǐ	办理/辦理	V	to handle, to go through (a procedure)	L21
bànshìyuán	办事员/辦事員	N	clerk	L22
bāo	包	V	to wrap	L29
bāoguǒ	包裹	N	parcel, package	L28
bāokuò	包括	V	to include, to consist of, to comprise	L25
bāozhuāng	包装/包裝	V/N	to pack, to wrap up; package, packaging	L28
bǎo'ān	保安	N	entrance guard, doorman	L24
bàogào	报告/報告	N	report; speech, lecture	L22
bèijǐng	背景	N	background	L29
běnrén	本人	N	the person in question, I, me, oneself	L26
běnxiào	本校	Phrase	this school	L26
bǐjiào	比较/比較	V/Adv	to compare; relatively, rather	L25
biāojì	标记/標記	N	a mark, a sign	L22
biāozhǔn	标准/標準	N/Adj	standard, criterion; be standard	L26
bówùguǎn	博物馆/博物館	N	museum	L29
bùfen	部分	N	part, section, portion	L25
bùgàolán	布告栏/佈告欄	N	bulletin board	L26
bùmiàn	布面	N	cloth cover	L22
bùrán	不然	Conj	or else, otherwise, if not	L25
bù zhǐ	不只	Phrase	not only	L29

真实生活汉语
Chinese for Living in China

C

cānguān	参观/參觀	V	to visit (place, exhibition, etc.)	L21
cānjiā	参加/參加	V	to join, to take part in, to attend	L24
cèsuǒ	厕所/廁所	N	bathroom, toilet, lavatory	L23
céng	层/層	N	level, floor, stratum	L30
cháxún	查询/查詢	V/N	to inquire into, to ask about; a query	L25
Chángchéng	长城/長城	PropN	The Great Wall	L21
chángfāngxíng	长方形/長方形	N	rectangle	L22
chāoguò	超过/超過	V	to surpass, to exceed	L25
chéngkè	乘客	N	passenger	L22
chǐcùn	尺寸	N	size, measurement, dimension	L22
chōng shuǐ	冲水/沖水	VO/N	to flush, to pour water on; a flush	L23
chōng zhí	充值	VO	to add value to (a card, etc.)	L30
chū mén	出门/出門	VO	to go out	L24
chūshēng	出生	N/V	birth; to be born	L24
chū tóu	出头/出頭	VO	to be slightly over, a little more, odd	L28
chūxiàn	出现/出現	V	to appear, to emerge	L24
chūzū	出租	V	to rent out, to hire	L25
chújù	厨具/廚具	N	kitchenware	L25
chǔzhíkǎ	储值卡/儲值卡	N	stored value card	L30
chuānzhuó	穿着/穿著	N	clothing, apparel	L29
chuānghu	窗户	N	window	L24
chuángshàng yòngpǐn	床上用品	Phrase	bedding	L25
cūn	村	N	village	L30
cún	存	V	to deposit (money)	L27
cúnkuǎn	存款	VO/N	to deposit money; deposit account, bank savings	L27
cúnkuǎndān	存款单/存款單	N	deposit slip	L27
cúnzhé	存折	N	deposit book, bankbook	L27

D

dǎyìn	打印	V	to print	L29
dàxiǎo	大小	N	size	L22
dànshì	但是	Conj	but, however, yet	L23

216

dānchéng	单程/單程	Attr	one-way	L30
dānchéngpiào	单程票/單程票	N	one-way ticket	L30
dàngāo	蛋糕	N	cake	L29
dāngmiàn	当面/當面	Adv	in one's presence, face to face	L28
dāngrán	当然/當然	Adv	of course, naturally	L25
dàodá	到达/到達	V	to arrive, to reach	L21
dehuà	的话/的話	Part	if	L24
dìtiě	地铁/地鐵	N	subway, underground rail system	L29
dì-yī cì	第一次	Phrase	the first time	L29
dìzhǐ	地址	N	address	L29
diàndēng	电灯/电燈	N	light, electric light	L25
dìngjīn	定金	N	down payment, deposit	L25
diū	丢	V	to lose, to miss (something)	L22
dōng-xī fāngxiàng	东西方向/東西方向	Phrase	in an east west direction, east-west	L30
dǔzhù	堵住	V-ResC	to be stopped up, to be blocked up	L23
duànliàn	锻炼/鍛鍊	V	to exercise, to work out	L26
duìhuà	对话/對話	N	dialogue	L30
duōzhǒng	多种/多種	N	many kinds, varieties	L27

E

édù	额度/額度	N	amount	L27

F

fā gěi	发给/發給	Phrase	to issue to, distribute to	L29
fā shì	发誓/發誓	VO	to swear, to pledge, to vow	L30
fāngshì	方式	N	way, form, mode	L29
fángchǎn	房产/房產	N	house (as property), real estate	L25
fángdōng	房东/房東	N	house owner, landlord, landlady	L25
fǎngtán	访谈/訪談	V	to visit for talks, to interview	L26
fàng	放	V	to put down, to place; to let go, to release	L23
fēijī	飞机/飛機	N	airplane	L21
fēnháng	分行	N	branch (of a bank, etc.)	L27
fēnqī	分期	Adv	by stages	L27
fēng	封	Meas	for letters, telegrams (things sealed)	L28
Fóluólǐdá	佛罗里达/佛羅里達	PropN	Florida	L28

fúwùyuán	服务员/服務員	N	attendant, service person		L21

G

gǎnhuí	赶回/趕回	V-DirC	hurry back		L21
gǎnxiè	感谢/感謝	V	to thank, to be grateful		L21
Gǎngxià	岗厦/崗廈	PropN	(a place name)		L30
gēnjù	根据/根據	Prep	on the basis of, according to		L22
gōngběn	工本	N	cost of production		L27
gōngběnfèi	工本费/工本費	N	card issuing fee, handling charge		L27
gōngjiāochē	公交车/公交車	N	public transportation (i.e. public bus or trolley)		L30
gòngyòng	共用	V	to share		L23
gòu	够	Adj/Adv/V	enough; sufficiently; to suffice		L29
guà shī	挂失/掛失	VO	to report a loss (to the authorities)		L22
guàhàoxìn	挂号信/掛號信	N	registered letter		L28
guǎnlǐyuán	管理员/管理員	N	manager, person in charge		L23
guǎngbō	广播/廣播	V/N	to broadcast; a broadcast		L27
guǎnggào	广告/廣告	N	advertisement		L26
Gùgōng	故宫	PropN	The Imperial Palace (Forbidden City)		L.21
guīdìng	规定/規定	N	regulation, rule		L22
guìtái	柜台/櫃檯	N	(sales/service) counter		L21
Guó Háng	国航/國航	PropN	AIRCHINA (short for "中国国际航空公司 Zhōngguó Guójì Hángkōng Gōngsī")		L21
guójì	国际/國際	Attr	international		L26
guójiā	国家/国家	N	nation, country, state		L29

H

hǎiguān	海关/海關	N	a customs checkpost, customs		L22
hǎiyùn	海运/海運	V/N	to transport by sea; ocean shipping		L28
hánjià	寒假	N	winter vacation		L21
hángbān	航班	N	scheduled flight		L22
hángkōng gōngsī	航空公司	N	airline company		L22
hángzhàn	航站	N	terminal (at an airport, etc.)		L22
hǎoyùn	好运/好運	N	good luck		L21
Héběi	河北	PropN	Hebei (Province)		L26
héduì	核对	V	to check, to verify		L24

pinyin	汉字	POS	English	Lesson
hézū	合租	Phrase	to rent jointly	L26
hézuò	合作	V	to cooperate, to collaborate	L21
hēiyōuyōu	黑黝黝	Adj	dim, dark	L24
hùxiāng	互相	Adv	mutually, each other	L26
huán kuǎn	还款/還款	VO	to return money, to repay a sum	L27
Huáqiáng	华强	PropN	(a place name)	L30
huí xiào	回校	VO	to go back to school	L24
huídào	回到	V-DirC	to return to, to come back	L24
huì kuǎn	汇款/匯款	VO/N	to remit money; remittance	L27
huì miàn	会面/會面	VO	to meet (with), to visit	L30
huǒbàn	伙伴/夥伴	N	partner	L21
huóqī	活期（存款）	Attr	current (deposit), due on demand	L27
huóqīchǔxù	活期储蓄/活期儲蓄	N	current savings	L27

J

pinyin	汉字	POS	English	Lesson
jī	机/機	BF	machine	L27
jīchǎng	机场/機場	N	airport	L21
jīgòu	机构/機構	N	organization, agency	L25
jīhuì	机会/機會	N	opportunity, chance	L30
jījià	基价/基價	N	base price	L28
jì	寄	V	to mail, to send	L28
jiàn miàn	见面	VO	to meet, to see	L29
jiànyì	建议/建議	V/N	to suggest, to recommend; proposal, suggestion	L26
jiāoliú	交流	V	to exchange, to interact, to communicate	L29
jiàoyánshì	教研室	N	teaching and research office	L24
jiǎozi	饺子/餃子	N	jiaozi = dumplings (northern cuisine, traditionally eaten at Chinese New Year)	L29
jiēchù	接触/接觸	V/N	to contact, to get in touch with; contact	L30
jiēshòu	接受	V	to accept, to receive, to take	L25
jièjìkǎ	借记卡/借記卡	N	debit card	L27
jiè qián	借钱/借錢	VO	to borrow money	L27
jīn'é	金额/金額	N	sum, amount (of money)	L30
jīnzi	金子	N	gold	L24
jǐnguǎn	尽管/儘管	Conj/Adv	even though, even if; freely	L29

jǐnkuài	尽快/儘快	Adv	as soon as possible, as quickly as possible	L22
jìnbù	进步/進步	N/V/Adj	progress, advance; to make progress; progressive (politics)	L26
jìngnèi	境内	N	within the country	L27
jìngwài	境外	N	outside the country, abroad	L27
Jiùjīnshān	旧金山/舊金山	PropN	San Francisco ("Old-Gold-Mountain")	L21
jùhuì	聚会/聚會	N / V	meeting, party; to meet, to get together	L24
jùzi	句子	N	sentence	L30

K

kāi hù	开户/開户	VO	to open a bank account	L27
kè	克	Meas	gram	L28
kèyú	课余/課餘	Attr	after-school	L29
kěndìng	肯定	V/ Adv	to affirm, to confirm; definitely, certainly	L25
Kěnnídí	肯尼迪	PropN	Kennedy	L21
kòuchú	扣除	V	to deduct, to withhold (e.g. from wages)	L27
kuàidì	快递/快遞	N	express delivery	L28
kuǎn	款	N	money, case, funds	L27
kùnnan	困难	Adj/N	difficult, hard; difficulty	L29

L

lán	栏/欄	BF	column (in a form, newspaper, etc.)	L22
lèisì	类似/類似	Adj	similar	L22
lǐpǐn	礼品/禮品	N	gift, present	L22
lìxī	利息	N	interest (on loans, etc.)	L27
lián	连/連	Prep	even, including	L28
liánbāng	联邦/聯邦	N	union, federation	L28
liánxì	联系/聯繫	V/N	to connect, to make connection with; connection, link	L23
liànxí	练习 / 練習	N/V	exercises, practice; to practice	L30
liáo tiān	聊天	VO	to chat	L29
liǎojiě	了解/瞭解	V/N	to understand, to comprehend; knowledge, understanding	L30
liúxuéshēng bàngōngshì	留学生办公室/留學生辦公室	Phrase	International Students' Office	L25
lóngtóu	龙头/龍頭	N	tap, faucet	L23

lóufáng	楼房/樓房	N	building (of more than one story)	L23
lùjìng hàomǎ	路径号码/路徑號碼	Phrase	swift code, routing number	L27
lùjìng	路径/路徑	N	path, route, way	L27
lùshang	路上	Phrase	on the road	L24

M

mǎtǒng	马桶/馬桶	N	toilet [bowl]	L23
mǎnyì	满意	Adj	be satisfied, pleased	L26
màoyì	贸易/貿易	N	trade	L26
méi dìfang	没地方	Exp	no space (to...)	L25
Měilián Hán	美联航/美聯航	PropN	United Airlines (short for "美国联合航空公司 Měiguó Liánhé Hángkōng Gōngsī")	L21
méndiàn	门店/門店	N	retail department, store	L28
ménfáng	门房/門房	N	gatekeeper's room, porter's lodge; doorman, janitor	L24
mìmǎ	密码	N	pin number	L27
miànqián	面前	N	in front of (someone), in the face of, before	L27
miànzi	面子	N	face ("没面子 méi miànzi" *to lose face*)	L24

N

ńg, ňg, ǹg	嗯	Intj	huh?, huh!	L24
niánjí	年级/年級	N	grade, year (in school)	L29
Niǔyuē	纽约/紐約	PropN	New York City	L21
niúzǎikù	牛仔裤/牛仔褲	N	jeans, denim	L29
nǚpéngyou	女朋友	N	girlfriend	L29

O

ō	噢	Intj	oh (realization)	L29
ò	哦	Intj	oh, expressing surprise	L23

P

pá	爬	V	to climb a wall	L24
péicháng	赔偿/賠償	V	to compensate, to pay for (damages, loss, etc.)	L22
piào	票	N	ticket	L30
pinyin	拼音	N	spelling the sounds', the name of the official Romanized transcription for Chinese	L30
Pǔtōnghuà	普通话/普通話	PropN	Standard Spoken Chinese, Mandarin	L26

Q

qījiān	期间/期間	N	period (of time); during the time of	L30
qítā	其他	Adj/Pron	other; the others, the rest	L28
qízhōng	其中	Pron	one of, among (them)	L25
qǐzhòngjià	起重价/起重價	N	minimum weight price	L28
qiān yuē	签约/簽約	VO	to sign a treaty or contract	L25
qiáng	墙/墙	N	wall	L24
qiāo	敲	V	to knock (at a gate or door)	L24
qīnqi	亲戚/親戚	N	relatives	L26
qīnyǒu	亲友/親友	N	relatives and friends	L27
qíngkuàng	情况/情況	N	situation, circumstances	L25
qūbié	区别/區別	V/N	to distinguish; difference	L27
qǔhàojī	取号机/取號機	N	machine that issues numbers	L27
qǔ kuǎn	取款	VO	to withdraw money	L27
qǔkuǎnjī	取款机/取款機	N	teller machine	L27
quánbān	全班	Phrase	the entire class	L29
quánrìzhì	全日制	N	full-time (system), all-day (school)	L30

R

rényuán	人员/人員	N	personnel, staff, crew	L22
rèn	认/認	V	to recognize, to know, to distinguish	L26
réngrán	仍然	Adv	still, yet, as before	L29
Rìběnrén	日本人	PropN	Japanese	L23
rìcháng	日常	Attr	daily, routine, everyday	L30
rìqī	日期	N	date	L22

S

shānghù	商户	N	merchant, business household	L27
shāngliang	商量	V	talk it over, discuss	L30
shàng	上	V	to go to, to be at (school, work, etc.)	L22
Shēn Dà	深大	PropN	short for Shenzhen University	L30
ShēndàXīncūn	深大新村	PropN	Shenzhen University New Village	L30
shēnfèn	身份	N	identity	L24
Shēnzhèntōng	深圳通	PropN	a Shenzhen Pass (for transportation)	L30
shénme de	什么的/什麼的	Phrase	and so on, and so forth	L29

shēnghuó	生活	N/V	life, living; to live	L26
shěng qián	省钱/省錢	VO	to save money	L26
shīwù	失物	N	lost property, lost article	L22
shíchā	时差/時差	N	time difference	L28
shíxí	实习/實習	V	to practice (what has been taught in class), to do an internship	L30
shǒushi	首饰/首飾	N	jewelry	L28
shǒuxù	手续/手續	N	procedure, formalities	L21
shǒuxùfèi	手续费/手續費	N	handling charges, service charge	L27
shǔqī	暑期	N	summer vacation period	L22
shūzhuō	书桌/書桌	N	desk	L23
shuǐguǎn	水管	N	water pipe, water tube	L23
sìzhōu	四周	Adv	all around	L22
suíbiàn	随便/隨便	Adj/Phrase	casual, informal; as you like	L29
suǒ	所	Meas	a measure word *for houses, buildings, schools and hospitals*	L24

T

T xùshān	T恤衫	N	T-shirt	L29
tánhuà	谈话/談話	VO/N	to talk; conversation	L30
tèshū	特殊	Adj	special, particular, exceptional	L22
tídào	提到	V	to mention, to raise	L28
tígāo	提高	V	to raise, to increase, to enhance	L26
tígōng	提供	V	to provide, to offer	L21
tíqián	提前	V/Adv	to advance, to bring forward; in advance	L23
tíqǔ	提取	V	to withdraw (money, etc.), to pick up	L27
tí xiàn	提现/提現	VO	to withdraw cash (short form of "提取现金 tíqǔ xiànjīn")	L27
tiándiǎn	甜点/甜點	N	sweet snacks	L29
tiánxiě	填写/填寫	V	to fill in, to fill out (forms)	L22
tiáojiàn	条件/條件	N	condition, term	L26
tiē	贴/貼	V	to paste, to stick	L26
tīng	厅/廳	N	iving room, hall ("两室一厅 liǎng shì yì tīng" *two bedrooms and one living room*)	L25
tīnglì	听力/聽力	N	hearing; listening skill	L30

tīngshuō	听说/聽說	V	to hear, to hear it said that	L24
tíng	停	Adv	stop ("不停 bùtíng" *nonstop*)	L23
tōngguò	通过/通過	V/Prep	to pass through; by (way of, means of)	L25
tōngzhī	通知	V	to notify, to inform	L22
tóngwū	同屋	N	roommate	L23
tóngxìngliàn	同性恋/同性戀	N	homosexuality, homosexual	L26
tóngyì	同意	V	to agree, to approve	L26
tóngzhù	同住	V	to live under the same roof	L26
tòuzhī	透支	V	to overdraw (an account), overspend	L27
tú	图/圖	N	picture, drawing, illustration	L22
túpiàn	图片/圖片	N	picture, drawing, illustration	L22
tuì kuǎn	退款	VO	to refund, to get a refund	L21
tuōyùn	托运/托運	V	to check (luggage), to consign for shipment	L22

W

wàihuì	外汇/外匯	N	foreign currency, foreign exchange	L27
wàimài	外卖/外賣	N	take-out food	L26
wánjù	玩具	N	toy	L28
wànyī	万一/萬一	Conj	just in case, if by any chance, should there be…	L23
wǎng-fǎn	往返	V/Attr	to go and return; round-trip	L30
wǎngxià	往下	Adv	downward	L23
wénhuà	文化	N	culture	L26
wèntí	问题/問題	N	question, problem, issue, trouble	L23
Wú	吴	PropN	person's surname	L23
wúfǎ	无法/無法	V	to be unable to, to be no way to	L22
wù jī	误机/誤機	VO	to miss an airplane	L21

X

xī yān	吸烟/吸菸	VO	to smoke	L26
xīwàng	希望	V/N	to hope; wish	L21
xíguàn	习惯/習慣	N/V	habit, custom; to get used to	L26
xǐshǒuchí	洗手池	N	tank, basin	L23
xiàcì	下次	N	next time	L24
xiàn	线/線	N	route, line, sth shaped like a line	L30

词汇表 Vocabulary

xiànchāo	现钞/现鈔	N	cash		L27
xiànjīn	现金/现金	N	(ready) cash		L27
xiāng	箱	BF	suitcase, box, trunk		L22
xiǎngshòu	享受	V/N	to enjoy; enjoyment		L30
xiāngxìn	相信	V	to believe, to believe in, to trust		L24
xiàng	像	V	be like, to resemble		L26
xiàng	向	Prep/V	to, towards; to face, to turn towards		L28
xiāofèi	消费/消费	V	to consume, to expend		L27
xiàomén	校门/校門	N	school gate		L24
xiàowài	校外	N	off campus		L25
xiǎoxuéshēng	小学生/小學生	N	elementary school students		L30
xiàoyuán	校园/校園	N	campus, school yard, school compound		L26
xīn lái de	新来的/新來的	Phrase	newly arrived		L24
xìnxī	信息	N	information, news, message		L25
xìnyòng	信用	N	credit, trustworthiness		L27
xìnyòng édù	信用额度/信用額度	N	credit amount		L27
xìnyòngkǎ	信用卡	N	credit card		L27
xínglipiào	行李票	N	luggage or baggage identification		L22
xínglixiāng	行李箱	N	suitcase, trunk		L22
xíngróng	形容	V	to describe		L22
xíngzhuàng	形状/形狀	N	shape, form, appearance		L22
xiūxiánzhuāng	休闲装/休閒裝	N	casual clothes		L29
xuǎnzhòng	选中/選中	V-ResC	to select, to settle on		L25
xún	寻/尋	V	to seek, to look for		L26

Y

yánsè	颜色/顔色	N	color		L22
yàng	样/樣	Meas	kind, sort, type		L23
yāoqǐng	邀请/邀請	V/N	to invite; invitation		L29
yāoqiú	要求	V/N	to ask for, to request; requirement, demand		L26
yèwù	业务/業務	N	business, affairs, professional work		L27
yīběntōng	一本通	N	an all-in-one (bankbook)		L27
yíxiàǔrǔ	一下(儿)	N	for a short while, just		L23

225

yǐwéi	以为/以為	V	to think (erroneously) that, to have the impression that	L24
yìsi	意思	N	meaning, idea	L23
yìtiān dàowǎn	一天到晚	Phrase	all day long	L25
yìwài	意外	Adj	unexpected, accidental	L22
yīncǐ	因此	Adv	as a result, because of this	L29
yínhángkǎ	银行卡/銀行卡	N	bank card, cash card	L27
yíngyèyuán	营业员/營業員	N	shop employee, clerk	L27
yìng	应/應	V	to answer, to respond to	L24
yìngfu	应付/應付	V	deal with, cope with, make do, do sth perfunctorily	L30
yòngpǐn	用品	N	appliance, article	L25
yōuhuì	优惠/優惠	Adj	favourable, discounted	L30
yōuxiān	优先/優先	V/Adj	to have priority, to take precedence; preferential	L26
yóuyú	由于/由於	Prep/conj	because of, as a result of	L29
yóuzhèng	邮政/郵政	N	postal service	L28
yǒu rén	有人	Phrase	some people, there are people who	L29
yǔyán	语言/語言	N	language	L26
yùyuē	预约/預約	V	to make an appointment	L23
yuànyì	愿意/願意	V	to be willing, to wish, to want	L26
yuē	约/約	V	to make an appointment	L29
yuè lái yuè	越来越/越來越	Adv	more and more, increasingly	L25

Z

zàishuō	再说/再說	Adv/V	furthermore, besides; to put aside until	L24
zǎopén	澡盆	N	bathtub	L23
zēngzhí	增值	V	to increase in value, to add value to	L30
zhàn	站	N/V	station; to stand, to stop	L30
zhàntái	站台/站臺	N	platform	L30
zhànghù	账户/賬户	N	bank account, an account	L27
zhāolǐngchù	招领处/招領處	N	lost-and-found (office)	L22
zháojí	着急/著急	V/Adj	to feel worried, to feel anxious; anxious	L21
zhǎo rén	找人	VO	to find someone [to]	L23
zhé	折	N	discount, cut	L30

词汇表 Vocabulary

zhèngjiàn	证件/證件	N	identification	L24
zhèngquè	正确/正確	Adj	correct, right, accurate	L30
zhījiān	之间/之間	Suf	between, in the midst of	L30
zhīpiào	支票	N	a check	L27
zhíjiē	直接	Adj/Adv	direct; directly	L25
zhífēi	直飞/直飛	V	to fly directly to, to be non-stop	L21
zhǐrèn	指认/指認	V	to point out, to point to, to refer to, to identify	L22
zhǐshì	只是	V	to only be, to be just, to be nothing but	L25
zhǐ xiāngzi	纸箱子/紙箱子	N	package, cardboard box	L28
zhìfú	制服	N	uniform	L27
zhìshǎo	至少	Adv	at least	L28
Zhōngguó Gōngshāng Yínháng	中国工商银行/中國工商銀行	PropN	China Indusry and Commercial Bank	L27
Zhōngguó Jiànshè Yínháng	中国建设银行/中國建設銀行	PropN	China Construction Bank	L27
Zhōngguó Nóngyè Yínháng	中国农业银行/中國農業銀行	PropN	China Agricultural Bank	L27
zhōngjiè	中介	N	intermediary, medium; broker, agent	L25
Zhōngwénbān	中文班	N	Chinese class, Chinese language class	L22
zhōng-xiǎo xuéshēng	中小学生/中小學生	Phrase	students of middle or primary schools	L30
zhōngxué	中学/中學	N	middle school, high school, secondary education	L24
zhōngxuéshēng	中学生/中學生	N	middle school students	L30
zhōngyī	中医/中醫	N	traditional Chinese medicine; doctor of traditional Chinese medicine	L29
zhōngyīyuàn	中医院/中醫院	N	hospital for traditional Chinese medicine	L30
zhōngzhuānshēng	中专生/中專生	N	students of technical or specialized secondary schools, or middle vocational schools	L30
zhǒng	种/種	Meas	kind	L27
zhòngliàng	重量	N	weight	L28
zhōuwéi	周围/周圍	Adv	around, surroundings	L22
zhǔrèn	主任	N	chairperson, director ("系主任 xì zhǔrèn" *department chair*)	L24
zhù	祝	V	to wish, to may [you] have	L21

zhùyì	注意	V	to pay attention to, to take notice of	L28
zhuā	抓	V	to catch, to seize, to arrest	L24
zhuānyòng	专用/專用	V	to use for special purposes, to be used exclusively for	L28
zhuǎn zhàng	转账/轉賬	VO	to wire-transfer, to make an electronic transfer	L27
zhuànpán	转盘/轉盤	N	luggage carousel, conveyor belt	L22
zhuāng	装/裝	V	to pack, to load, to carry	L22
zìdòng qǔkuǎnjī	自动取款机/自動取款機	Phrase	ATM	L27
zìdòng	自动/自動	Attr	automatic	L27
zìdòng	自动/自動	Attr/Adv	automatic; voluntarily	L30
zìjǐ de	自己的	Phrase	one's own	L23
zǒu lù	走路	VO	to walk, to travel on foot	L25
zū fáng	租房	VO	to rent (apartment/house)	L25
zūjīn	租金	N	rent, rental, rental fees	L25
zūyuē	租约/租約	N	lease, rental agreement	L25
zuìhǎo	最好	Adj / Adv	best; it would be best to..., had better	L23
zuò kè	做客	VO	to be a guest	L29
zuòxī	作息	N	work and rest	L26

Listening Scripts 录音文本 Lùyī Wénběn

第二十一课 误 机

1. 李英：您好，我误了飞机了，怎么办啊？

   航站工作人员：您是去纽约的。我们国航今天没有去纽约的飞机了。明天下午1点40分有一班直飞纽约的，我帮您换到明天吧？

   李英：我今天必须去纽约，我有个很重要的会得开。如果明天走，到了纽约会都开完了。请您帮帮忙，想想办法，让我今天走，行吗？

   航站工作人员：您先别着急，我帮你在网上查查看有没有今天去纽约的飞机。美联航有一班下午2点13分经过旧金山到纽约的，到达肯尼迪机场是晚上10点59分。我们和美联航是合作伙伴，我可以帮您转过去。不是直航的也行吗？

   李英：不是直航也可以，只要今天能走就行。谢谢了。

2. 李英：王明，你现在在哪儿啊？现在都10点20分了，还有四十分钟飞机就要起飞了，我在美联航F11柜台前面等了你一个钟头了，你怎么还没来啊？你得快一点啊！

   王明：真是不好意思！我出门的时候把护照忘在家里了，结果让出租车开回家拿了护照再出来。现在我还在去机场的路上呢，可能要误机了。

   李英：那怎么办？

   王明：你就别等我了。到了芝加哥，看到张总的时候，请告诉他，我如果误了今天的飞机，希望明天能坐同一时间的美联航回去。

   李英：好的，如果我们今天见不上面，那就明天在芝加哥见。

第二十二课 找行李

1. 丁夏：师傅，行李已经都出完了，还没有看到我的行李，你知道怎么回事吗？

   航站工作人员：你先看看四周有没有你的行李箱。

   丁夏：我都看了，转盘旁边也没有看到我的行李。

   航站工作人员：你的行李箱什么样的？你能形容一下吗？

   丁夏：我的行李箱很大，是大红色，上面有很多可爱的猫的图画。

   航站工作人员：对了，我记得这么一个行李箱。刚才就放在这儿，可能有人拿错了。

   丁夏：哎呀，那我现在该怎么办啊？

航站工作人员：你得到机场"失物招领处"办理行李挂失手续。拿着你的行李票和机票，去失物招领处找办事员登记。我想那个拿错行李的人应该会把你的行李箱送回来的。

丁　夏：谢谢你，我希望很快就能把行李箱找回来。

2. 张　冰：你好，这是我的"行李意外报告"表。

办事员：你的行李里面装了些什么东西？

张　冰：我的箱子里面有两件白衬衫，一双皮鞋，一套西服。

办事员：好，先这样。我们找到后会通知你的。这是你在中国的手机号，对吗？

张　冰：对。什么时候可能送去？

办事员：找到后我们会尽快通知你。

张　冰：我行李箱里的衣服都是为了明天去参加一个重要的会准备的。如果行李箱没找到怎么办？

办事员：你先别着急，如果真的找不到，根据国航规定：如果乘客的托运行李无法找回，会按每公斤35美元赔偿。

张　冰：我着急是因为时间这么少，我到哪儿去买一套合适的西服、衬衫、长裤和皮鞋啊。

第二十三课　修东西

1. 约　翰：管理员，请你到三楼的308房来一下好吗？我们浴缸的水不往下流了，不知道是什么东西堵住了。

管理员：你别着急，我下午去你们房间检查检查。

约　翰：你可以马上就来吗？我的同屋还没有洗澡呢！他说今天早上8点得去上课，不能不洗澡就出门。

管理员：我现在还在401房修他们的厕所呢，你再给我点时间。我两个钟头以后就去你房间，行吗？

约　翰：他等不了那么长时间，你最好现在就来一下。

管理员：那么我半个钟头以后下去找你们。你们会在房间等我吧？

约　翰：会的，会的。不洗澡，我的同屋什么地方都不会去的。他一定会在房间里等你。麻烦你了。

2. 你好，我是王明明，住在8号楼2楼，214号房间。我们洗手池的龙头关不住，而且水管也堵住了，水不往下流，现在水龙头的水都流出了洗手池，流到浴室的地上了。请你们马上派个人来修理，要不然水就要流出浴室，进我们的卧室了。请快点来吧。谢谢。

第二十四课 找保安

1. 丽莎：杨林，你现在在哪儿啊？
   杨林：我在大同书店看书。什么事？
   丽莎：我出门发现忘了带大门的钥匙了，今天晚上我和小金晚上九点还要去看一场电影，等回宿舍大概得十二点之后了。你到时候会在宿舍吗？
   杨林：我除了来书店看看书之外，没有什么特别的计划。晚上十二点之前一定会回宿舍的。
   丽莎：我没有带身份证，到时候保安可能不让我进去。
   杨林：不要紧，这样吧，你快到宿舍的时候在路上给我打个电话，我下楼把你的身份证拿给保安看看就行了。
   丽莎：那太谢谢你了！你知道我的身份证放在哪儿吗？
   杨林：这还真不知道，在哪儿呢？
   丽莎：就在我书桌左边的抽屉里，你一打开抽屉就看得到。如果还找不着，你再给我打电话。
   杨林：好，你放心吧。不过要是一点你还不回来，我就不等你了，我到时候可要睡觉了。
   丽莎：我一定一点以前回去。谢谢你啊！

2. A：喂，是校园保安吗？
   B：是的，你有什么事？
   A：我的同事王教授刚才打了一个电话告诉我，她离开办公室的时候忘了带钥匙，现在进不去办公室了。你可以不可以请一位保安去理科大楼523办公室，帮她开一下办公室的门？
   B：你要知道，今天是周末。再说，学校正在举行运动会，保安非常忙。我们现在没有人有时间去帮她开门，最快也得两个钟头以后才有空。
   A：不要紧，只要有人去开门就行了。你的意思是说，今天下午四点左右会有人去吗？
   B：是的，你请王教授下午四点在523办公室的门口等我们吧。
   A：谢谢你，我会告诉她的。
   B：再见。
   A：再见。

第二十五课　找房子

1. A：小李，你看看，这是我们上个月的水电费，400块钱了！我们房东说了，水电费200块以下，他付；超过了200块，我们就得自己付了。
   B：我们没有怎么用水、用电，怎么就要400块钱？
   A：看来，咱们空调不能开得太低了，这样能省点电费。
   B：对了，咱们洗澡时间也别太长了，从今天起，洗澡时间不超过10分钟，你说怎么样？
   A：行，10分钟我没有问题，就看你了。
   B：我尽量，以后我洗到8分钟，你就叫我一声，我绝对不超过10分钟。

2. 张琦：喂，你好，是李中吗？
   李中：是的，我就是。
   张琦：我是张琦，是王直的朋友，他告诉我你正在找同屋，是吗？
   李中：是的。我现在的那两个同屋，下个月就要回英国了，所以我得再找两个同屋。到7月1日，有两个房间会空出来。
   张琦：那两个房间是什么样子的？
   李中：一间比较小，差不多7平米，里面有一张床、一个书桌；另外一间大点儿，差不多有16平米，里面放着一张大床、一个书桌和一个大衣柜。三个房间共用一个洗手间。
   张琦：你的房租是怎么算的？
   李中：大的那间一个月2200块，小的那间1500块。
   张琦：我的工资不高，可能租小的那间比较合适。我什么时候可以过去看看？
   李中：我这个星期要去外地旅游，不过下个星期二就回来了。你下个星期三来怎么样？
   张琦：我下个星期三正好不用上班，我上午去你的公寓看看，行吗？
   李中：没问题，来以前先给我打个电话，我在家等你。
   张琦：好的，那就下星期三上午，你等我电话。
   李中：好的，再见。
   张琦：再见。

第二十六课　找室友

1. 张丽：你好，我叫张丽。你是不是在找室友？
   李云：是的，我就是那个贴"寻室友"广告的李云。请进。
   张丽：谢谢。

李云：我们这儿卧室不大，但是一人一间，我们共用客厅、厨房和浴室。
张丽：我没有家具，这个房间带家具吗？
李云：这个房间带家具，厨房里做饭的东西我都有，你可以用我的。
张丽：那太好了！我有只猫，这公寓可以养猫吗？
李云：我对猫毛过敏，这房间里不能养猫。
张丽：如果不能养猫，那我就不能住了。谢谢你，再见。

2. A：安杰，你在房间里做什么，怎么这么吵啊？
   B：对不起，我正在看世界杯足球赛，是巴西队和德国队的比赛。
   A：你知道现在几点了吗？半夜12点了，我都已经睡着了。你能把电视关小声一点儿吗？
   B：是吗？真不好意思。
   A：你有耳机吗？可不可以戴上耳机？
   B：我的耳机这几天坏了。既然你已经睡了，我明天早上再看。
   A：那谢谢你了，你也早点儿睡吧。

第二十七课 在银行

1. 张元你好，我是小李。我现在在学校大门左边的中国银行，正在办"活期一本通"的开户手续。但是银行的办事员告诉我，学生证不能开户，必须有护照才能开户。你要是在房间里，可不可以帮我把护照拿来？我的护照就在我卧室的书桌上，谢谢你啊。要是上午十点以前你来不了银行，那就算了。

2. A：老师，下学期我打算去中国学习一学期，您说我应该带多少现金去中国比较好？
   B：现在在中国用信用卡很方便，你不用带太多现金。
   A：我听说中国的取款机不多，如果需要提款，可能找不到取款机呢。
   B：你去中国哪个城市？
   A：我去的大学在上海。
   B：如果是去上海，那根本没有问题，用取款机取款非常方便。我想你只需要带几千块钱就够了。

第二十八课 快　递

1. A：小赵，我想把这二十几本书寄回美国，这些书太重了，放在行李箱里一定会超重的。
   B：这二十几本书你一回美国就马上要用吗？

A：不是的，这些书我并不是马上要用。

B：哦，如果不是急着要用，你可以去邮局寄海运，差不多两个月可以到。邮局离我的宿舍很近，今天下午我就可以帮你拿去寄。

A：那实在太麻烦你了。谢谢你啊！

2. A：我想把这几个玩具寄给我姐姐，她儿子的生日快到了。

B：你打算寄空运还是海运？

A：她儿子的生日就在下个星期二，是不是只能寄空运？

B：嗯，海运在时间上是有点儿赶，我看你还是寄空运吧。

A：你看这些玩具大概需要多少钱？

B：这些玩具都不太重，应该不超过最低重量价，差不多240元左右。

A：那我就寄空运吧。下个星期二以前到得了吗？

B：这个你放心，如果今天寄出的话，下个星期一就到了。

第二十九课 做 客

1. 李老师，您好！谢谢您请我今天晚上去您的公寓包饺子。本来说好了，我和我女朋友都会来的。但是刚才她的同屋告诉我，她生病了。我有点不放心，想一会儿就坐出租车去她宿舍看看。对不起，今天晚上我们就去不了了。再见。

2. 太太：今天你怎么穿得那么休闲啊？一点儿都不正式。

先生：今天不是星期六吗？我周末在家穿得很休闲，不对吗？

太太：你忘了，今天小英要把她的男朋友带回家吃午饭！

先生：对了，我差点儿忘了。我马上去换衣服。他们什么时候到家？

太太：还有三个钟头，你慢慢儿来吧。

第三十课 坐地铁

1. A：李老师，香港"八达通"交通卡，能在深圳坐地铁吗？

B：香港"八达通"的卡不能在深圳坐地铁或者公共汽车，只能在香港用。

A：那"深圳通"卡是不是也不能在香港用？

B：不能。

A：如果我从深圳大学去香港，是不是需要买"深圳通"和"八达通"两张卡才行？

B：对。你可以坐地铁1号线到罗湖海关，那儿就可以买香港"八达通"卡。

A：我去香港大学需要买多少钱的？

B：你可以买香港地铁一日通卡55港币，一天坐多少次都可以。

A：好，谢谢您。

2. 汤姆：琳达，我想和你商量一件事情。

   琳达：什么事？

   汤姆：我们发过誓在中国期间两人只说中文，不说英文。我们已经练习了一个月了，我觉得真是很累啊。我想以后我们可以不可以周末的时候说英文，其他五天说中文？

   琳达：我每天都说中文也觉得很累。但是我们为什么要这样做，不就是为了练习中文吗？如果我们周末开始说英文，以后说英文的时间就会越来越多，那样我们的中文怎么会进步呢？

   汤姆：你说得对，我想以后如果我想说英文，我就去酒吧一条街，在那儿一边喝啤酒一边找新朋友说英文吧。

   琳达：这个办法不错。那我们两个人还是每天见面都说中文咯？

   汤姆：呵呵，没错！